メソポタミアとインダスのあいだ　目次

メソポタミアとインダスのあいだ

知られざる海洋の古代文明

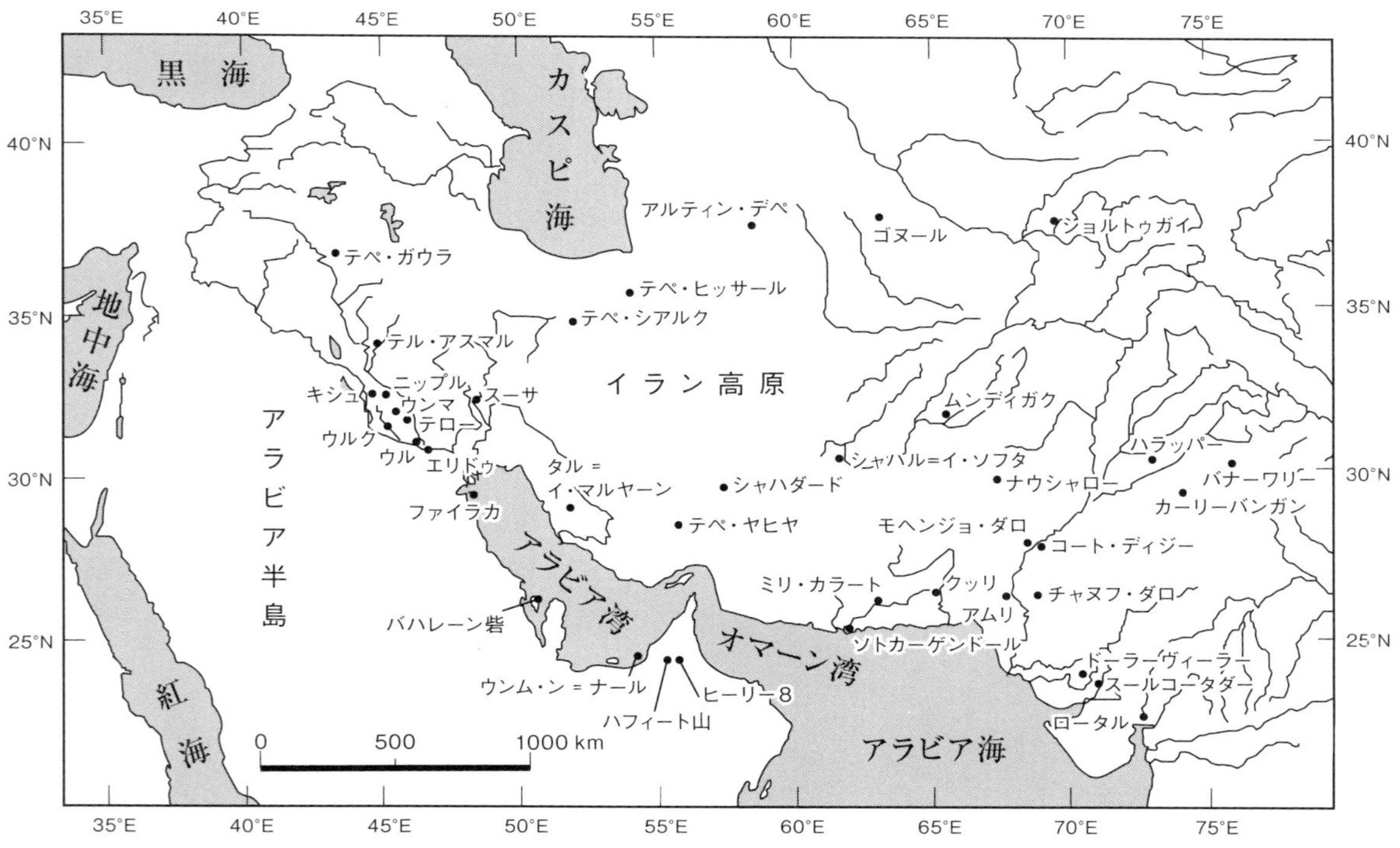
黒海
カスピ海
地中海
紅海
アラビア半島
イラン高原
アラビア湾
オマーン湾
アラビア海
テペ・ガウラ
アルティン・デペ
ゴヌール
ジョルトゥガイ
テペ・ヒッサール
テペ・シアルク
テル・アスマル
ニップル
キシュ
ウンマ
スーサ
テロー
ウルク
ウル
エリドゥ
タル＝イ・マルヤーン
シャハダード
テペ・ヤヒヤ
ファイラカ
バハレーン砦
ウンム・ン＝ナール
ハフィート山
ヒーリー8
ミリ・カラート
ソトカーゲンドール
クッリ
アムリ
ムンディガク
シャハル＝イ・ソフタ
ナウシャロー
モヘンジョ・ダロ
コート・ディジー
チャヌフ・ダロ
ハラッパー
バナーワリー
カーリーバンガン
ドーラーヴィーラー
スールコータダー
ロータル
0
500
1000 km
35°E
40°E
45°E
50°E
55°E
60°E
65°E
70°E
75°E
40°N
35°N
30°N
25°N

はじめに　目的と方法

前三千～前二千年紀のアラビア湾（ペルシア湾とも）、特にアラビア半島東部沿岸地方における文明の興亡を歴史の中に正しく位置づけることが、本書の第一の目的である。アラビア湾は我が国の本州とほぼ同面積で、オマーン湾、アラビア海につながる二三万平方キロメートル余りの海域である。地球規模でみるならばそれほど広いとは言えないこの海と、それに接するアラビア半島の一部が、湾岸考古学の現在の対象地域であるが、実質わずか六〇年ほどの間にきわめて多くの研究者がその過去に関心を寄せ、精力的な調査研究を続けてきたことは、研究史上驚くべきことである。そしてこの対象地域に、将来はイラン側の海岸部も加えられ、現在タンカーが往来する湾自身とその島嶼を中心に、それをぐるりと取り囲む陸地こそが、歴史的な世界として捉えられる必要があるだろう。

湾岸の歴史は石器時代に始まる。とはいえ、もともと可耕地に乏しいため、農耕を伴う新石器文化は未発達で、狩猟漁労民と遊牧民の活動痕跡だけが知られている。前三千年紀の半ばに、アラビア半島の一部であるオマーン半島では、湾岸で最初の文明、ウンム・ン＝ナール文明が興《おこ》った。不思議なことに、農耕文化が発達した地域でもないのに突然都市文明が誕生したように見え、それが持続的発展をしたようには見えない。つまりこれまで「常識的」とされてきた古代文明の成り立ちとは少しばかり異なった文明の起源がここにあると考えられるのだ。

一九世紀の前半にヨーロッパで産声を上げたオリエント学は、エジプト学とアッシリア学を車の両輪として発達を遂げてきた。後者はシュメル人に始まる楔形《くさびがた》文字の史料を残したメソポタミア文明の研究である。世界史上著名な他の古代文明である中国文明やインダス文明を考慮に入れたとしても、現在人類史上最古とされるのはメソポタミア文明である。そこでは前四千年紀の中頃に最初の都市社会が生まれ、しばらく後に文字による記録が開始された。おそらくこれは当分変更されることのない定説である。

旧世界でメソポタミアに次いで文明が成立したのはエジプトのナイル河畔である。カイロのエジプト博物館に、上エジプト（ナイル河上流域）のヒエラコンポリスで出土した「ナルメル王のパレット」というハート形をした板状の石がある。それには、上エジプトのメネス王による下エジプト（ナイル・デルタ地方）の軍事的併合という伝説を裏づける図像が描かれている。その事件すなわちエジプト第一王朝の成立は、現在前三一五〇年前後に置かれている。第三の古代文明はインダス文明である。その成立年代は、かつては前二三〇〇年前後とされていたが、最近では前二六〇〇年頃に引き上げられている。そしてこの文明は前一八〇〇年頃に終わりの日を迎えた。

中国文明はこれらの三文明に比べて相当遅い年代に成立する。殷《いん》時代前期に相当する二里岡《にりこう》期の始まりは前一五〇〇年前後であり、最古の王朝「夏《か》」に相当するとされる二里頭《にりとう》期がそれに先行するとしても、実態は未解明で、現在のところ、その始まりが前二〇〇〇年より早いとは考えられない。

これらが旧世界における人類最古の文明、いわゆる「古代の四大文明」として、我が国では一九五〇年代初め以来、学校教育の場で取り上げられてきた。この四つの文明の研究は、日本ではそれぞれがある程度自己完結したものとして行なわれる傾向があり、研究者の多くは、自分の研究対象以外の古代文明に対して、あまり関心をもたない、もっていてもあまり「深入り」しないのが普通だった。それら名だたる古代文明の遺産を、首都圏で同時期に展示公開するという未曾有の試みが、二〇〇〇年に開催された「世界四大文明」展である。筆者も「エジプト文明展」の会場となった博物館の担当学芸員として携わり、まことに意義深い体験をした。「四大文明」展には誰もが興奮させられたが、専門家にとっても、研究の隔壁が部分的に取り払われて風通しがよくなったという意味で、すばらしい体験であった。

しかし「四大文明」なる言い方は「言いえて妙」ではあるが、「学説」などではなく、所詮は半世紀以上前に作られたもっともらしい言い回しに過ぎない。「御三家」とか「七福神」のように、ある数からなるセットで覚えておきましょうという、教育者による思いつきに過ぎないのである。二〇世紀最後の年のイベントである展覧会コンセプトには、むしろどうすればそれを乗り越えて、新しい文明観、歴史観をもつことができるかという試みも含められていた。一九五〇年代以降、古代文明に関する研究が進み、それまで知られなかった「四大」以外の文明に関する情報、個々の文明に含まれる他文明由来の要素に関する知識が蓄積していたからである。展覧会観覧者の中には、古代文明の時代、世界は意外に国際的だったのだなあと感じた人も多かったのではないだろうか。筆者の場合は、以前から抱いていた素朴な疑問が、自分の中でしだいに大きさを増してきたものである。実は筆者の専門はそれらの文明のどれでもなく、ほとんど存在すら知られていない同時代の「湾岸文明」であったからだ。

過去の研究の多くは、古代文明の起源を、灌漑《かんがい》農耕による生産性の飛躍的な向上、それによって生まれた余剰の蓄積、それを可能とした労働力の集中と社会的・政治的ヒエラルキーの確立などの面から、説明することが多かった。これらは文明の成立過程をその地域社会に特有の歴史的事象として大きな矛盾なく説明しているように見える。しかし何ゆえ文明すなわち都市社会がこの地に興らざるをえなかったのかという必然性、何のために都市のヒエラルキーは作られたかという目的について、十分な説明とはなっていないように思われたのだ。

人類最古の文明が、メソポタミアの域内だけで独自に興ったとすると、いくつかの疑問点が生じることになる。考古学では物的証拠をもって物事を証明するが、メソポタミアにおいては、文明成立の段階、いやそれより少し前の段階においてすら、遠隔地産の物資がすでに存在したという事実がある。メソポタミアはティグリス、ユーフラテスという二つの河によって形成された、延々と続く肥沃な沖積地であり、河水の利用が技術的に可能であれば、農耕にはこの上ない環境であった。石器時代の最終段階には、この地に灌漑技術が導入され、農耕生産が大いに発達したであろうことは疑いがない。しかし域内、特に南メソポタミア（バビロニアとも）では、木材・

石材・金属・貴金属・宝石・貴石などはほとんど存在しない。ゆえに文明成立に前後する時期に銅製品や金、ラピスラズリのような遠隔地産物資が出現する事実は、この文明の起源を域外との強い関係で説明する必要を生じさせる。文明の起源はメソポタミアの域外、それも相当遠隔地まで含めた広域の情勢を視野に入れなければ、説明することができないのだ。

メソポタミアにおける農耕社会の生産物は多くが食料と衣料である。この地域、特に南部においては、それ以外の産物は存在しない。都市の支配者は何ゆえ自家の必要を超える農業生産物を集め、蓄積しなければならなかったのか。域内で入手不能な遠隔地産の必要物資を入手するための代価として生産を促したのではないか。その取引相手とは誰か。メソポタミアにはない都市の必要物資を保有し、かつメソポタミアが見返りに用意する農産物を必要とする者がその相手である。メソポタミアが文明であるためには、その遠隔地産物資の供給者が存在し、かつ交渉相手となりうるだけの文明度を具えていたに違いない。蛮族が相手では、交渉は不可能だからだ。現在知られるメソポタミア最古の文書の中には、イラン高原とアラビア湾方面からの物資供給が記されている。これら二方面こそが、初期のメソポタミア文明を支えた遠隔地物資の主要な供給路であった。

次にこれらの物資供給の実態を明らかにしなければならない。いつ、誰が、何を、どのように供給したのかという内容である。しかもそれは常に同じように行なわれていたとは限らない。物資供給のあり方はどのように変化し、その結果何が起こったのかということを明らかにしなければならない。

文書の断片的記事から察して、域外からの遠隔地産物資をもたらしたのは、メソポタミアに属さない域外の人々であったと考えるのが自然だ。彼らは陸路にしろ海路にしろ、遠隔地の産物をメソポタミアに供給するという、メソポタミア人にない能力をもっていたことが確かであり、かつ必要物資の安定供給ということが求められたはずであるから、メソポタミアの農耕社会を補完するものとして、当初からある程度完成度の高い社会をなしていたものと想像される。前三千年紀初頭から前二千年紀初頭までの期間、さらにそれ以降も、メソポタミアの支配者たちは、交易や略奪のための遠征などを含む、これらの域外勢力との和戦両面での関係を続けている。

メソポタミアの東に接するイラン高原は世界有数の大乾燥地帯として知られている。石器時代以来、ここではスポット的な農耕社会は存在したが、一般に可耕地は乏しく、その後の歴史の大半を通じて、メソポタミアのように大人口を養いうるようなものではなかった。農耕よりも、牧畜の比重がはるかに大きい、半遊牧、遊牧社会だった。湾の対岸にあるアラビア半島東部も可耕地はイラン高原以上に乏しく、石器時代以来、内陸では遊牧社会、海岸部では漁労社会が存在した。ここで一つ問題がある。アラビア側については、時代を通じてかなりの情報が蓄積されているため、通史的な理解が可能であるが、イラン側の海岸部の古代遺跡についてはほとんどない。古代人が住んでいなかったということではなく、調査、報告されていないのだ。ゆえに今後多くの情報が発信される可能性はあるから、常に注意していなくてはならない。ともあれ、本書を書き進めるためには、今手に入る情報を可能な限り集めて、それに基づいて考える以外に手立てはない。

イラン高原とアラビア半島の湾岸部という二つの地域に共通するのは、メソポタミアに存在しない必要物資を自前で確保するか、あるいはより遠方の地域から調達し、それを必要とする消費者に供給することができるという利点であった。そこでの古代人の活動は、メソポタミアとの自然環境の違いによるものであり、ある面においてそれが有利に作用したということを無視して考える訳にはいかない。人口や農産物の多寡《たか》という面ではおよそ比較にならないが、メソポタミアでは農産物以外の必要物資があまりにも乏し過ぎた。それに対して二つの隣接地域はあまりにも都合よくそれらを満たすことができた代わりに、農産物は極端に乏しかった。

古代メソポタミア文明の「泣き所」、すなわち必要であるのに自前では調達できないものを、いくつか挙げてみよう。まず金属がある。銅は人類が最初に利用した卑金属である。メソポタミアから比較的近い銅鉱脈は、イラン高原とオマーン半島に分布する。またアナトリア（現在のトルコ。小アジアとも）、地中海東部に浮かぶキュプロス島（アラシアとも）、アジアとアフリカをつなぐシナイ半島なども銅を産する地域ではある。ちなみにキュプロスという地名は、クプフェルとかカッパーなど、「銅」を意味するヨーロッパ諸語の語源である。この中で、メソポタミア文明がその最初期から最も長い年月にわたって、銅とその加工品の輸入を続けた相手の一つが湾岸の勢力であり、原材料の原産地はオマーン半島と考えられている。現在のオマーン・スルターン国の内陸部では、今でも銅山開発が盛んである。筆者が一九八〇年代に同国を訪問した時は、日本の鉱山会社（の現地法人）もアフダル山地で積極的に活動をしていた。オマーン湾に面したバーティナ海岸沿いの町ソハールには、産出物の積出港もあった。

当たり前のことだが、古代においては、鉱石にしろ加工品にしろ、銅のような重量物を遠隔地へ輸送するのに、陸路は適していない。オマーン半島の銅は海路でアラビア湾奥へ向かい、ウル、エリドゥ、ウルクなどといったメソポタミア最南部の都市群に配送された。今でこそ、ティグリス、ユーフラテスの両河が運ぶ土砂の堆積によって、これらの都市の遺跡は海岸から二〇〇キロメートルほども隔てられてしまったが、当時は河口近くに位置していた。海は流通の主役だった。アナトリアやキュプロスの銅も、オロンテス川、ユーフラテス河の水路を利用すれば、シリア経由でメソポタミアに運ぶことは可能であるが、それはメソポタミアによるユーフラテス河上流域の開発が本格化する前二〇〇〇年頃以降の話で、文明初期のことではない。

同じく重量物である木材・石材も海（と河川）によって運ばれた。メソポタミアでは公的建造物を造る必要から木材が多量に必要とされたが、それも自前では調達不能であり、かつ陸路を運べないため、湾岸の勢力がもたらすものを長期にわたって受け入れていた。石材も同様であり、建築資材のほか、特に彫像や石碑などの材料にあてられた。ある種の木と石は、素材のみならず、家具調度品、容器のような成品としてももたらされた。

こうした重量物以外に、少量であっても価値が高い物資として、以下のようなものがある。それらは陸海いずれの方法によっても運搬可能であるが、産地が限られているので、移送経路はそれに従うこととなる。まず金・銀のような貴金属、これはイラン高原から、あるいはイランを経由してさらに東方からもたらされた。次に宝石・貴石がある。代表的なものとして、ラピスラズリ、瑪瑙《めのう》、紅玉髄《カーネリアン》、真珠、孔雀石《くじゃくいし》、象牙がある。瑪瑙と紅玉髄は、鉱物としてはほとんど同じだが、美しい縞模様の前者はイラン高原で多く知られ、血のように鮮やかな色の後者はインダス文明で最も愛好された。メソポタミア南部へ、前二者はイラン方面から、後三者は湾岸方面からもたらされた。もっとも、「真珠」に該当するシュメル語、アッカド語の語彙はまだ特定されていない。これらのほかに、「インド鶏（孔雀）」のような珍しい動物も知られている。

さて、「農産物以外何もない」古代メソポタミアは、時に数千キロメートル離れた地域の産物を含む必要物資のほぼすべてを、文明の当初から二つの隣接地域の勢力から得ていたから、この文明が自己完結するものでなかったことは明らかだが、それらを正しく理解するためには、イラン高原と湾岸だけでなく、それらの延長にある中央アジアやインダス河流域における古代文明の興亡をも視野に入れざるをえない。本書のテーマはあくまで湾岸地域の文明が中心であるが、そのような理由で、メソポタミア南部からインド亜大陸西部に至る、きわめて広い地理的範囲を扱うこととなる。

古代文明の探究に必要な方法は複数あるが、主力は考古学と文献史学である。民俗学や民族学、人類学、生物学、地学、その他の諸科学も関係がないことはないが、一般論としては主力ではない。考古学は古代文明が遺した遺跡や遺構、遺物という基礎的な材料を用いて、人類の過去を復原する。遺跡の発掘で日の目を見ることになったモノは多岐にわたり、数量も非常に多い。そこからわかることには重みがあり、後の発見によって補正・補足されることはあっても、いったん史実とされたことが簡単に覆ったりする危険性は少ない（といってゼロでもない）。本書が主に使うのは、この方法である。

もし湾岸の古代遺跡で、その時代に書かれた文書の類が多数出土するのであれば、当地の古代史は今以上に詳しく知られていただろう。図像と文字があふれかえっているイランのペルセポリスやエジプトのカルナク神殿のように饒舌な遺跡には遠く及ばないながら、湾岸の遺跡でも、文字で書かれた史料が確かに出土している。それは事実だが、数量がそれほど多いとは言えず、出土する遺跡も限られている。湾岸の最初の文明であるウンム・ン＝ナール文明の場合は、文字による記録というものを持たなかった。インダス文明からもたらされた土器の表面に、各数個からなる「インダス文字」が刻まれている例が少数あるにはあるが、この文字は現在まだ解読の糸口すらつけられていない。湾岸で二番目の文明、バールバール文明の、バハレーン島とクウェイトのファイラカ島にある限られた遺跡では、メソポタミアと同様の楔形文字で書かれた粘土板をはじめとする史料が出土している。

古代中国の歴史書『後漢書東夷伝』や『三国志魏志倭人伝』は、日本の弥生時代の研究で大きな役割を果たしてきた。湾岸の古代文明研究では、メソポタミアの遺跡で出土する史料が同じような役割を果たしている。古代メソポタミア人にとっての湾岸は、必要物資を供給してくれるばかりでなく、神話の舞台、聖浄なる土地であったから、それについて記された文書も少なくなかった。弥生時代の日本には、文字による自前の記録はなかったが、湾岸の場合はそれもあるので、はるかに有利な状況と言える。文献史学は、本書が使うもう一つの大切な武器である。

とはいえ、モノだけでも手を焼いている筆者が、この場合はシュメル語やアッカド語などで書かれた、湾岸やメソポタミア出土の文書を読み解くことができるはずはない。しかし、シュメル学者やアッカド学者が苦労の末、あるいは大いに楽しんだ挙句、すでに発表した成果で、使えそうなものはことごとく使わせてもらうのが、彼らに対する最大の敬意の払い方である。解読された文書というものは、それだけでも大きな意義があるが、関係する場所やモノのような考古学的な情報と照らし合わせることで、その意義は倍加する。本書が目的を達成するための方法は、現在利用可能な考古学的資料の解釈を主とし、それを補完するために、文献史学の成果を援用することである。

ここで、本書でよく使われる「千年紀」という年代の単位について、一言説明しておこう。語源については省略するが、簡単に言えば、「世紀」(百年)の十倍を意味するラテン語ミレニウム(千年)の訳語である。二一世紀の現在は「三千年紀の初頭」であり、本書で扱う湾岸のウンム・ン＝ナール文明やインダス文明が誕生した前二六〇〇〜前二五〇〇年頃は、「前三千年紀の中頃」と表現されることもある。「世紀」まで絞り込むことができない時、おおよその年代を表現するための苦肉の策でもある。石器時代など、あまり正確に年代を絞り込めない時は便利だが、千年を間違えて理解し、首を傾げていた人の例もあるので、注意していただければと思う。因みに「前四千年紀」とは、「紀元前四〇〇〇年から紀元前三〇〇一年までの一〇〇〇年間」ということになる。

第一章

メソポタミア文明の最初の隣人たち

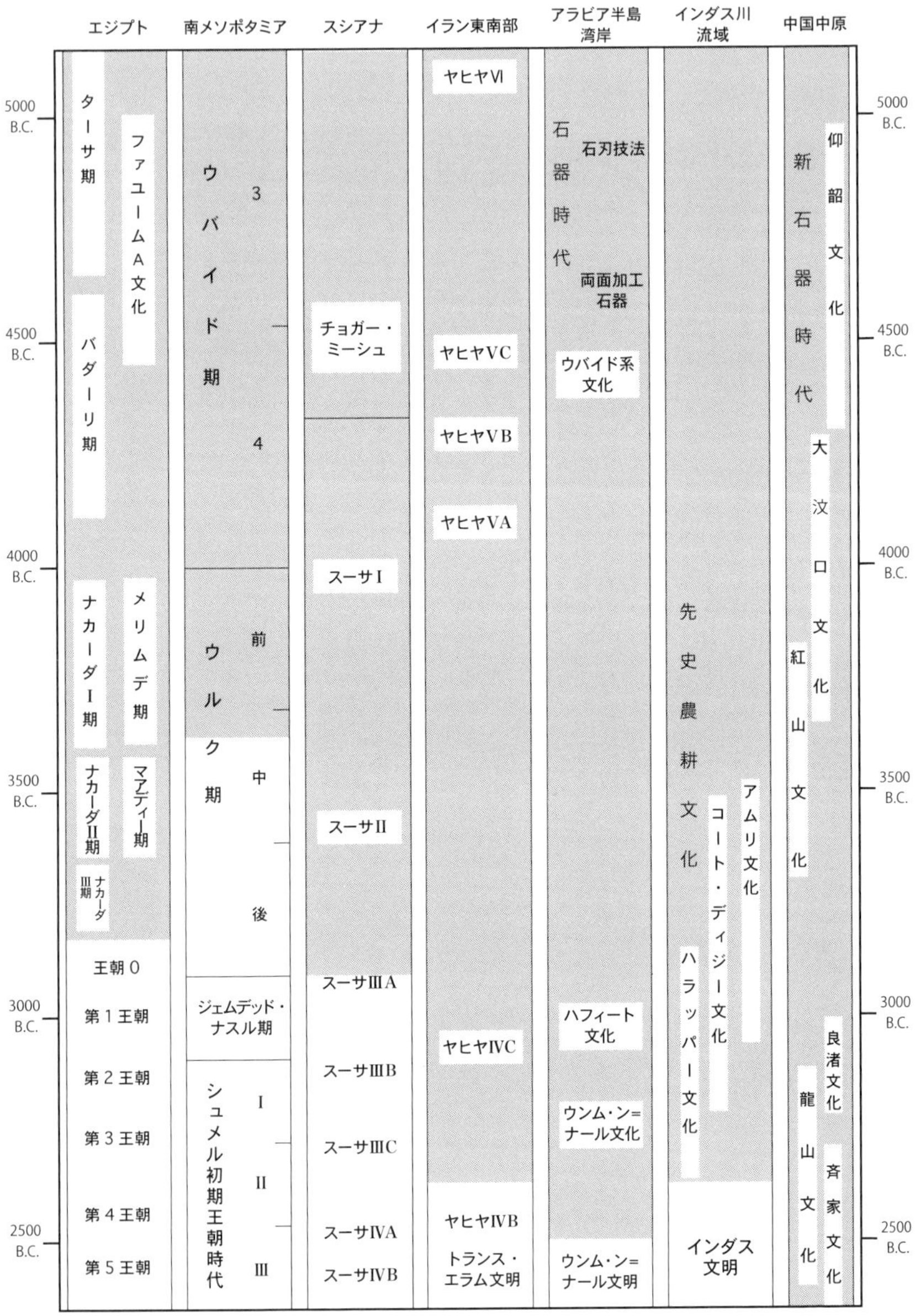
エジプト
南メソポタミア
スシアナ
イラン東南部
アラビア半島湾岸
インダス川流域
中国中原
5000 B.C.
4500 B.C.
4000 B.C.
3500 B.C.
3000 B.C.
2500 B.C.
ターサ期
ファユームA文化
バダーリ期
ナカーダI期
メリムデ期
ナカーダII期
マアディ期
ナカーダIII期
王朝0
第1王朝
第2王朝
第3王朝
第4王朝
第5王朝
ウバイド期
3
4
ウルク期
前
中
後
ジェムデッド・ナスル期
シュメル初期王朝時代
I
II
III
チョガー・ミーシュ
スーサI
スーサII
スーサIIIA
スーサIIIB
スーサIIIC
スーサIVA
スーサIVB
ヤヒヤVI
ヤヒヤVC
ヤヒヤVB
ヤヒヤVA
ヤヒヤIVC
ヤヒヤIVB
トランス・エラム文明
石器時代
石刃技法
両面加工石器
ウバイド系文化
ハフィート文化
ウンム・ン=ナール文化
ウンム・ン=ナール文明
先史農耕文化
コート・ディジー文化
アムリ文化
ハラッパー文化
インダス文明
新石器時代
仰韶文化
大汶口文化
紅山文化
良渚文化
龍山文化
斉家文化

子供は独りで大人になったりしない。親族や他人と接して感化を受けつつ、一人前の人間になっていく。接する相手も同じような影響を受けるだろう。古代文明も独りで文明になったのではない。周辺地域との相互の関わりの中で、文明の段階に達したのだ。かつて我々が知りえた情報では、わかりやすい物的証拠を遺した文明だけは誰の目にも見えたが、あまり派手でない隣人たちや、彼らとの関係の内容までは、詳しく知ることができなかった。しかし歴史学や考古学の成果は時間とともに増加する一方であり、新情報によって、古代文明の周辺にどのような世界が広がっていたのかが、しだいに明らかになってきた。

初期のメソポタミア文明は、イラン高原とアラビア湾の彼方という二方面の隣人と深い関係を持っていた。それは必要物資の供給を受けることであり、それがなければ、メソポタミア文明は成り立たなかった。隣人たちはメソポタミアとは異なる文化・文明であったが、見かけがあまり派手でなかったためか、かつてはよく知られていなかった。少なくとも「文明」と呼ぶことに抵抗があった。そういう議論をすると、「文明のインフレ」だと揶揄《やゆ》されたものである。これらの文明の存在は、情報の増加によって見えてきた例であり、今も我々は不断に知識の更新を余儀なくされている。

1　メソポタミア人の最初の足跡

メソポタミア文明の隣人の一人、メソポタミアが接する唯一の海であるアラビア湾（ペルシア湾とも）の彼方から必要物資を供給したと思われる勢力の存在は、本章第5節で述べるように、前四千年紀末のメソポタミアの文書に記されている。しかしそれよりもっと早い時代に、メソポタミア人自身が海の彼方に出向いて、資源獲得活動を展開したことが、考古学的な証拠によって明らかにされている。

文明成立の「前夜」にあたる時期のメソポタミアで栄えた農耕文化はウバイド文化と呼ばれる。前六〇〇〇年頃に始まり、前五千年紀になると灌漑《かんがい》技術が導入された。そして主としてユーフラテス河の河水をコントロールして、高い生産性を実現するようになった。また集落も発達し、規模・内容が都市に近いものも現れるようになった。ウバイド式土器はこの文化に特徴的な遺物で、回転台で作られ、無文の粗製土器と精製彩文土器とがある。

このメソポタミア製のウバイド式彩文土器が湾岸（アラビア半島側）の「新石器文化」の遺跡で出土する例がある。そのような文化、遺跡を、筆者は「ウバイド系文化」、「ウバイド系遺跡」と呼んでいる。ウバイド文化はメソポタミアの石器時代文化の最終段階のもので、最南部の古代都市エリドゥ出土の土器の分類によって、1～4期に分けられてきたが、近年は1期の前に0期、

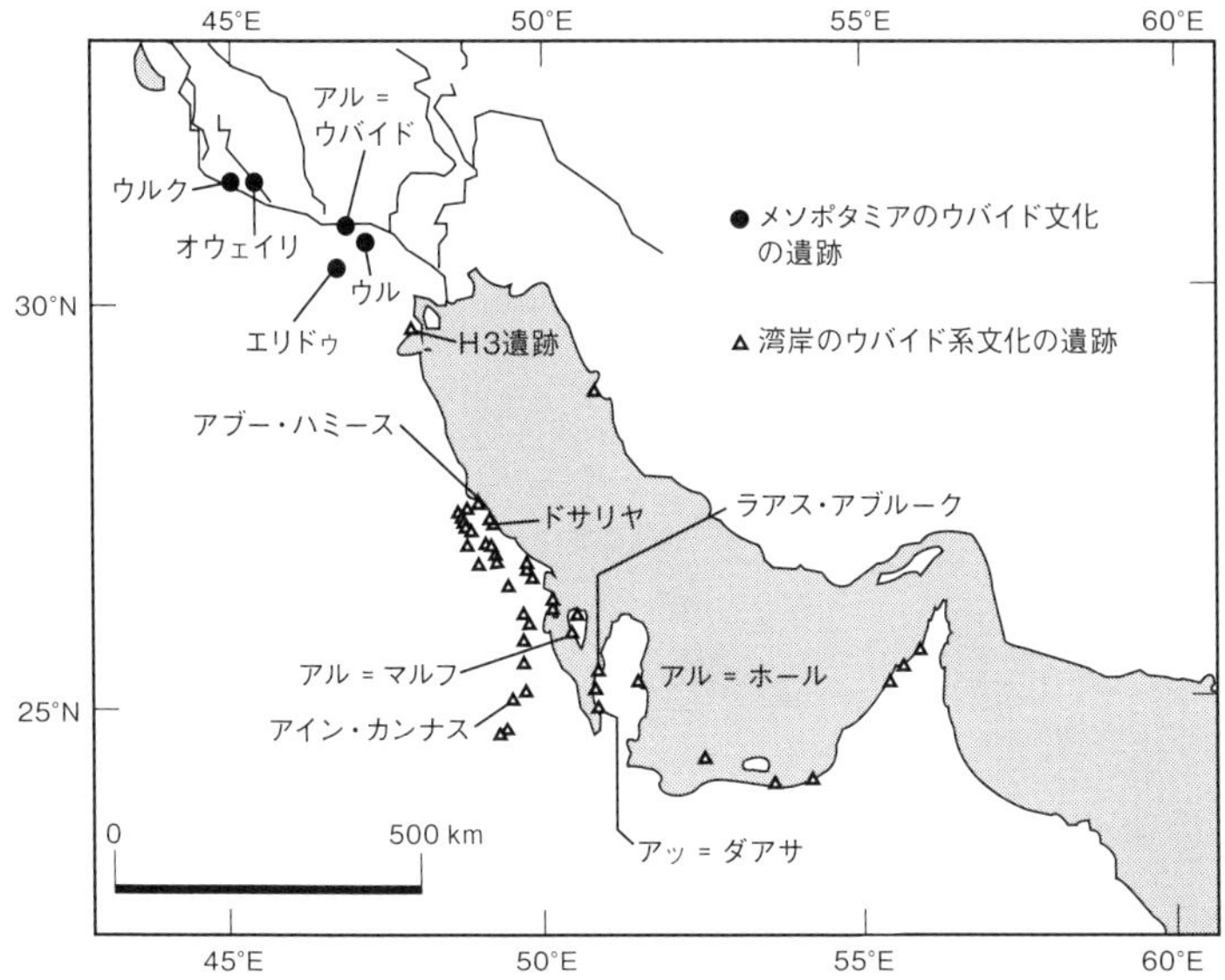

図1　ウバイド系文化（遺跡分布図）

4期の後に5期が設けられている。湾岸にウバイド式土器が存在するのは動かしがたい事実だが、それだけでウバイド文化と同質の文化がこの地に存在した証拠とも言えない。そこでまずは「ウバイド文化と関係のある湾岸の文化（あるいは遺跡）」という意味で、「系」を付けたのである。

かつて湾岸のウバイド系遺跡は、サウディアラビア、ハサ地方のアブー・ハミース遺跡を北限、カタル半島を東限とする分布範囲を示していたが、[*1] 現在はオマーン半島西岸における発見例が年々増加しているほか、クウェイトでも大規模遺跡が確認されている。[*2]

現在湾岸で知られているウバイド系遺跡の総数は五〇カ所ほどで、クウェイト、サウディアラビア東部、バハレーン島、カタル半島、オマーン半島西岸、つまりほとんどがアラビア半島の湾に面した地域の当時の海岸線近くに位置する（図1）。一見遺跡数はかなり多いが、それはウバイド式土器の小破片が一～数点採集されただけの小遺跡・遺物散布地が大半であるからで、層序をもった遺丘を形成するものはきわめてわずかである。

サウディアラビアにおける最大のウバイド系遺跡は、一九六四年にアメリカ人女教師グレイス・バークホルダーによって発見された、ハサ地方のドサリヤ遺跡である。[*3] この発見は、湾岸におけるウバイド系文化という、新たな研究テーマを導き出した。ドサリヤの土器型式はウバイド3期の早い段階に位置づけられるが、アブー・ハミースのものは、これよりやや遅れる。ほとんどの遺跡が海岸近くに位置するのに対して、アイン・カンナス遺跡は現在の海岸線から六〇キロメートルほども内陸部に位置する点が異例だが、実は当時の湖沼に面していた。この遺跡出土の土器は、ウバイド2～3期に位置づけられている。[*4]

バハレーン本島の西海岸にあるアル＝マルフ遺跡では、貝塚、炉址群が発見された。[*5] この遺跡は、現在では本島の一部になっているが、当時はわずかに離れた小島であった。文化層は上下二層あり、下層では存在していた土器が上層では見られず、石器の数が激増する。石器群は逆刺付《かえり》き有茎石鏃《ゆうけいせきぞく》を含み、下層と上層で質的変化はない。ジョーン・オウツによれば、出土土器はウバイド後期（4または5期）あるいはポスト・ウバイド期のものである。自然遺物は真珠貝を初めとする食用も可能な貝の殻、魚骨、哺乳動物骨などである。

カタル半島では、西海岸のアッ＝ダアサ遺跡、ラアス・アブルーク遺跡、東海岸のアル＝ホール市近郊の諸遺跡で、ウバイド式土器の破片が少数採集されているが、大規模な遺跡は知られていない。[*6] アッ＝ダアサの出土土器には、ウバイド3期初頭にさかのぼるものも少数あるが、ほとんどはそれ以降の型式とされている。またラアス・アブルークの土器はそれより新しく、アル＝マルフの出土品に近い年代であるという。ホール市近郊で出土した土器片はきわめて少量であるが、ウバイド3～4期のものとされている。[*7]

オマーン半島の西半を占めるアラブ首長国連邦（UAE）の海岸部では、小規模なウバイド系遺跡が新たにいくつか発見されており、湾岸におけるウバイド式土器の分布圏は東へ拡張されてきた。[*8] いずれにおいても土器の出土は非常に限られており、大抵は数点の小破片に過ぎないため、型式の認定が困難な場合が多いが、シャルジャ近郊のハムリーヤ遺跡の場合は、製作技法、文様などからウバイド3期のものとされている。

クウェイトのアッ＝サビーヤ地区のH3遺跡では、ウバイド2～3期の土器が採集されている。[*9] この遺跡はメソポタミア南部に最も近く、ウバイド期のメソポタミア人が最初に関係を持った湾岸の地であった可能性がある。H3遺跡の石器群では、穿孔用《せんこうよう》の石錐《いしきり》が多いが、鏃《やじり》は見られない。錐によって孔《あな》を穿《うが》たれた真珠貝の殻が多数見られる。同じような遺物は先述のアブー・ハミース遺跡でも相当数出土しており、ウバイド系遺跡を遺した人々の生業の一つは真珠貝の加工、おそらく装身具の製作であったことがわかる。

胎土の理化学的分析によると、湾岸出土のウバイド式土器の多くは、ウル、エリドゥ、アル＝ウバイドなどの遺跡で出土したものと製作地が共通し、いずれも南メソポタミアの製品であることが知られている。[*10] 他方、これらの土器にメソポタミア製品ではない赤色粗製土器が伴う例があり[*11]、地元で製作されたものと考えられている。この粗製土器が単独で見つかることはなく、常にウバイド式彩文土器に伴っている。つまり湾岸では、ウバイド式土器がメソポタミアから持ち込まれた期間だけ、地元でも土器作りが行なわれたのであり、ウバイド式土器が持ち込まれなくなると、この土器の製作も停止するのである。これは何を意味するのだろう。

それまで当地になかった土器というものがメソポタミアから持ち込まれ、それに触発されて、在地の住民が土器作りを開始したのであれば、当初はメソポタミア製品を模したものが作られ、その後、搬入が途絶えても、独自の土器文化が根付いたかもしれない。赤色粗製土器がウバイド式土器と同時に消滅してしまう事実は、それらを遺した人々が在地の住民ではなく、土器を常用するメソポタミア出身の人々であった可能性を示しているが、この土器がウバイド式土器には似ていないため、慎重論もあり[*12]、現在も結論に至っていない。

メソポタミアにおけるウバイド文化には、金属・貴金属や宝石・貴石などの遠隔地産物資がすでに存在した。ウバイド人の中には、そのような物資調達業務に携わった人々もいたに違いない。湾岸のウバイド系文化を遺したのはそうした人々かもしれない。ジョーン・オウツらが指摘するように、彼らは滞在先で使用する個人的所有物として、彩色の文様で飾られたメソポタミア製の土器を湾岸にもたらし、さらに滞在中に地元の材料で赤色粗製土器、すなわち用途の異なる煮沸用器具を作り、使用したのかもしれない。

ウバイド系の遺跡の中でも、アブー・ハミース、ドサリヤ、アイン・カンナスのような大遺跡は、その広さもさることながら、一種の「テル」をなすことが特徴である。西アジアの集落遺跡の特徴であるテル（テペ、デペ、ヒュユクなどとも）は、日乾煉瓦《ひぼしれんが》または練土《ねりつち》や石材を主材料とする建物群からなる集落が、同じ場所で修築・改築を繰り返しつつ長期に渡って営まれ続けられたためにしだいに高くなった丘のことであるが、ここではより広い意味＝単純に複数の居住層が重なった遺跡の丘を指すものとして用いている。湾岸における厳密な意味のテルは、第三章で述べるUAEのヒーリー8遺跡やテル・アブラク、第四章で述べるバハレーン砦下層の都市集落など、少数の例外に過ぎない。アブー・ハミースは八層、ドサリヤは七層の文化層からなり、そのすべてにおいてウバイド式土器が出土した。またアイン・カンナスでは一四層ある文化層の上位四層で出土した。これらの層序は季節的居住の反復、すなわちウバイド式土器を持った人々がこの地に到来し、一定期間居住しては、他の土地へ去って行き、その後またウバイド式土器を持った、たぶん前回と同一の人々が到来して一定期間居住し、他の土地へ去って行くという行為を繰り返したことを示している。

　複数の居住層をもつこのような遺跡では、地学で言う「地《ち》層累重《そうるいじゅう》の法則」、すなわち一般的に下の堆積層は上の堆積層より古い年代のものであるという原則が生きている。考古学ではこの地学の法則を借用して、遺跡を知るための重要な方法としている。自然あるいは人工的かにかかわらず、各堆積層がどういう順番で形成されたかは、その場所の層序《そうじょ》と呼ばれている。

　アイン・カンナスの層序では、下の層位で見られた石刃《せきじん》技法（石の塊＝石核から、さまざまな石器の素材となる、両側辺が平行で鋭利な石片＝石刃を連続的に作り出す技法）をもつ「中石器時代」の石器インダストリーが上層では衰退し、代わりに発達した押圧剝離《おうあつはくり》技法による特徴的な逆刺付き有茎石鏃をもった、「新石器時代」の石器インダストリーが現れることが明らかになった。ウバイド式土器は「新石器時代」の遺跡の一部でだけ見られる。また時期をもっと絞りこむなら、既に知られている土器の型式に従って、メソポタミアのウバイド2期から4期、またはポスト・ウバイド期までということになる。「型式」とは自動車の「年式」のようなもので、考古学ではあらゆる人工遺物の型式を検討して、年代や文化の系統を知る手がかりとしている。型式と層位はいわば考古学の二大戦術である。

アラビア湾岸におけるウバイド系遺跡の分布は当時の海岸（湖岸）付近に限定されるので、その担い手は海産物、特に真珠貝の採集集団であったと考えられている。アブー・ハミースでは、クウェイトのH３遺跡と同様に、大量の真珠貝殻のほか、穿孔用の石錐も多数出土しているので、真珠や真珠母《ぼ》（貝殻内面の平面真珠。漆器の螺鈿《らでん》に使われるものと同じ）の工房があったものと思われる。現在もそうであるように、利用可能な真珠棚はアラビア湾内に限られていたものとみえ、それを求めた人々が遺したウバイド系遺跡の分布は、オマーン湾やアラビア海には広がらないのである。

近代におけるアラビア湾の真珠漁期はガウスあるいはガウス・ル＝カビールと呼ばれ、だいたい五月の半ばから九月の半ばまでの四カ月間である。日中の水温が水中での作業に適した二五℃以上となるからである[*13]。ウバイド系文化の担い手たちも、ほぼ同じ季節にメソポタミア南部からたぶん舟に乗って到来し、海辺の集落を基地として作業に従事したものであろう。

湾岸におけるウバイド式土器は、土着の住民が何らかの理由でメソポタミアから入手したという可能性も皆無とはしない。しかしドサリヤで採集された葦《あし》の圧痕をもつ漆喰《しっくい》片[*14]は、葦を編んで造られた建物に漆喰を塗って仕上げるという、メソポタミア最南部の建築様式を知る者がこの地を訪問し、各年数カ月の滞在のために、彼らにとって最も普通の方法で家を建てたことを示している。このような建物は、現在でもイラク最南部の沼沢地に住むアラブ人の伝統として知られる。湾岸におけるウバイド系遺跡は、いわば南メソポタミアを本籍地とするウバイド人が、湾岸をも自らの経済活動の範囲に含めるに至った痕跡であるが、ウバイド人の来訪が湾岸の歴史や文化に取り立てて影響を及ぼした訳ではなく、彼らによる域外での資源開発という、メソポタミア史の一部に過ぎない。その結果、メソポタミアにおいては、湾岸に関するある程度の情報が記憶されたはずである。ただしそれを持ち帰ったウバイド人はもっぱら海産物にのみ関心があり、アラビア半島の内陸部には足を伸ばしていなかったと思われるから、メソポタミアに蓄積された情報も、海と海岸部のものに限られていたであろう。

　因みに現在のところ、ウバイド系文化の痕跡はイラン側では知られていないが、なぜだろうか？　それはたぶん湾の両側の海底の地形に原因がある。一般的にだが、アラビア側は極端な遠浅であるのに対して、イラン側はその逆であることが多く、最重要な海産物である真珠の生育に違いがあったのだろう。

2　文明初期のメソポタミアと隣人たち

　前四〇〇〇年頃、メソポタミアにおけるウバイド社会は突如として解体し、まもなく、以前とは異なる文化内容をもったウルク文化が成立した。それが新たな住民の到来によるものかどうかは、まだ明らかでない。ウルク期が後半にさしかかる前三六〇〇年頃、メソポタミアの南部ではウルク、北部ではテペ・ガウラ（当時の都市名不明）のような最初の都市が形成された。最大の都市ウルクの面積は七〇～一〇〇ヘクタールあり、それに次ぐ規模の都市集落も南部を中心に相当数形成された。長い準備期間が終わり、人類は新しい時代、都市文明の時代を迎えた。

　ウルク期には金属製品の使用が知られている。ウバイド期の末にも、銅や金製品がまれに見られたが、ウルク期になると、銅・金・銀製品が一般化する。前代に細々と始まっていた域外からの物資搬入が、都市文明の成立と同時に恒常化・組織化するのである。最古の文字書法、古拙《こせつ》ウルク文字による表記が始まるのも、ウルク後期においてである。そこで文献史学では「原文字期」という時代名を使用している。

　メソポタミア南部に発したウルク期の文化は、メソポタミア全域とその周辺諸地域に急速に広がり、南メソポタミア型の都市・集落群が広範囲に形成された。これは「ウルク文化の大拡張」として知られる。ギレルモ・アルガゼの「ウルク・ワールド・システム論」は、メソポタミア文明の起源論に刺激的な一石を投じた。[*15] 同論では、ウルクが遠隔地産物資獲得のための水陸のルートを支配するために、自らの拠点を各地に設置（植民）し、これをネットワーク化したというのだ。ウルク・ワールド・システムは以下の四つの段階を経て完成したとされる。

最初にウルクは（A）メソポタミアの東に隣接するエラム地方に植民を行ない、東方に広がるイラン高原からの物資輸送ルートの確保を図った。次の段階で、ウルクは（B）ティグリス、ユーフラテス両河の上流に植民を開始し、小規模な拠点を設置した。さらにウルクは（C）特にユーフラテス河上流の開発を続け、シリア、アナトリアにおいて、ウルク文化をもつ大規模植民都市を設置した。最後の段階で、ウルクは（D）北メソポタミアや西南イランに拠点を設置し、そこを経由する輸送ルートの確保を図った。

ウルク文化がアルガゼの主張の通りに展開したかどうかについては議論があるが、それが急速に広がったという事実は、各地の都市集落で出土する同文化に特有の土器群によって跡づけられている。

古代の、特に定着農耕社会では、これほど多くが必要なのかと思うほどに、さまざまな種類の器が使用されることが多い。ウルク文化に特有の土器組成の伝統は、前三一〇〇年頃まで続く。ウルク後期には、前代から見られた「ベヴェルド・リム碗」（斜めに面取りしたような口縁部をもつ碗形の容器）が非常に多いほか、前代以来の赤色、黄褐《バフ》色に加えて、緑色、灰色の胎土の土器が新たに出現する。器種としては、小型の鉢のほか、細身の胴部をもつ短頸壺、注口付きの壺などがある。器面の装飾として、刻線文の上に化粧土《スリップ》をかける新技法も現れる。四耳付き小型短頸壺、「へ」の字形にうなだれた筒形注口もこの時期に出現する特徴である。

前三一〇〇年頃にこの伝統が変化を遂げ、多彩文土器、つまり複数（といっても大抵は二種類）の色で装飾文様を施したものが現れる。これらは「ジェムデッド・ナスル式」彩文土器と呼ばれている。おそらくこのあたりでウルクの植民地群のネットワークが崩壊したと考えられているが、その原因をここでは検討しない。より重要なのは、ウルク期において、遠隔地交易のためのネットワークが確立されたが、同期の終末に崩壊したという事実と、次のジェムデッド・ナスル期における交易路が、特にイラン高原では、誰によって支配・管理されていたかという点である。

ジェムデッド・ナスルの名も南メソポタミアの遺跡名に由来する。「ジェムデッド・ナスル期」の土器群に、ベヴェルド・リム碗は依然含まれているが、前代ほど多くはない。口の開いた大小の鉢、ゴブレット、平たい盆、浅鉢、球状の胴部をもつ短頸～無頸壺、把手《とって》あるいは四耳付きの短頸壺、細身の胴部をもつ短頸壺、注口付きの短頸壺などがあり、ウルク後期以来の化粧土かけの刻線文に加えて、暗紅色化粧土、器表の全体あるいは一部に赤色の顔料をべったりと塗布する、いわゆる「ウォッシュ」による装飾も登場する。しかし新たに増加する特徴的な装飾技法は、赤色、暗紅色、黒色による単色彩文あるいはこれらを組み合わせた二色彩文である。技法自体はウルク後期に出現するが、この時期に激増する。それは球状あるいは算盤玉《そろばんだま》形の胴部をもつ短頸壺あるいは無頸壺に見られ、考古学者はそれをもってモノサシ上の新たな時代と認定したのだ。実はこの「ジェムデッド・ナスル期」は時代名としては使わないことにしようという動きが一部にある。[*16] しかし現在までに新たな時代概念と名称が共通の約束事として定義されていないので、当分はこの概念を使い続けるしかない。

続く前二八〇〇年頃、シュメル初期王朝時代に入る。この時代に入ると、土器の組成全体が大きな変化を示す。まずベヴェルド・リム碗は最後の段階を迎える。灰色土器は残存する。細身の器形をもった台付きゴブレットが爆発的に増加し、大型の鉢も多くなる。透かしなどによる装飾を施した大型の器台、中空の栓、二連式の注口をもつ水差しなど、複雑なものが多くなる。刻線文による器面の装飾が盛行するほか、刻み目などを施した隆線による装飾も多くなる。代わりに衰退するのが、彩文で装飾を施した容器である。

土器の型式を詳述したのは、メソポタミアだけではなく、メソポタミアと関係をもった隣人たちの存在もまた、これらの型式によって跡づけられるからだ。この型式の変遷が、彼らの間に何があったかを知る手がかりにもなる。

ウルク期からジェムデッド・ナスル期、シュメル初期王朝時代へと、都市文明確立の時代を土器型式の変遷によって追跡するには、シュメルとアッカドの最高神エンリルの都、ニップルのエアンナ（イナンナ女神殿）における層位的出土例が最も適している。[*17]

XVI〜XV層　ウルク後期
XIV〜XII層　ジェムデッド・ナスル期
XI〜X層　シュメル初期王朝時代第I期

このエアンナ編年がいましばらくはモノサシとなってくれるだろう。本書ではこうしたモノサシがいくつか登場する。それに照らして、地域間、文明観の関わりを見ていこう。

次節で述べるように、ウルク後期の土器群は、エラムの中心的都市であるスーサ（Ⅱ期）でもよく知られているほか、シリアの諸遺跡でも見られる。北方からユーフラテス川に合流するハーブール川の上流域にあるチャガル・バーザール、テル・ブラク、ユーフラテス川流域のテル・ハリリ（古代都市名マリ）、ハブーバ・カビーラ南、テル・カンナス、ジャバル・アルーダ、オロンテス川の河口に近いトルコ領アムーク平原にある、テル・ル＝ジュダイダ（アムークF期）などに営まれた諸都市である。これらの事実は、ウルク期の文化が、後の主要都市であるキシュ、ウル、ウルク、ラガシュ、ファラなどのほか、メソポタミアに隣接する広い範囲に拡散したことを示している。アルガゼの「ウルク・ワールド・システム論」では、南メソポタミアの中心的都市ウルクによる植民都市の建設として説明されている。

ウルク文化拡張の余波は先王朝時代のエジプトにおいても見られる。ナカーダⅡ～Ⅲ期の土器を含む遺物にも、また意匠や図像にも、ウルク文化の要素が散見されるのである。メソポタミアの文化そのものが植民によって直接エジプトに移植されたとは考えにくいものの、あの「ナルメル王のパレット」に図像で表わされた、上エジプト王ナルメル（伝承上はメネス）による上下エジプトの統一、第一王朝の成立という画期的な事件は、初期のメソポタミア文明との関係を物語るものと言われてきた。[*18]

3　スーサの位置づけと原エラム文明

初期のメソポタミア文明にとって最も重要であった隣人について述べたい。シュメル初期王朝時代以来、メソポタミアでは、東方、イラン西南部の山地またはそこの住民を指す「エラム」という地名が長らく使われた。前三千年紀中頃のシュメル語文書では、エラムは「高い」を意味する文字**NIM**を伴って書かれ、しばしば「土地、国」を指す限定詞**KI**が伴う。アッカド語では、**KUR elamatum**すなわち「エラムの土地」のように使われるのが普通であるという。[*19]

エラムという地名（国名）は『旧約聖書』（「エズラ記」第四章九節）、『新約聖書』（「使徒行伝」第二章九節）にも登場するように、以後もさまざまな時代に使われているが、その範囲を詳しく限定することはできない。シュメル語、アッカド語の文書が書かれた時代においては、イランの西南部、現在のフーゼスターン州の一部を指していた。ここはザグロス山脈を背後に、カルヘ川、カルーン川とその支流が南に向かって流れる地域で、イラン高原とメソポタミア低地を結ぶ地理的位置を占めていた。現在の住民の多くはアラビア語を話し、「アラビスターン」なる地名を自称することもある。古代メソポタミアの人々は、その地域全体に関心があった訳ではなく、中心的都市であるスーサと、そこへ集められ、そこからメソポタミアにもたらされる、遠隔地産の物資に関心があった。因みに、スーサを中心とする地域という意味で、「スシアナ」もエラムの同義語として使われている。

地形的にみて、イラン高原とさらに東方に産する物資が南メソポタミアに達するルートは、ザグロス山脈を横断してスーサを経由するのが最も合理的と考えられる。現在の地図では、カルヘ川はティグリス河に、またカルーン川はシャット・ル＝アラブ川に注いでいるが、これはティグリス、ユーフラテス両河によって運搬され堆積した土砂によって新たな陸地ができたことによるものであり、当時の地勢は現在のそれと異なっていた。南メソポタミア最古の都市群であるウルやエリドゥは、本来海に直接面していたと思われるが、現在の海岸線からは約二〇〇キロメートル隔たっていることからみて、[20]当時はティグリス、ユーフラテス、カルーンの三つの川はそれぞれ別々に河口をもっていたことであろう。このことは、エラムとメソポタミア南部を結ぶ交通・運搬路を考える際に注意を要する。川を下って一旦海に出、別の川の河口から遡航するという可能性があるからだ。

スーサの位置づけはきわめて重要である。それはカルヘ川に並行して流れるシャウル川の左岸に位置する大遺丘群で、ここでは前五千年紀末から後一三世紀までの居住が営まれた。現状で最も顕著な遺構群は、後世ダレイオス一世（在位：前五二二〜前四八六年）らアカイメネス朝ペルシアの諸王によって建設された「冬の都」であるが、本書ではそれよりはるか以前に同所に営まれた初期の都市（Ⅰ〜Ⅲ期）に着目したい。

ダニエル・T・ポッツによれば、スーサの最古期（Ⅰ期）の居住は、後世、アカイメネス朝時代に「アクロポリス」と「アーパダーナ（高閣）」が造営された場所の下層に始まるのだという。[21]

何カ所かの試掘により、アーパダーナ丘におけるⅠ期の集落は約六・三ヘクタール、アクロポリス丘では約七ヘクタールを占めていたと推定された。これまでに得られた放射性炭素^{14}Cによる測定年代（補正値）によると、スーサのⅠ期は前五千年紀後半から前四千年紀前半の期間であった。

その上に後世の文化層が厚く堆積しているため、Ⅰ期の集落は全貌を知ることができないが、「単なる民家を超える規模」の建物、巨大な多葬墓が発見されている。Ⅰ期の後半では、多数のスタンプ印章が出土しており、その型式も変化に富んでいるので、前四千年紀前半のスーサには、他地域と交流のあるエラムの中心的都市が存在したことがわかる。

スーサⅠ期の土器は基本的に地域特有のものである。それはメソポタミアのウバイド期のものとは無関係で、ファールス地方のものとも、文様の上で若干の共通点が見られるに過ぎない。この時期のエラム（スシアナ）とファールスの両地方では銅冶金《やきん》が開始されており、その点のみを取り上げれば、イラン西南部はメソポタミア南部よりも文化的に進んでいたことになる。

Ⅱ期になると、文化的内容は、Ⅰ期のものから大きく変化する。アクロポリス丘の場合は、日乾煉瓦の規格や建物の方向が変化するほか、土器その他の遺物の型式は、基本的にメソポタミア化を示している。Ⅰ期の土器群の中から、土着的あるいはイラン的な彩文土器がほぼ完全に消え、代わりに、先に述べたニップルのエアンナⅩⅥ～ⅩⅤ層のものと酷似するものが出現する。ベヴェルド・リム碗、小型の鉢、四耳付き小型短頸壺、「ヘ」の字形の注口など、メソポタミアではウルク後期あるいは「原文字A・B期」に特徴的な器種である。スーサⅡ期はメソポタミア南部におけるウルク期と並行し、前三五〇〇～前三一〇〇年頃と考えられている。

このメソポタミア化現象こそ、前節で述べた、ウルク文化の大拡張という、南メソポタミアに発し、周辺の広い範囲に影響を及ぼした現象の一斑であった。湾岸にはないが、エラムのスーサにはあるウルク文化拡張の痕跡、それはウルク国家への物資供給ルートが、まずはイラン方面で始まったことを示している。

メソポタミアと周辺部におけるウルク文化の大拡張という現象の、全体に関わる原因はさておき、スーサとその周辺における局地的現象の原因については、いくつかの議論がある。アルガゼはメソポタミアによる東方資源の入手を目的とする軍事的侵攻と植民があったと主張し、ピエール・アミエは、従来フーゼスターンにはイラン系とメソポタミア系の住民が混住し、スーサⅠ期では前者が優勢であったのが、Ⅱ期において逆転したと解釈している。[*22]

イラン高原からメソポタミア南部への物資の供給路は、地勢上の制約により、スーサを経由することがどうしても必要だった。したがってⅡ期の住民が誰であれ、物資の集積地であったことに変わりはない。このことは、後に触れる、ファールス地方における都市形成とも関連がある。

スーサⅢ期の最初の段階（ⅢA期）は、再び非メソポタミア化（つまりイラン化）の時代であった。Ⅱ期との層位上のおよび文化的な不連続が認められる。一口で述べれば、メソポタミア的要素がほぼ全面的になくなるのが特徴である。この時期はメソポタミアのジェムデッド・ナスル期すなわち原文字期後半（C・D期）に並行し、前三一〇〇年頃から前二九〇〇年頃まで続く。このように、スーサはメソポタミアとイラン高原の接点であり、二つの世界へかかわるが属していた。

ⅢA期に特有の出土遺物として、一般に「原《プロト》エラム文書」と呼ばれる、この地最古の粘土板文書があり、スーサでは一五〇〇枚近くが出土した。それは「原エラム語」の文書を「原エラム文字」（絵文字）で書き記したものであるが、「原エラム語」と後世の「エラム語」との関係は認められないので、誤解を避けるため、「スーサⅢ期文書」と呼ぶ者もいる。[*23] 原エラム文書とシュメル語を絵文字で表記したメソポタミアの粘土板文書は、見た目が似てはいるが、それ以外に共通性・類似性は認められていない。大事なことは、メソポタミアもイラン高原も、ほぼ同じ頃に、文字による記録というものが必要な時代を迎えたということである。もちろんそれは偶然ではない。

スーサでもメソポタミアでも、粘土板文書の前身は、立体的計量記録用具、ブッラとトークンにあると考えられている。ブッラとは内部に計量対象物の模型（トークン）を封じ込んだ、手の平に乗るほどの中空の粘土球で、まだ軟らかいうちに外表面に内容物を表す記号が刻まれる。物資の取引契約などを行なう際に、実物に代わる象徴として使用されたもので、これが粘土板文書の起源と考えられている。初めのうち、粘土板文書には絵文字が書かれたが、短期間の後、楔形文字へと変化したことが広く知られている。まだ軟らかい粘土の表面に曲線を描くことはかなり神経を使う作業であり、先の尖った棒を押し付けた方がはるかに容易であることに、書き手は気づいたのだ。原エラム文書に見られる計量システムには、メソポタミアにはない十進法が含まれるという。

スーサ以外で原エラム文書が出土したのは以下の六遺跡である。フーゼスターン東部のタル＝

イ・ガズィール、カシャーン近傍のテペ・シアルク、ホラサーンのテペ・ヒッサール、ファールスのタル＝イ・マルヤーン、ケルマーンのテペ・ヤヒヤ、セイスターンのシャハル＝イ・ソフタ。これらの遺跡のいずれにおいても、スーサに比べて出土数はきわめて少なく、ヤヒヤの二七枚を最多とし、他はほとんどが一～数枚の出土であった。この原エラム文書の地理的分布は、前三〇〇〇年前後のイラン高原に、スーサを中心とする都市群のネットワークが存在したことを物語っている。これがイラン高原における史上最初の都市文明、「原《プロト》エラム文明」である（図2）。それは同時期、すなわちジェムデッド・ナスル期のメソポタミアをカウンターパートとするイラン国家である。そのネットワークは、かつてのウルクによる遠隔地物資獲得のためのネットワーク、すなわち「ウルク・ワールド・システム」の一部を前身とするものであったかもしれないが、それを支配したのはメソポタミア人ではなく、原エラム語を母語とするイラン高原の住民であったことが、大事な点である。前代のウルクによるネットワーク（ワールド・システム）は土着の文化に大きな影響を及ぼし、イラン高原で最初の都市文明を創出させたのだ。

ところが、イラン系住民によるスーサの支配力は、ⅢB期には早くも低下を始めたと思われ、メソポタミア色が復活する。メソポタミアのシュメル初期王朝時代Ⅰ期の土器が主体を占めるようになり、[*24] 原エラム文書は減少する。このことは原エラム文明の衰退と理解してよいだろう。後続するスーサⅢC期についてはわずかな資料しか得られていないので詳細は不明だが、メソポタミアの初期王朝時代Ⅱ期に並行するとされている。

原エラムの首都スーサは、メソポタミアの都市国家キシュの王《ルガル》、エンメバラゲスィによる侵

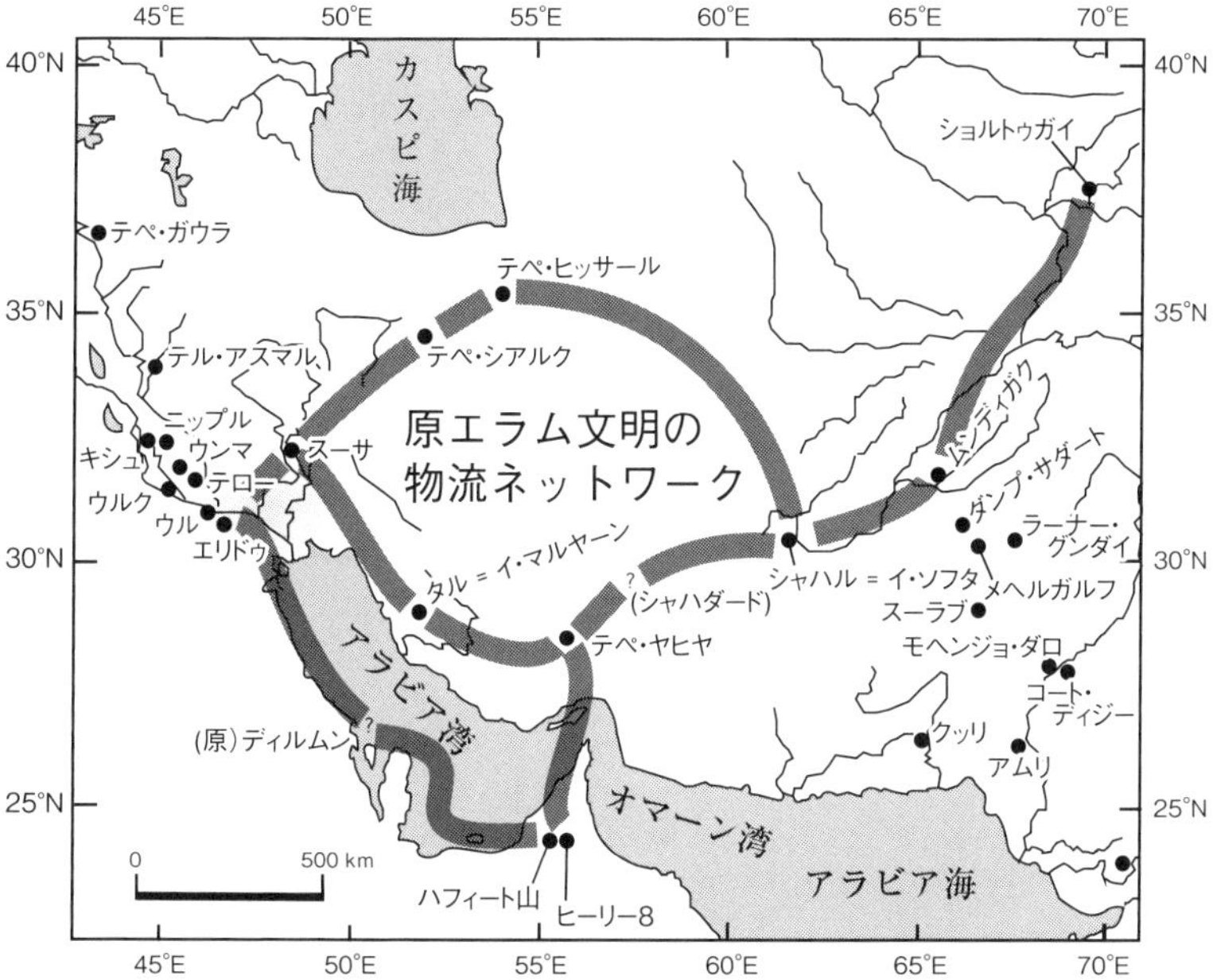

図2　原エラム文明の都市ネットワーク（前3000年頃）

略によって終わったとする説がある。[*25]シュメルには各王朝の名と支配者たちの名前、そして彼らの統治年数や治績などを記した『王名表』というものがある。その中に「キシュのエンメバラゲスィ、エラムを撃つ」という記事がある。彼は「九〇〇年間支配した」とも記されているが、実在した人物であることはほぼ明らかで、D・O・エザードらによれば、その在位年代は前二六七五年頃とされている。[*26]またウル第三王朝時代（前二一一二〜前二〇〇四年）に成立した『ギルガメシュ讃歌』には、キシュのエンメバラゲスィによるウルクの攻囲と、ウルク王ギルガメシュによる反撃が示されている。[*27]

当時のウルクの支配者について、

『王名表』は以下のように記している。「牧者なるルガルバンダが一二〇〇年間支配した。漁師なるドゥムシ――彼の都市はクアラ――が一〇〇年間支配した。ギルガメシュ――彼の父はリラ――がクラブのエン祭司として一二六年間支配した。ギルガメシュの息子ウル・ヌンガルが三〇〇年間支配した」[*28]。またこの『王名表』を訳した月本昭男氏の年代観では、エンメバラゲスィとギルガメシュの在位年代はそれぞれ前二六三〇～前二六〇〇年頃、前二六〇〇年頃である。前者の在位年代はエザードらの説と若干異なるが、ここではそれはあまり大きな問題ではない。スーサがⅢB期に支配力を低下させ、メソポタミア色が復活するという考古学的な所見が、前二七世紀のメソポタミアの支配者によるスーサ侵略という、文献上の記述と符合する点が重要である。

エラム地方はメソポタミアとイランが直接接触する重要な場所であるため、その支配をめぐっては、このように、両者の間に熾烈な争いが常に存在した。これに対して、ファールス地方はエラム地方の東南にあり、メソポタミアとの直接の接点はない。後の歴史で、アカイメネス朝やサーサーン朝ペルシアはパールサすなわちファールスに起源をもつ。そもそも「ペルシア」はパールサのギリシア語風発音ペルシスに由来する。この地方における最初の都市形成は、エラム地方（スシアナ）とは異なる過程で進行した。ここではクール川流域を中心に新石器時代以来のローカルな文化が知られているが、スーサの都市形成期と並行して、中心的な集落遺跡であるタル＝イ・マルヤーンでも都市化の動きが認められる。この集落は原エラム都市の一つとなるが、以後も幾度か地域的拠点としての役割を果たした。メソポタミアのシュメル、アッカド語の文書によれば、前二千年紀以降、それはアンシャンという都市（国家）名で知られている。

W・サムナーは、タル＝イ・マルヤーンが位置するクール川流域の人口の変化について、次のように考察する。前六千年紀以降、定着農耕に携わる人口は、前五千年紀末のバクーン期に頂点に達するが、その後、前四千年紀前半のラプイ期からバネーシュ期にかけて急速に減少する、すなわち定着農耕民の遊牧民化という現象が起こる。その原因は、当初は成功していた河川による灌漑の失敗、土壌の疲弊（塩害の発生）などによるもので、バネーシュ中期に始まる「ファールス地方の原エラム文明は遊牧文明であった」[*29]。定住農耕村落の解体が、一方ではテントを携えた移動生活への転換、そして他方では農耕に携わらない都市生活の確立という結果をもたらしたのであり、ここではメソポタミアにおけるような農耕社会の成熟・発達とはまさに正反対の理由で、最古の都市社会が誕生したことになる。サムナーはまた、J・R・オールデンの結論を引用して、バネーシュ中期のマルヤーンの面積は約四五ヘクタール、人口は四〇〇〇人、またバネーシュ後期には約二〇〇ヘクタールの都市域を囲む都市周壁が築かれたと述べている[*30]。

バネーシュ期とは、ファールス地方における前三四〇〇〜前二八〇〇年頃の時代である。通常、初期・中期・後期の三期に分けられており、初期がスーサⅡ期と並行する。この時期にはマルヤーンにおいてもスーサ同様の「メソポタミア化」現象が見られるが、その解釈には諸説あり定説がない。中期以降がスーサⅢ期に相当するが、マルヤーンではそれに続く居住層がなく、前二二〇〇年頃始まるとされるカフタリ期まで空白期が続くと、従来は報告されていた[*31]。バネーシュ期とカフタリ期の土器の精査を踏まえた新たな報告では、マルヤーンの「TUV丘」なる区域の発掘で、バネーシュ後期の土器がほんの少量だが出土しているので、完全な空白とまでは言えないが、この地域における極端な人口減少が認められるとのことであった。[*32]

原エラム期すなわちバネーシュ中・後期におけるタル＝イ・マルヤーンの出土土器の多くは胎土に砂粒を多く含み、地元ファールス地方の先史土器の伝統を引くものである。また原エラム文書、印章圧痕も知られている。さらにここでは営業規模のパン焼き竈《かまど》や銅製品の生産、専業工人による石器、ビーズ類、象嵌《ぞうがん》用貝殻片の製作など、多彩な工芸品の生産活動を物語る工房址が明らかにされている。明らかに遠隔地から搬入された素材として、黒曜石、金、ラピスラズリ、トルコ石、紅玉髄《カーネリアン》などの成品、未成品がある。工芸品に彫刻された図像にメソポタミア的要素は見られず、いずれも原エラム文明に特徴的なものと指摘されている。[*33] こうした特徴をみるならば、タル＝イ・マルヤーンの性格は、同時期（Ⅲ期）のスーサから最も近い東南方の交易拠点都市であり、原エラム都市群の中で、首都スーサに次ぐ地位にあった可能性がある。

イラン高原に点在するすべての原エラム都市についてのこのような研究はないが、マルヤーンにおける原エラム都市の成立過程は、ファールス地方だけの現象ではないと思われる。世界有数の乾燥地帯が大半を占めるイラン高原においては、そもそもメソポタミアにおけると同様の農耕社会の発達は期待できないのであり、周囲に延々と広がる農耕地と農村群の管理に主力を注ぐような都市社会は生まれようがない。一時農耕社会が形成されても、塩害などの自然災害によって崩壊する脆弱《ぜいじゃく》さがあった。それに代わる、いわばイラン高原型の都市誕生プロセスがここには存在したのだ。

もう一例を挙げよう。先に示した原エラム文書をもつイラン高原の諸都市、すなわち原エラム都市群のうち、イラン東南部のケルマーン地方に位置するテペ・ヤヒヤは、ⅣC層で原エラム文書のほか、ベヴェルド・リム碗、ジェムデッド・ナスル式彩文土器、円筒印章の捺痕などの遺物が出土している。ヤヒヤには、前三千年紀の全期間を通じて、輸出用クロライト（緑泥石）製品の製作工房があったが、当初はおそらく原エラム文明の輸出品目とするため、上位都市（スーサ?）の指令により始められたものである。

イラン高原に広く分布する原エラム都市群は、かつてメソポタミアのウルク文化が示した拡散現象とは異なる性質のものである。ウルク国家はメソポタミア南部の低地に発し、北部、シリアなどへ植民政策を実施した。したがって先に述べたそれらの都市では、中心地の文化がいわばパッケージとして移植されたものと捉えることができる。これに対して、原エラム都市群では、考古学的遺物の主体を占める土器にしろ、特殊なもの（遠隔地からの搬入品）を除き、基本的に土着の先史土器の伝統によるもので、各都市に共通の内容をもつものではなかった。スーサはメソポタミアの都市であるかのような土器群をもっていたが、他の都市はそうではなかった。これらの都市に共通しているのは、おそらくスーサから配布された、あるいはスーサから来た書記によって書かれた原エラム文書や、非メソポタミア的な印章やその捺痕などであり、イラン高原の先史諸文化の伝統をもつ地方的文化に、それらが付加されているのが特徴である。

これはある共通の目的を遂行するために、出自を異とするイラン高原のローカル諸文化が、中心的都市（首都スーサ）によって、緩やかに統合されていたことを意味するのではないだろうか。そしていずれの場合も、地元産および遠隔地産の原材料の加工が行なわれ、製品の一部は地元でも消費されたであろうが、多くは遠隔地に輸出された。スーサはそれをコントロールし、最大の消費地であるメソポタミアに売り込んだのである。原エラム文明とは、総体としてこうしたメソポタミアの必要物資供給を行なうための陸上ネットワークであり、メソポタミアの農耕文明とは相互補完の関係にある、非農耕文明であった。

4 オマーン半島のハフィート期

アラビア半島の湾岸地方は、メソポタミアに隣接しつつも、メソポタミアのウルク文化に関係する遺物はほとんど知られていない。ウルクの植民都市が未発見であることの理由を、ダニエル・T・ポッツは、前三千年紀初頭における海面上昇に求めているが、[*34]そうであれば、海岸部にこの文化の遺跡があったとしても、消失したことになる。しかしより単純で可能性が高いのは、ウルク期のメソポタミアが、他の隣接地に対するほどに、湾岸に対して積極的な進出意図をもちあわせなかったということである。ウルク文化は南メソポタミア型の農耕文化で、センター都市と周辺の農村群というセットを基本に、遠隔地との交易ルート支配のための都市集落を要所に設置していた。当時の交易ネットワークは、南メソポタミア沖積地の東の延長である隣接地エラム（スシアナ）や、両河に沿った北の延長であるアッシリアやシリア、アナトリア方面において確立されたもので、可耕地の少ない湾岸は農民を植民できる土地でなく、またメソポタミア人は、自身で海上ルートによる遠隔地産物資の輸入を行なうだけの能力を持ち合わせてはいなかったのだろう。その意味ではかつてのウバイド人の経験は活かされていないようだ。当時もその後の時代も、メソポタミア文明の担い手たちは本質的に陸上の農耕文明に属しており、海上の交易文明に属す海洋民との棲《す》み分けを続けているからだ。

アラビア（ペルシア）湾のことを、アラビア語ではアル＝ハリージュ、ペルシア語ではハリージュと呼ぶ。ここに住む海洋民のことを、最近の研究者は「ハリージー」と呼ぶことがある。[*35] 古代ローマ帝国の人々が地中海を「我らの海《マーレ・ノストルム》」と呼んだように、前近代におけるハリージーにとって、この海域はペルシア湾でもアラビア湾でもない「我らの海」であり、湾に沿った地域で近代国家が成立した後でさえ、港から他の港へ、時にはイラン側からアラビア側へ、アラビア側からイラン側へと、同族を訪問したり、移住したりすることが、珍しいことではなかった。

湾岸において、メソポタミアのウルク文化のものであるかもしれない遺物として、ポッツが挙げているのは、ほんの数例に過ぎず、そのうちでも多少は可能性ありとされるものは、サウディアラビア、ダハラーン地区で採集された「へ」の字状に垂れ下がった土器の筒形注口部分、ダハラーン空港近くで出土した粘土製のブッラ（未開封）だけである。ウルク期のメソポタミアと湾岸との関係は、皆無かどうかはともかく、強いものではなかった。

ところが、この直後の段階から、湾岸地域では、メソポタミアとの関係を示す確実な資料が増加する。その最も顕著なものが、オマーン半島のハフィート期の出土遺物である。ハフィート期は、同地域の編年では、前三一〇〇～前二八〇〇年頃を占める時代であるが、湾岸の他の地域では、それに並行する地域的時代名はまだない。最初に現UAEとオマーンの国境に位置するオアシス都市アル＝アイン（ブライミー）近傍のハフィート山で積石塚墳墓群が発見されたことから、この名がある。[*36]

ハフィート期の積石塚は径六〜七メートルほどの円形プランをもち、簡単に整形された石のブロックを円錐台または円筒状に積み上げたものである。羨道《せんどう》の奥に円形の墓室が一つあり、天井は持ち送り式で造られている。被葬者は二〜五人程度で、順次追葬されている。以後、青銅器時代を通じて、多葬墓はオマーン半島の伝統となった。

この墓群が注目されたのは、墓室内から、副葬品の一部として、メソポタミア製のジェムデット・ナスル式彩文土器が出土したことで、それは年代決定の動かぬ証拠となった。典型的な器種は、張り出した稜をもった算盤玉形の胴部、太くて短い円筒形の頸部、外側に開いて幾分垂れ下がる鍔《つば》状の口縁部をもった壺で、胴部上半に単彩あるいは多彩によるパネル状の文様がめぐらされるものである（図3）。

墓群に埋葬された人々はどこに住んでいたのだろう。ハフィート山の周辺で、同時代の居住遺跡の一つは、アル＝アイン市郊外のヒーリー地区にあるヒーリー8遺跡の最古期である。ヒーリー8は、この時代から前三千〜前二千年紀の全期間にわたる集落址であり（図4）、オマーン半島の編年のモノサシを提供している。長期にわたる住民の活動の痕跡が遺されたという点で、この遺跡に並んで重要なのは、ウンム・ル＝カイワイン首長国の旧海岸近くにあるテル・アブラクである。アブラクでは前三千〜前一千年紀に至る居住が明らかになった。ヒーリー8やアブラク

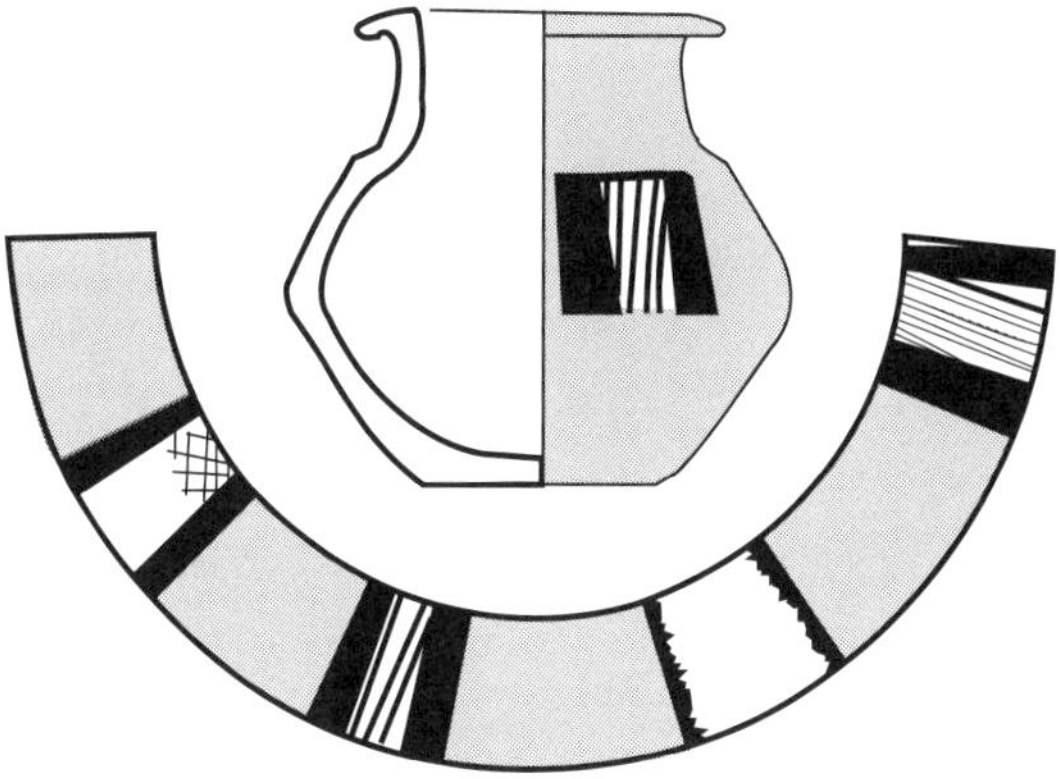

図3　オマーン半島出土のジェムデッド・ナスル式土器の例（Frifelt 1971, During-Caspers 1971 より）

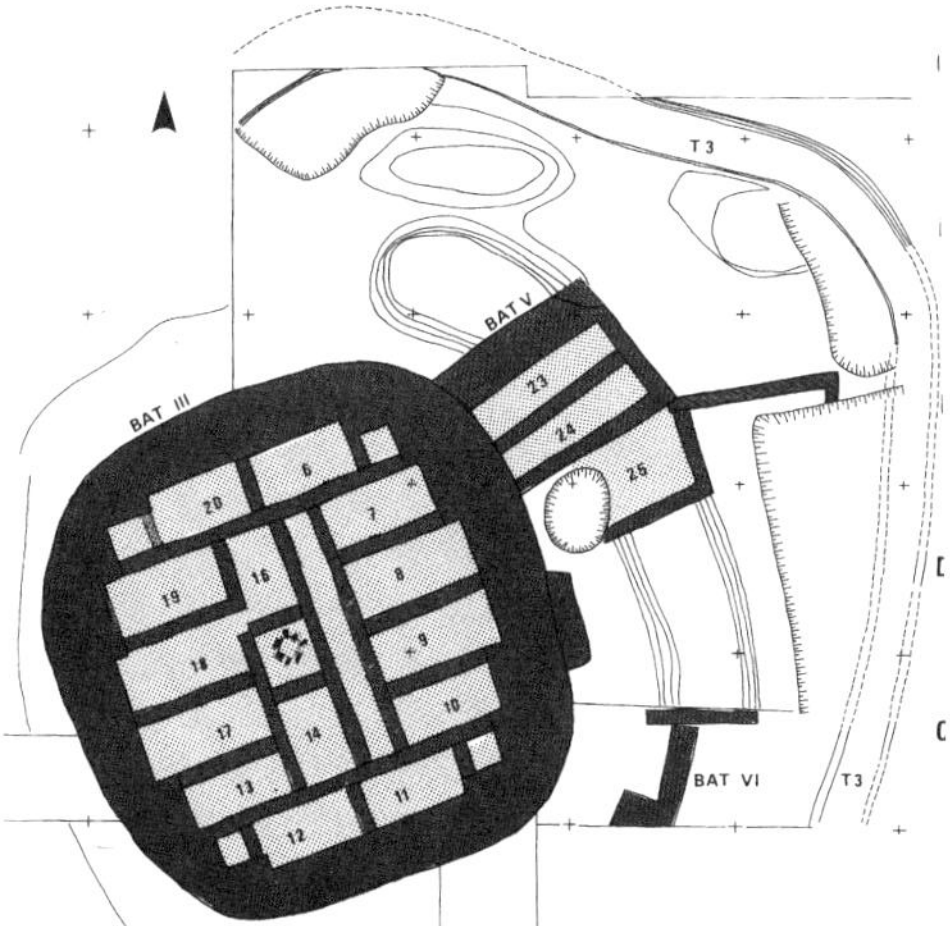

図4　ヒーリー8遺跡第Ib期の遺構（Cleuziou 1989, Pls. 21B & 11）

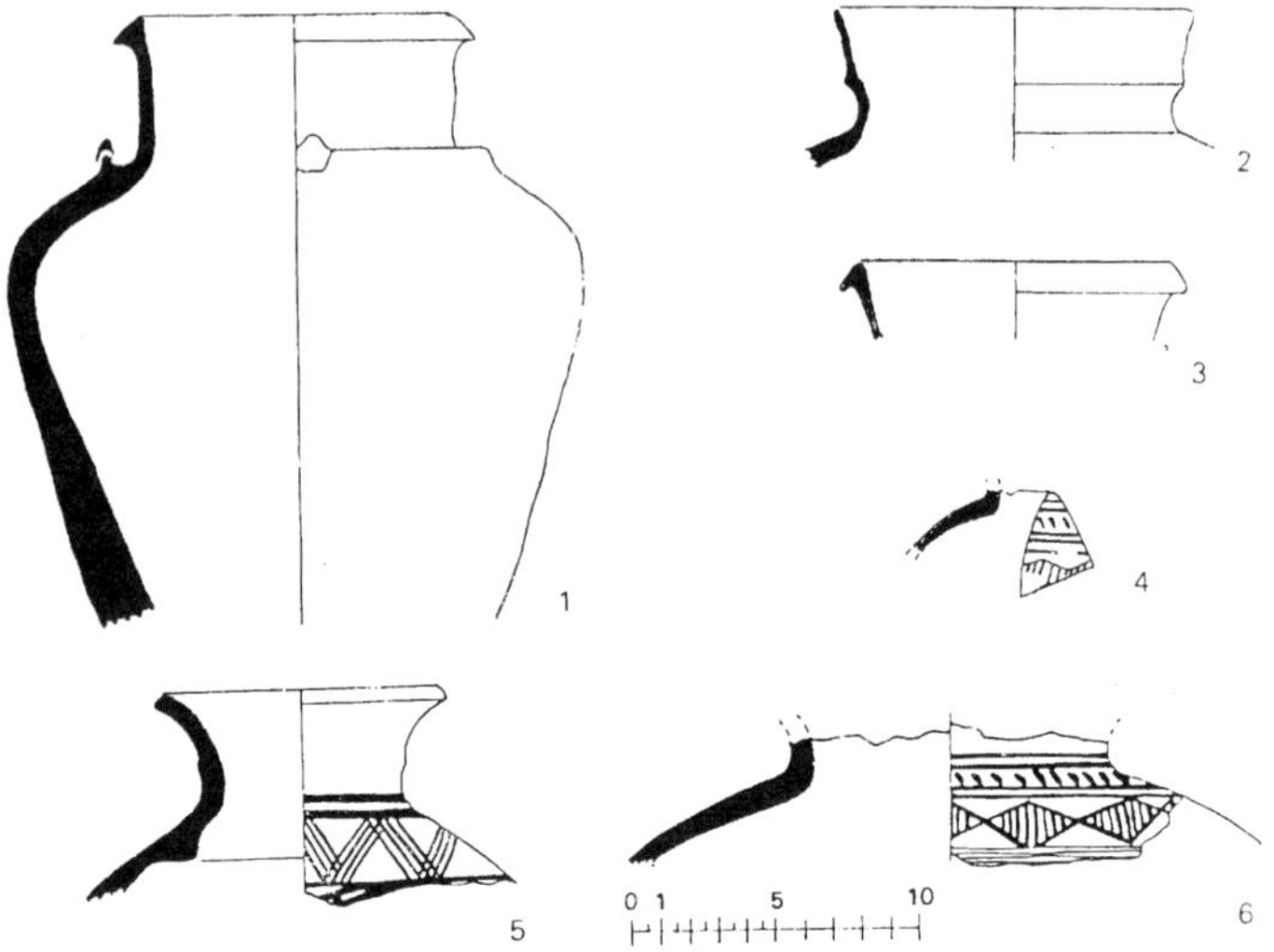

図5　ヒーリー8遺跡第I期の土器（Cleuziou 1989, Pl. 22より）

のような遺跡での発掘成果から、オマーン半島における編年の枠組みは作られてきた。

ヒーリー8遺跡は墓群も含むヒーリー遺跡群の一部であり、メソポタミア風の平凸レンズ形の日乾煉瓦を使用し、大規模な円塔や周濠《しゅうごう》を備え、銅冶金の痕跡を示すなど、非常にユニークな要素を伴っているが、ここではその性格についてはさておき、最古期（第I期）、すなわちハフィート期の様相に着目する。ちなみに第II期はウンム・ン＝ナール期、第III期は前二千年紀のワーディー・スーク期に相当する。

この遺跡の第I期は、建築物の新旧関係によりa〜c期に細分されている。この時期の出土土器は非常にわずかだが（図5）、初期王朝時代第I期のメソポタミア製土器と、イラン東南部のものに似た黒色彩文赤色土器とが混在する。[*37] 後者について、当初報告者セルジュ・クルジウは、イラン東南部のテペ・ヤヒヤ（ⅣC層）、バンプールのものに酷似するが、搬入品か地元製かは不明としていたが、後に行なわれた胎土の理化学的分析によって、地元オマーン半島製であることが判明した。[*38] この黒色彩文赤色土器（**Black-on-Red Ware**）をBORと呼ぶことにする。

メソポタミア製の土器は、湾中部を経由する海上ルートによって、オマーン半島まで到達した。バハレーン本島北部にあるバールバール神殿遺跡の近くで、ジェムデッド・ナスル式土器が一片ではあるが出土した（神殿遺跡とは無関係）。また同島のハマド・タウン古墳群で出土した同式の短頸壺数点が、バハレーン国立博物館に展示されている。同じくアル＝ハジャル古墳群では、土器ではないが、フリット製の円形スタンプ印章が出土し、「ジェムデッド・ナスル様式」の印章が後世再加工されたものと判定された。[*39] このルートは何を意味するのだろう？　ちなみに、ここで言うフリットとはガラス質の結晶を加熱して固めたもので、ファイアンスと同義。ガラスは飴のように一種の液体だが、フリットは粒子が角砂糖のように隙間とともに固まったものである。

5　「原ディルムン」とハフィート文化

メソポタミア人が海のかなたの世界について、とりわけ物資調達との関係において、どのように感じていたかということを、最古に近い古さをもつ粘土板文書から探ってみよう。ハンス・

J・ニッセンらによると、前三〇〇〇年前後に書かれ、南メソポタミアの都市ウルクで出土した、シュメル楔形文字の前身である「古拙ウルク文字」による粘土板文書群の中に、DILMUNなる語彙が見られるという。[*40] その一つは「職業一覧表」と呼ばれる辞典的文書で、「徴税人」という職業の中に、「徴税人長」、「収穫の徴税人」、「土地の徴税人」などと並んで、「ディルムンの徴税人」というものがある。

また「金属器一覧表」と呼ばれる辞典的文書では、金属製の容器、道具、武器の類が列挙されているが、「斧」の項目の中に、「大きな斧」「両手(両刃?)の斧」「片手(片刃?)の斧」などに続いて、「ディルムンの斧」があるという。ニッセンはこれを「ディルムン型の斧」と推定するが、どのような形状かはわからない。

ニッセンが示す第三の例は「地名一覧表」と呼ばれる辞典的文書中に見られる「ディルムン」という地名である。他の行でザバラムという都市名に関する記述があるので、ディルムンについても記述があったはずであるが、その箇所は失われている。しかし文書の性格上、この言葉が特定の地理的な場所を指していることは確実である。

第四の例は六枚の行政文書で、「ディルムン」の表記が含まれているが、文脈ははっきりしない。うち一枚には「銅」を意味する文字が隣接して書かれているが、以下は失われている。また三枚には織物に関係する記述があり、うち一枚では「一梱《こり》のディルムン衣装」が読めそうだという。さらに一枚は「三〇×ディルムン」がある官吏に対して支給される、あるいは彼から支給されるという内容で、註記から食料の配給に関するものであることがわかるという。

このように「ディルムン」とは、シュメル語の世界では、ちょうど日本語の「漢」や「唐」のように使われていたことがわかる。漢や唐は本来は良き地名（国号）であり、そこからもたらされた漢詩や漢方、唐三彩や唐物《からもの》のような良きものを指していたが、唐辛子のように、必ずしも中国起源ではないものや、唐紙《からかみ》のように自国製の高級品に冠された例もある。

ニッセンは、これらのウルク出土文書の解釈からは、当時のバビロニアないしはウルクとディルムンとの関係について、十分な情報は得られなかったとしつつも、前四千年紀末の、文字による記録の最古の段階で、すでに両者は関係をもっていたばかりか、それが交易関係だけに留まらなかったという意義を述べている。ここでいう「ディルムン」とは、メソポタミアでは銅あるいは銅製品と関係のある域外の地名であり、課税対象としてのディルムンのようにまだ説明ができない場合もあるが、他は「ディルムン・タイプの」、「ディルムン風の」、「ディルムン起源の」のように、地名から派生したさまざまな修飾語として、通常は良い意味で使われている。こうした例はその後もしばしば見られる。前二四～前二三世紀のシリア、エブラ王国で書かれた粘土板文書には、シュメルのものでない通貨単位として「銀ディルムン・シェケル」がたびたび登場している。[*41]

メソポタミア人にとっての域外の地名「ディルムン」とは、この段階ではまだ湾岸地域を漠然と指すものだったと思われる。ハリエット・クローフォードは、当時のディルムンとは、メソポタミアにとって、「はるか南の遠い土地」というほどのものだったと述べている。[*42]この地名・国名は、アッカド時代からは、湾岸の特定地域を指すのに用いられるが、ウルク期に強い関係をもった経緯があるエラムやシリア方面とは異なり、かつてのウバイド人による積極的で一方的な活動を別とすれば、事実上この時代に初めて関係をもつに至った土地であるために、バビロニアでは、まだ漠然たる域外として認識されていたのであろう。

そして湾岸におけるジェムデッド・ナスル式土器の出土状況は、ウバイド人による海産資源獲得活動とも、ウルク国家による域外植民活動（ウルク・ワールド・システム）とも性格が異なり、むしろハフィート山に積石塚墓群を遺した人々による、対メソポタミア物資供給活動の結果であったことを暗示している。このことは、イラン高原、インダス河流域、湾岸を含む広領域で前三千年紀中頃に始まる大きな政治的経済的動きから、年代を遡って類推されることで、要は、オマーン半島内陸部で銅鉱山の開発がすでに始まっており、それを必要とする他の土地に輸出されていた可能性がきわめて高いということである。ウルク出土文書に記された「ディルムン」は、アッカド時代以降の地名・国名としてのディルムンと区別する必要があるため、「原《プロト》ディルムン」と呼ぶことにしたい。

原ディルムンは、この時期のメソポタミア人の憧れの土地であった。メソポタミアで消費された銅の少なくとも一部は、他の良き品々とともに、その土地から海を越えて運ばれてきた。

バハレーン島とオマーン半島で、ジェムデッド・ナスル式土器や同時代の印章のような、メソポタミア製品が出土していることはすでに述べた。メソポタミア南部のウルクからバハレーン、オマーン半島は一本の路でつながるのだ。ではオマーン半島のハフィート期とは何を意味するのか。

オマーン半島内陸部のヒーリー8遺跡では、第I期以降の全ての時期で銅製品が存在し、スラグも見られることから、加工も行なわれていたことがわかる。銅資源の開発には、鉱脈から掘り出した鉱石を精錬して地金を作り出し、それを加工地に運搬して製品に仕上げ、消費地へ配送するという、一連の流れがある。当時の採鉱の場所はまだ特定されていないが、ハフィート期はオマーン半島内陸部で銅山開発が始まった時期に違いない。では「原ディルムン」とはハフィート期のオマーン半島だったのだろうか。

より根源的な問題がある。ハフィート期の人々とは何者だったのだ。彼らは採掘した銅鉱石を加工し、また製品を使用してもいた。またメソポタミア製の土器と自前のBORを両方所有していた。それまで土器作りの伝統もなく、農耕も満足に行なった形跡のない、オマーン半島の石器時代人が、突然銅山の開発を始め、製品を輸出するというのは、いくらなんでも無理がある。それならば、ハフィート人はどこかから到来した人々ではなかったか。

それを知るための手がかりは、遠隔地とつながる考古学的遺物であり、筆者の言う「異物」である。筆者はかつて、インダス文明とそれに先行する先史諸文化の遺物に含まれる「異物」、すなわち地元の文化的伝統に属さず、他の文明との関係を物語る遺物について考察したことがある。[*43] 膨大な遺物の中から異物を摘出してその正体を調べることが、その文化の解明につながる道の一つだと思ったからである。

ハフィート文化の場合、それは二つある。まず銅製品の最終消費地であるメソポタミアで作られた土器、もう一つはオマーン半島製のBORである。このBORはイラン、ケルマーン地方の先史土器の流れを汲むもので、発見当時から、地元製かイラン製か問題になっていたが、現在では地元製品であることが明らかになっている。これがイランのテペ・ヤヒヤⅣC層期のものに酷似する事実が、ハフィート人の正体を知る鍵となる。前四千年紀の末に、イラン東南部の土器の伝統が無土器時代のオマーン半島に突然移植され、その土地の伝統が始まったのだと思われる。自然な解釈をするならば、前三一〇〇年頃に、イラン東南部の原エラム都市テペ・ヤヒヤが、オマーン半島を自国領土に編入し、移民を送り込んだのだ。それは原エラム時代のヤヒヤ国家による「植民」にほかならない。目的は銅山の開発であり、移民の中には鉱山技師や土器作りの職人、それに多少の農民もいたであろう。

わからないことがまだまだ残されている。その後のイラン側とオマーン半島側との関係はどうであったのだろう。イラン本土とアラビア側の植民地（新領土）は、少なくとも当分の間は一体の関係にあったらしい。後世、イランのアカイメネス朝ペルシア帝国は、オマーン半島と対岸のイラン沿海部からなるマカ（マクレスターン）という州《サトラピー》を設置・支配しているが、海峡を挟む二つの地域を一つの行政単位とする考え方は似ているかもしれない。さらに後世の紀元後六三〇（回暦八）年、オマーン半島がイスラーム化した時には、ゾロアスター教を奉じる多くのペルシア系住民が追放されているから、ハフィート期以来、相当後の時代まで、この地はイランの一部と一体感をもつ地域と認識されていたことがわかる。

メソポタミア人は、アラビア湾の彼方の土地「ディルムン」と銅（およびその他の良きもの）とを結び付けて考えていた。彼らが使用する銅は、その土地から配達供給された。彼らはその土地が漠然と良い所と考えていたが、具体的な知識はほとんど持っていなかった。ということは、自ら海の彼方に調達に出かけたのでないということである。湾岸におけるかつてのウバイド人の海産物獲得活動は完全に忘れ去られていたか、それ以上に、原ディルムンが安定した制海権と物資輸送・供給能力をもっていたのだ。

確かに銅の採掘と加工には高度の技術が必要であるから、オマーン半島には、イランから到来した専業の技術者がいて、代を重ねて生産業を支えたに違いない。他方その成果物をメソポタミアまで運搬し、消費者に売り込む仕事、現在の商社に海運業を足したような「営業輸送部門」もあった。定住者の生活を支えるための漁業部門や農業部門、生活用品製造部門などもあったのだろう。他方、ハフィート期のオマーン半島に存在したメソポタミア製土器は、銅製品輸出に携わった営業輸送部門が、他のメソポタミアの産物とともに持ち帰ったものである。彼らがメソポタミア人に対して何と自称していたかは知りようがないが、メソポタミア側は、海の彼方にある「ディルムン」という素晴らしい土地から来た人々だと考えていた。アラビア湾の海上ネットワークはすでに成立・稼働していた。

テペ・ヤヒヤの支配者が、銅山開発のためにオマーン半島を植民地化した結果、同半島と湾岸は事実上原エラム文明の一部と化し、メソポタミア、イラン高原を含む大経済圏に取り込まれた。しかし本来ヤヒヤの支配者が海を隔てたオマーン半島に埋蔵される地下資源の事情を偶然に知る可能性はない。専門家を派遣して調査を繰り返させた結果に違いない。そうであれば、原エラム文明は、別の遠隔地にもさまざまな専門家を派遣して資源調査を行なっていた可能性がある。そうした活動はどのような結果を導くのだろうか？

ホルムズ海峡は、最も狭い所では、幅が約三三キロメートルに過ぎないが、その後も不断に往来するために、営業輸送部門が活躍した。オマーン半島と湾奥のメソポタミアを結ぶ道も海上ルートであったに違いない。その理由は、まともな道路というものが、この時代にはどこにもなかったことである。世界的にみても、道路それも公的な道路が作られ、保守管理されるようになるのは古代後半の話で、前五世紀に建設されたアカイメネス朝の「王の道」に始まり、ローマ帝国の道路網で完成する。

ハフィート期のアラビア湾でどのような船が利用されたかは、残念ながら詳しく述べる材料がない。船といっても現在のような立派な船ではなく、葦や木材で造られた簡素なものであったことは想像に難くない。先に述べたクウェイトのアッ＝サビーヤ地区にあるウバイド系のH３遺跡では、船を象《かたど》った土製品と葦の圧痕を遺す瀝 青《ビチユメン》の破片が出土している[*44]（図６）。土製の船は現存する長さが一四・五センチ、幅が七センチで、舟底は平坦、船首と船尾は両方が尖っているが、各先端は失われている。マストが立てられていた痕跡はない。これが現在知られる湾岸最古の船の形であり、ハフィート期の船もこれに似たものであったかもしれない。

ハフィート期より後の、湾岸の船に関する状況はどうだろう。最初の都市文明であるウンム・ン＝ナール文明では、船の形態を示す考古学的資料は知られていないが、第三章第５節で述べるように、メソポタミア側の史料に多少の記述がある。そして、第四章で述べるバールバール（初期ディルムン）文明の時代になると、同文明の首都があったバハレーン砦では、土製の船の模型

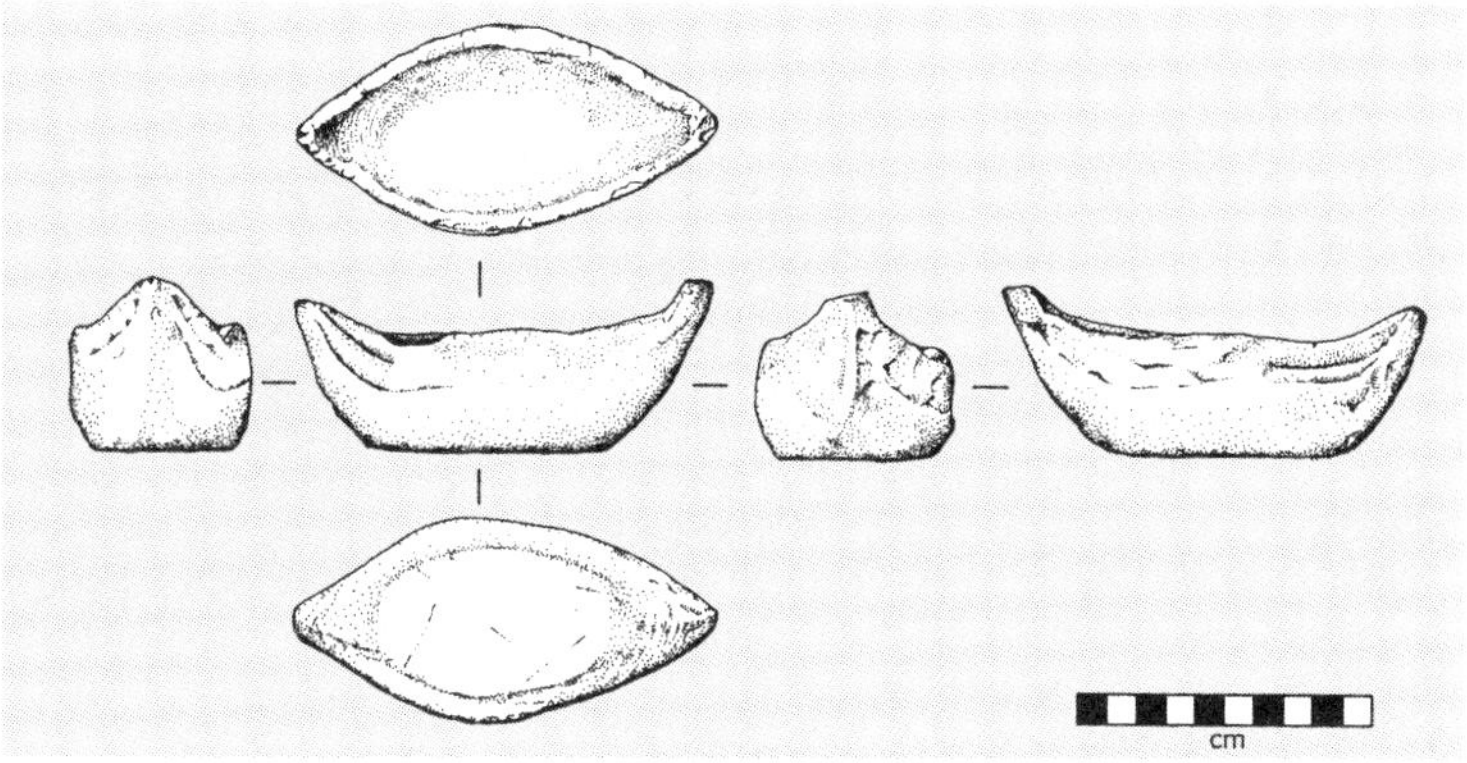

図6　H3遺跡出土の土製の船（Carter 2002, p. 21, Fig. 8）

が出土しているが、[45]長さ六センチ余りしか残っていない。舳《へ》先《さき》は上がらず、マストの有無はわからない。バハレーンとクウェイトのファイラカ島で多く出土する、「ディルムン式」石製スタンプ印章（第四章第5節を参照）の一部には、船の形がデザインされている。それにはマストのないものも、中央部に一本のマストを立てたものもある。バハレーン砦で出土したインダス文明の土器に、焼成後、舳先が上がったタイプの船が刻線で描かれた例がある。[46]マストや櫓《ろ》のようなものが見られ、湾内または近距離用というよりも、外洋であるアラビア海も航行可能な大型船であった可能性がある。

　メソポタミアのウルク文書で銅と関係のある域外の地名として知られていた「ディルムン」、本書で言う原ディルムンとは、ハフィート期のオマーン半島から湾奥に至る航路の中ほどにある、湾中部の寄港地バハレーン島のことだと思われる。オマーン半島を出発した船は海岸に沿って湾奥に向かったが、補給のため途中何カ所かで寄港する必要があった。その中でバハレーン島は最も重要な場所であった。この島でこの頃のメソポタミア製品が見られるのは、帰りの船の積み荷の一部と考えられる。この島は湾岸で最良の自然環境に恵まれており、最良の寄港地であったに違いない。

前二〇〇〇年頃の「ディルムン国」本土と、その一〇〇〇年前の「原ディルムン」は、同じ場所にあったようだ。後に述べるように、前二千年紀初頭のメソポタミアの史料では、クウェイト沖のファイラカ島を「ディルムン」と呼んでいる。それは当時のディルムン国の一部ではあるが、本土ではない。またファイラカが陸地となるのは前二〇〇〇年頃のことで、それ以前は水中にあった。メソポタミアの人々は「ディルムン」の正確な位置、いや不正確な位置すら知らなかったが、我々はバハレーン島だと言うことができる。

ハフィート期のオマーン半島は原エラム文明の植民地というよりは、原エラム文明を構成するイラン東南部の都市、テペ・ヤヒヤの植民地であったと思われる。母市があるイラン東南部とオマーン半島は海の道で結ばれ、オマーン半島とメソポタミア南部が、バハレーン島などを経由して、海の道で結ばれた。状況証拠からそう言わざるをえないが、論証はまだその緒にある。海上輸送の始まりということを、技術的に可能であるかどうかということだけから考えることは正しくない。昨日まで陸上の業務に携わっていた人々が、今日から船で物資を運ぶということはあり得ない。ここには「ハリージー」の成立と発展という大きな研究テーマが隠されている。

大前提として、この海域にもともと漁民はいたとしてよいだろう。本章第1節で触れたように、湾岸には新石器時代の遺跡があるが、そのあるものは漁民が遺したものである。漁民は海洋の知識を持ち、漁船を操っていた。しかし漁民すなわち海洋民ではない。彼らが交易の民となるには、こうした知識や技術、経験の上に、商社員に求められるさまざまな技能が必要だった。外国語、交渉術、算術、国際経済に関する知識……。おそらくそれはイラン高原の交易民の得意分野であり、両者の協力あるいは融合が、最初のハリージーを生み出した可能性がある。彼らはディルムンからメソポタミアへ奇貨を供給していた。以上はあくまでも筆者の想像であり、それを実際に跡づけることは雲をつかむような話である。今後、どのようにすれば可能になるだろうか?

ハフィート期は前三一〇〇~前二八〇〇年頃の時期である。原エラム都市による植民の目的が銅山の開発であれば、資源が枯渇しない限りそれは続けられ、規模もしだいに拡大していったであろう。そして資源は現在ですら枯渇していない。そこでの経済活動が順調に成果を上げていれば、ケルマーンの母市（本国）は新領土へますます力を入れていったはずである。そして開発事業は順調であった。産出物は、メソポタミアでは「ディルムン産」というブランド商品として順調に売れていたのだから。

第二章

イラン高原の「ラピスラズリの道」——前三千年紀の交易ネットワーク

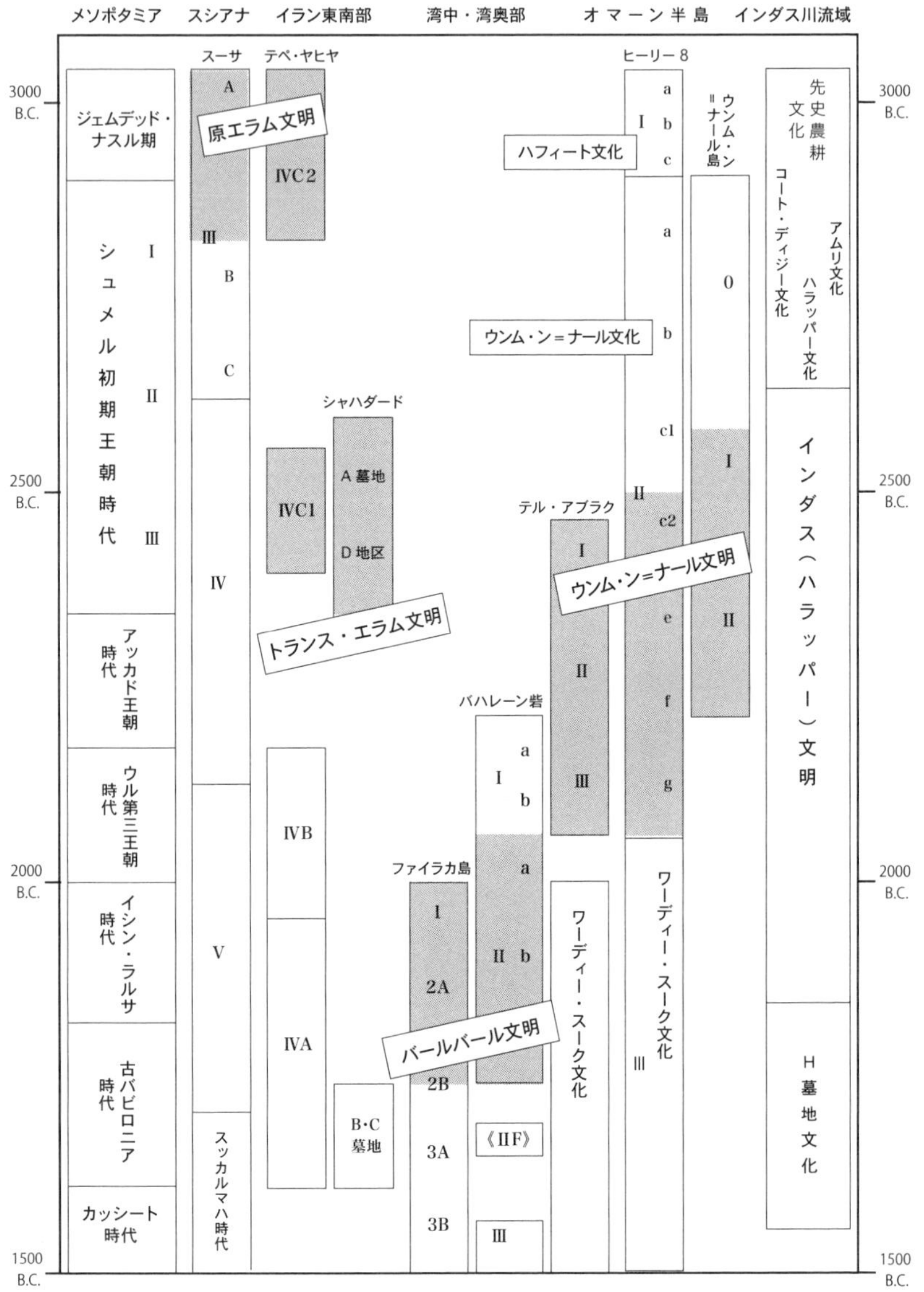
メソポタミア
スシアナ
イラン東南部
湾中・湾奥部
オマーン半島
インダス川流域
3000 B.C.
2500 B.C.
2000 B.C.
1500 B.C.
ジェムデッド・ナスル期
シュメル初期王朝時代
I
II
III
アッカド王朝時代
ウル第三王朝時代
イシン・ラルサ時代
古バビロニア時代
カッシート時代
スーサ
A
III
B
C
IV
V
スッカルマハ時代
原エラム文明
テペ・ヤヒヤ
IVC2
IVC1
IVB
IVA
シャハダード
A 墓地
D 地区
B・C 墓地
トランス・エラム文明
ファイラカ島
I
2A
2B
3A
3B
バハレーン砦
I a b
II a b
《IIF》
III
バールバール文明
テル・アブラク
I
II
III
ワーディー・スーク文化
ヒーリー8
I a b c
II a b c1 c2 e f g
III
ハフィート文化
ウンム・ン=ナール文化
ウンム・ン=ナール島
0
I
II
ウンム・ン=ナール文明
ワーディー・スーク文化
先史農耕文化
コート・ディジー文化
アムリ文化
ハラッパー文化
インダス（ハラッパー）文明
H墓地文化

イラン高原の交易ネットワークを経てスーサに集められた物資を、適正価格で買い取ることは、初期のメソポタミア文明にとってどうしても必要な活動だった。またその対価であるメソポタミアの農産物を得ることは、世界有数の乾燥地が中心に位置するイラン高原にとっては、どうしても必要な活動だった。二つの隣接地は、自然環境の違いから、都合よく相互補完の関係にあり、物資の交換は両者にとって宿命であった。[*1]

本章では、原エラム文明に始まるイラン高原の交易都市ネットワークがその後どのように変化し、その結果何が起こったかについて検討する。原エラム文明の後身を、メソポタミアから最も遠方に産する象徴的な商品であるラピスラズリにちなんで、「ラピスラズリの道」と、我々は呼んでいる。もちろん後世の「絹の道」からのアナロジーである。このネットワークはイラン高原の第二の都市文明であり、それまで文明をもたない遠隔地にも触手を伸ばし、新たな古代文明成立の契機をもたらした。

1　トランス・エラム文明

都市国家アラッタ

　前章で述べたように、メソポタミアの支配者たちが首都スーサに対して行なった軍事的侵略によって、原エラム文明は遅くとも前二七世紀に終わりの日を迎えた。スーサ以外の都市に対する攻撃は知られていないので、それはネットワーク全体に対する攻撃ではなく、メソポタミアと直接交渉関係にある中心都市スーサ、あるいはそれを含むエラム地方の一部に対する局地的侵略と支配であったと思われる。しかし前二七〇〇年頃から前二〇〇〇年頃までのスーサでは、「王の町」とアクロポリス丘で連続的居住が営まれており、外部からの攻撃で都市機能が壊滅し、廃墟化したわけではなかったことを物語っている。この種の攻撃は、都市の破壊を目的とするものではなく、武力を使って強引に行なわれる、自らに非常に有利な商取引の一形態だからである。足元を見られて高い買い物をさせられているという、売り手に対する消費者としての憤激から、メソポタミアの支配者たちは「悪徳商人スーサ」の懲罰に赴き、抑え込んでタダで商品を買ったというわけである。

　では首都を奪われた原エラム文明はその後どうなったのか。イラン高原からの物資供給がなければ、消費地メソポタミアは困ったであろうが、供給者であるイランの諸都市も、生業を続けることができないのでは、それ以上に困ったに違いない。しかし実は、イラン高原とメソポタミアを結ぶ交易路は、スーサ陥落後も機能しており、メソポタミアの諸都市もイランのネットワークも、本当のところは、さほど困りはしなかった。ただしネットワークの形態は、それまでとは少しばかり違っていた。スーサはメソポタミアの支配下あるいは影響下にあったため、ネットワーク側ではただちに新たな司令塔＝首都を設置した。それがアラッタで、メソポタミアからかなり遠い、イラン高原東南部、ケルマーンに建設された新都市である。

前三千年紀を通じて、メソポタミアの史料には東方のイラン方面との関係が記されており、いまだに未確定の地名が少なからず見られる。スーサ（現在のシューシュ）とアンシャン（現在のタル＝イ・マルヤーン）以外に位置が確定した地名はなく、アラッタもそうした未確定地名の一つであった。それ以外にザハラ、パシメ（またはミシメ）、シマシュキ、マルハシ（またはバラフシュム）、ハラリ、トゥクリシュ、アワンなどの地名が従来知られている。メソポタミアの「東方」には、国家とも地域とも都市とも区別しにくい土地がいくつもあったということなのだ。それらの多くについて、名称と支配者名などがポツリポツリと知られているが、たいていはメソポタミアが何らかの接触をもったということの記録であり、相手国の位置やどのような国であったかに関する詳しい解説はない。

ところがアラッタについては、興味深い説明文が遺されている。それはメソポタミアからは遠いイラン高原のどこかに存在した都市国家であり、その支配者は、シュメル初期王朝時代のウルク国家の半伝説的な支配者たちと丁々発止のやり取りを展開したというのである。特に『エンメルカルとアラッタの主《しゅ》』（ELA）、『ルガルバンダ叙事詩』といったメソポタミアの作品は、文学としても興味が尽きない作品であるが、すべてが創作ではなく、多くの史実が含まれている。ここでは前者について考察してみよう。

　ELAは、全体で六三七行に及ぶ長大な作品で、前一八〇〇年頃に書かれた粘土板文書群が現存する。[*2] もちろん作品が作られた時期はそれより古い。確かに長い文章だが、繰り返しのフレーズが随所に含まれ、それによって詩的効果を狙っているのである。シュメル『王名表』によれば、エンメルカルはウルク第一王朝第二代の王で、前二七〇〇年頃の人、他の史料によれば、「アラッタの主」の名前はエンスフケシュダアンナである。[*3]

　物語の筋は以下のようである。昔、メソポタミアのウルクを治めるエンメルカルという王がいた。彼は神殿を飾るために、金、銀、ラピスラズリ、その他の「山の石」を必要とした。それらは遠い東の国アラッタからもたらされていたが、ある時、入荷がストップした。困った王様は、ウルクの市の守り神であるイナンナ女神に、何とかして欲しいとお願いした。女神の神託は、「ラピスの産地アラッタ国に旱魃《かんばつ》をもたらすから、軍事攻撃をかけると脅《おど》しなさい」という内容だった。神様にしてはずいぶん汚い手を使うものだと、つい笑ってしまう。

　アラッタ国は飢饉《ききん》になった。エンメルカル王はアラッタ国に特使を送り、脅す。ところが「アラッタの主」は容易には従わない。エンメルカルと知恵比べが繰り返される。たとえば、彼はエンメルカルに大麦（の粒）を運んでこいと要求する。しかし大麦は袋に入れてもいけないし、荷車で運ばせてもいけない。「網の袋に入れて、（それを）荷物運びのロバの背に積むように……」（二七八行）などの細かい条件がつけられる。飢饉のさ中にあり、他国による軍事攻撃の危機にさらされているにもかかわらず、「アラッタの主」は何と強気であることか。網の袋では麦の粒はこぼれてしまうので、どうすれば運べるのだろう。正解は「大麦を麦芽にして運ぶ」（三二六行）である。もともと大麦は小麦のように食べやすいものでないので、発芽させてモヤシ状にしたもの（麦芽）を乾燥させ、粉にしたり発酵させて酒にするくらいしか、食べ方がない。

また「黒くない衣装、白くない衣装、褐色でない衣装、深紅色でない衣装、黄色くない衣装、水玉模様でない衣装」をもってこいなどというのもある。筆者は原文（英語訳）をよく読んだが、正解を見つけることができなかった。ともかく、無理難題、奇妙な謎解きが延々と続く。

さまざまな駆け引きの後、両者は遂に和解した。天候神イシュクルが雨をもたらし、飢饉も解消した。アラッタは、ウルクが欲しがるラピスラズリとその他の建築資材、さらにそれを細工する職人をもウルクに送り届けてきた。つまりは、めでたしめでたしで終わる。

アラッタ国はどこにあったか

この文書が示すアラッタ国の位置を考えてみよう。「スーサ（から）アンシ［ャンの山地］に至る（間）」（七五、一一〇、一六六行目）は、スーサからファールス地方へのペルシア湾に平行する陸路を示している。そしてそれから「五つの山、六つの山、七つの山を彼は越えた」（一七〇行目）、つまり「いくつもの山」を越えてアラッタに接近したのである。そして「アラッタに近づく（と）、彼は（自分の）目をあげた」（一七一行目）。「山の土地アラッタ」（一五七、三三八行目）、「偉大なる山脈（＝アラッタ）は、天に聳《そび》え立つツェルティスの木」（二四三行目）、「山脈（＝アラッタ）は急襲する戦士」（二六八行目）のように、アラッタは特使の眼前に聳える急峻な山頂にあった。

ユーセフ・マージッドザデは、「地理的にファールスからケルマーンに至る道筋に一致する」として、アラッタが現在のケルマーン州に存在したと主張する。[*4] メソポタミアの初期王朝時代に並行する時期、ケルマーンからラピスラズリの産地バダクシャンに至るルート上に存在し、アラッタ国に比定される可能性をもつ大規模な都市遺跡として、ケルマーンのシャハダード、セイスターンのシャハル＝イ・ソフタ、アフガニスタン南部のムンディガクを挙げることができるが、マージッドザデはシャハダードをアラッタに比定する。Ｊ・ハンズマンのシャハル＝イ・ソフタ説[*5]に否定的であるのは、ダシュト＝イ・ルート（塩砂漠）とヘルマンド湖に関する記述がないことのほか、シャハル＝イ・ソフタではメソポタミアとの関係を示す考古学的資料がほとんど知られていないことによる。[*6] そうであれば、ムンディガクの可能性はさらに薄らぐ。

ＥＬＡを読む限りにおいて、ウルクからアラッタに搬入されたとされるものは網の袋に入れた麦芽化した大麦などで、考古学的遺物として残存するようなものは何もない。これこそメソポタミアと東方との交易品目を象徴するもので、遺物として残る品目は、ほとんどが東方からメソポタミアへ搬入されたものばかり、反対にメソポタミアからの見返りの農産物は、実物としては残りえない物が多い。しかし後に述べるように、シャハダードではメソポタミア製品も相当見られるから、マージッドザデの説には説得力がある。

重要なのは、アラッタの候補地が、対メソポタミア交易を行なうイラン高原の国家の首都に相応《ふさわ》しい内容であるか否か、ということである。シャハダード=アラッタ説が発表されてから四〇年近くが経過した現在までに、遺跡の発掘報告書[*7]が刊行されたことは、同説にとって決して不利ではない。墓地での出土品を見る限り、古代都市の水準は同時代の他の都市のそれを上回るもので、少なくともイラン東南部における当時最高位の都市がこの地に実在したといってよい。ただ、非常に大きな問題は、シャハダードの古代都市そのものは消失したかに思われることで、そのことには後にも触れよう。

新しい都市ネットワーク

ELAに示されるアラッタは、まぎれもなく君主を戴く国家であり、ウルク国家の支配者からみても、すなわちメソポタミア側の文書においても、政治的に対等に近い相手であった。当時の最先進国であったウルクの態度にも、相手を見下すような態度はみじんも感じられないからだ。ウルクの特使はスーサを難なく通過しており、そこから「アンシャンの山地」へ向かっている。スーサは彼が容易に通過できる都市に過ぎず、かつてのようにイラン側の勢力を代表する都市ではない。またアンシャンが都市であったことを示唆する表現はまったくない。その名で呼ばれる「山地」であったに過ぎない。

前章第3節で述べたように、古代都市アンシャンの故地であるファールス地方のタル=イ・マルヤーンは、従来原エラム都市の後、前三千年紀の終末まで、人が居住した痕跡はないとされてきた。その後バネーシュ後期（前三千年紀前半）の土器がわずかながら見つかってはいるが、都市の居住層とするにはあまりにもお粗末なものであった。ＥＬＡは、スーサがメソポタミアによって軍事的に占領された後、マルヤーンに居住者がいなかった時期の知識で書かれた話ということになる。「アンシャンの町」ではなく、「アンシャンの山地」と記されるのは、そういう理由からなのだろうか。

アラッタを知恵者の君主が支配する都市国家と考えたのはメソポタミアの人々であるが、ウルクの特使がそこととの間を何度も往来したことも、彼らにとって不自然でなかったような書きぶりだ。ウルクからスーサ、アンシャンの山地、その以遠のいくつもの山々を越えて目的地に到達する道筋の人々は、アラッタに向かうウルクの特使に対して、決して敵対的ではなかった。「スーサ（から）アンシャンの山地に至る（間）、彼女のために、彼らはハツカネズミのようにへりくだって挨拶《あいさつ》するでしょう」（七五〜七六、一一〇〜一一一行目）のように、「彼女」すなわちウルクの守護女神イナンナに対する敬意が記されている。記録であれ創作であれ、人が遠隔地との交渉事について記す場合は、「幾多の困難を乗り越えてようやく目的地に到達した」という表現が普通であるのに、この場合特使は、距離こそ非常に長いが、あたかも同じ国内か二つの友好国間を、何の苦労もなく自由に往来したように表現されているのである。

ラピスラズリの原産地とアラッタとの関係はいかがであろうか。ウルクの守護女神イナンナに対するエンメルカルの祈願の言葉、「ああ私のお姉様、ウルクのためにアラッタが私に代わって金（と）銀を巧妙に創り出してくれますように、［彼らに］純粋のラピスラズリを塊から切り出させてくれますように、純粋のラピスラズリの輝き［……］聖なる「山」であるウルクで、［彼らに心ゆくまで飾りつけをさせて下さい］」（三八〜四二行目）から、以下のような解釈が可能である。

まずアラッタの住民はラピスラズリ（および金、銀、「山の石」なども）を自ら採掘していると、メソポタミアでは信じられていた。さらに遠くにある原産地で採掘されたものを、アラッタは自国に集め、それを消費地であるメソポタミアへ転送していた可能性は想定されていない。またメソポタミア人は、アラッタにはラピスラズリを細工する職人がいると考えており、彼らがメソポタミアに出張して、ウルクの神殿を飾りつけてくれることを望んでいたことがわかる。

筆者が不思議に感じることがある。それはＥＬＡの作者が、ラピスラズリに対してだけ、異常な関心を持っていることである。ＥＬＡには、「赤い石」というものが、しばしばラピスラズリと対句になる形で記されている（三四五、三八七、四〇八、四一〇行目）。「赤い石やラピスラズリのビーズ」とか、「それは赤い石（でできている）訳でも、ラピスラズリ（でできている）訳でもない」というように。これもこの作品が神殿で多数の観衆を前に鳴り物入りで演じられるパフォーマンスであったことと関係があり、言葉によるとはいえ、赤と青の対比による視覚的な効果を狙ったものである。当時実在した「赤い石」は、いずれも玉髄《カルセドニー》に属している、紅玉髄《カーネリアン》あるいは赤い瑪瑙《アゲイト》と考えられるが、その産地については一切の記述がなく、アラッタ方面からもたらされたというような暗示もない。

はるか後世のこと、アカイメネス朝ペルシア帝国のダレイオス一世（在位：前五二二〜前四八六年）は、スーサの王宮造営に際して、全ての材料と工人を帝国全土から集めたことを具体的に述べている（スーサ碑文f）。それには「瑠璃《るり》と紅玉髄はここで加工されたが、それは（いずれも）スグダ（ソグディアナ）からもたらされた」と記されている。[*8] 瑠璃とはラピスラズリのことである。

これはどういうことなのだろうか？　ＥＬＡの時代のシュメル人は、アラッタの住民がラピスラズリやその他の鉱物を自ら採掘していると、たぶん誤解していた。他方、アカイメネス朝は王宮造営に必要な材料も工人も、すべて広大な自国の版図内で調達できることを誇っており、それらの産地に関する情報は正確である。色違いの対句にまで使われるラピスラズリと「赤い石」（紅玉髄）がともにソグディアナで産するのであれば、ラピスラズリの道は紅玉髄の道でもあるが、なぜかシュメル人は「青い石」＝ラピスラズリの方をより尊び、霊力に満ちたものと考えていたようだ。このことは古代エジプト文明でも言える。エジプトでは紅玉髄は東沙漠やヌビアで採掘される国内産品であったが、[*9] ラピスラズリはすべて輸入品であったから、特別のプレミアムがついた。ところが、インダス文明ではそうではない。遺跡での出土品には、紅玉髄製品の方がずっと多いように思えるのだ。文明によってどんな色や素材が好まれたかは興味深い研究テーマだが、話題を本筋に戻さなければならない。

アラッタとは、イラン、ケルマーン州のシャハダードにあった都市で、それはイラン高原を東西に横断し、ラピスラズリをはじめとする資源を、原産地からメソポタミアまで運ぶ、この時代の交易ネットワークの中心的役割を果たした都市と考えられる。スーサがメソポタミアに占領され、原エラムのネットワークは崩壊したが、イラン高原には、アラッタを首都とする新たな都市ネットワークが形成されたことが推察される。

この新しい都市ネットワークを、考古学では「トランス・エラム文明」と呼んでいる。それは、字義通りには、メソポタミアから見て、東方の隣接地帯であるエラム（スシアナ）よりもっと遠い東方、つまりイラン高原（とさらにその延長地域）の文明を指す。この用語はピエール・アミエによって使われたのが最初で[*10]原エラム文明の後身であった。

2　国際的ヒット商品、「古式」クロライト製容器

工房都市の存在

トランス・エラム文明が独自に製作し遠隔地に輸出した、非常に特徴的なクロライト製品がある。[*11]それらは「古式」（série ancienne）あるいは「インターカルチュラル・スタイル」と呼ばれる。「古式」はスーサでの出土品を分析したピエール・ドゥ＝ミロシュジの命名で、次の型式である前三千年紀末〜前二千年紀初の「新式」（série récent）やさらにその後継型式である前二千年紀の「晩式」（série tardive）と区別する意味合いがある。[*12]これに対して、「インターカルチュラル・スタイル」は、イラン高原東南部ケルマーン州のテペ・ヤヒヤ出土品を分析したフィリップ・コールによる命名で、[*13]異なる文化間に通有の遺物という意味だが、時には「異なる文明間」とした

方がよいかもしれない。ほぼ同時期に別々に研究成果が発表されたために、同じ種類の人工遺物群を指す二つの呼び名ができてしまったのだ。その多くは容器であるが、飾板や分銅などもある。「古式」クロライト製容器の主たる工房は、テペ・ヤヒヤに置かれていた（ⅣB層期）。ヤヒヤでは全層を通じてクロライト製品（成品・未成品）が多数出土する。いずれも近傍の露頭で得られる原石を加工したものである。それらはⅣB2層期（前二八〇〇～前二六〇〇年頃）で増加し、続くⅣB1層期（前二六〇〇～前二五〇〇年頃）でピークを迎える。そしてこれに続くⅣA層期（前二四〇〇～前一八〇〇年頃）には減少に向かう。クロライト製容器が激増するⅣB1層期のテペ・ヤヒヤは、クロライト工房という特殊な機能をもつ、比較的小規模な都市であった。次に、ここで作られた製品がどのような意味をもつかを探ってみよう。

　ヤヒヤで出土するクロライト原石は近隣に産するもので、緑がかった色のものが多い。筆者はクロライトと呼んでいるが、ステアタイト、ソープストーン、ソフトストーンなどさまざまな呼称がある。要は緑泥石に属する片岩であるが、ここでは岩石名の正確さは不問としたい。

　平底の円筒形容器が最も多いが、大きさや径と高さの比率にはかなりの幅がある。その他、平底で口の開いた鉢、まれに甕形、あるいは小型の壺がある。器表の装飾は浮彫表現で複雑な図文を描いたもので、具象的な図像と幾何学的な地文、それらの中間的な文様もある。具象的なものとして、人物（に似た神）、動物（龍、ライオン、禿鷹、魚、ライオン頭の鳥「アンズー」、サソリ、牡牛など）、棗椰子《なつめやし》の木、「神殿文」などがある。浮彫には赤、緑、黒などの顔料の塗布、貴石の象嵌《ぞうがん》が遺されている例もある。主文の背景となる地文として、山形、三角形、「莚《むしろ》の目」、煉瓦《れんが》の目地などに似たものなどがある。これらの主文と地文の組み合わせによって器表に表現された図像は、宗教的意味をもつ非日常的モチーフによるもので、こうした容器が日用雑器の類とは大きく異なる聖なる器物であったことを示している。

また古式クロライト製容器は、西はシリア方面から東はインダス河流域に至る、きわめて広い範囲に分布しているのが特徴である。この分布圏には、生産者たるイラン高原のトランス・エラム文明以外に、メソポタミア文明、後述する湾岸のウンム・ン＝ナール文明、インダス文明の領域も含まれている。出土地の大半は消費地あるいは最終消費地へ至る経由地と考えてよいが、サウディアラビア東岸のタールート島だけは、未成品や原石が多く見られるので、ヤヒヤに次ぐ第二の工房があったと考えられている。*14

一九六二年のこと、同島東南部のアッ＝ルファイア（またはラフィヤ）という所で、採砂作業中に石棺墓群が偶然発見され、内容物に多数のクロライト製容器が含まれていた。一九六八年にデンマークの考古学調査隊が数カ所の試掘調査を行ない、「シュメル初期王朝時代第Ⅱ〜Ⅲ期」に相当する前三千年紀半ばと、ヘレニズム時代の集落が存在したことを明らかにしたほか、島の最北端のファリーク・ル＝アフラシュで、クロライト製容器が出土するもう一つの遺跡を発見した。*15 ルファイアでは、一九七五年にサウディアラビア考古局のアブドゥッラー・マスリーが発掘調査を行ない、前三千年紀半ばの居住層が残存することを確認した。

リヤド博物館には、これらの遺跡で出土した、古式、新式、晩式のクロライト製容器が約六〇〇点保管されている。デンマーク隊やサウディ考古局の発掘で出土したものもあるが、それはむ

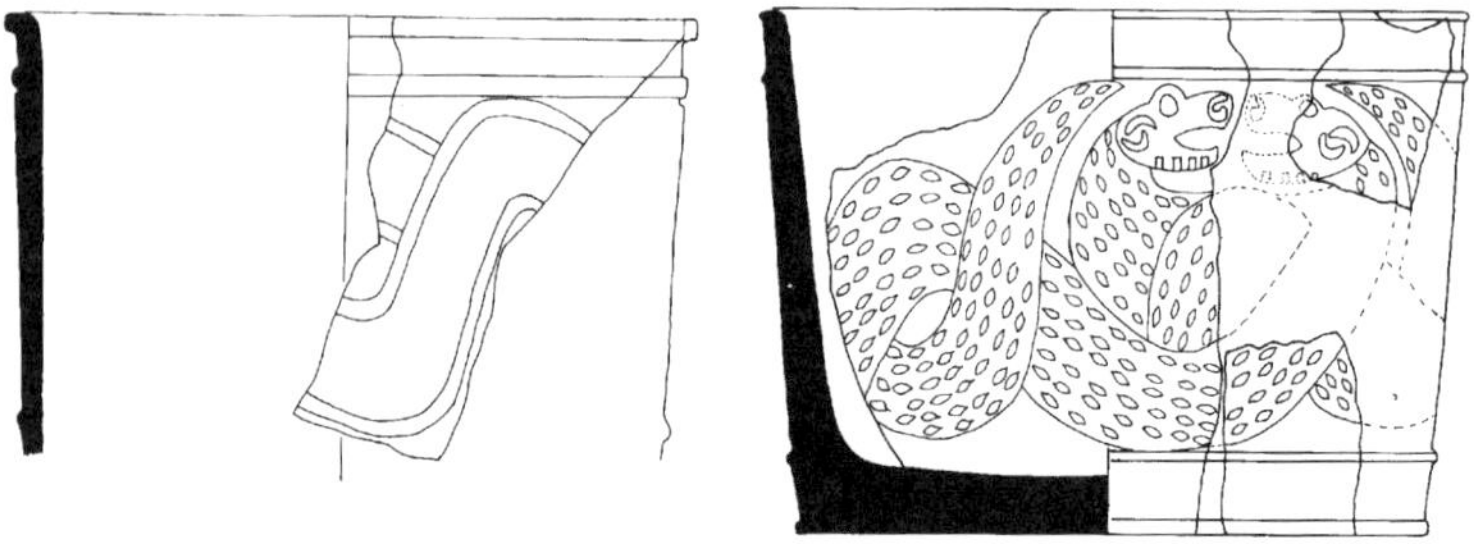

図7　龍の浮彫がある容器の破片。左は未成品（Zarins 1978, Pl. 67: 110, Pl. 68: 545）

しろ少数で、多くは出所が正確に知られていない。それらは長年にわたって、タールート島民が農園を拡張した際に出土し、地元や近隣の収集家の所有となっていたものだからである。

タールートのクロライト工房は、トランス・エラム文明の指示で設置され、そこにテペ・ヤヒヤの職人が原石とともに送り込まれて製作活動を続けたのだと思われる。よくある古式の装飾として、「絡まりあう二匹の大蛇」というものがある。それは実は蛇の体とライオンの頭を合成した「龍」で、表現にいくつかの決まりがある。その一つは体の全体に円形かピーナッツ形の小さな斑点が必ずあることで、小さくて浅いくぼみのこともあるが、比較的大きくて深い穴の場合もあり、そういう場合は象嵌細工が施される。ところがルファイアでは、斑点が彫られる前の段階の未成品のカケラがいくつかあることから（図7）ここには古式容器の工房があったことがわかる。斑点なきものは、仕上げ前に破損した失敗作である。

タールート工房の目的は、大量消費地であるメソポタミアの顧客の需要に応えることだった。クロライトは比重がわずか二・六〜三・三だが、石は石である。ヤヒヤの第一工房からメソポタミアまで成品を安全に運ぶには、陸路は全く適していない。それならいっそのこと、メソポタミアへのアクセスがよい場所に第二工房を置き、そこに職人や原材料を供給した方が合理的ということになる。特に船が使用できれば、合理性も増すというものだ。ある日本の自動車メーカーは、エジプトに工場を置いて部品を供給し、完成した自動車をヨーロッパ市場に売り込んでいるが、それに似た考え方によるものである。しかしこのような考え方は、陸上交易の巧者トランス・エラム文明の発案というよりも、海上勢力の発案に違いない。彼らは、ハフィート期以来すでに数世紀にわたって、オマーン半島からメソポタミアに銅製品を運び、メソポタミアから土器（や農産物も）をオマーン半島に運んだ実績がある。

ではタールート工房はいつ設置されたのだろう。それがヤヒヤ工房におけるクロライト製品の生産高が下り坂に向かったことの原因だとすれば、前二五〇〇年頃ということになる。次章で述べるように、それはまさしくオマーン半島にウンム・ン＝ナール文明が成立した時期である。イラン東南部とオマーン半島は、原エラム文明、ハフィート期以来の「母市と植民地」という一体感を、前三千年紀の間、持続していた。

「古式」クロライト製品は、通常、第一級の都市遺跡と立派な墳墓でのみ出土する。それを所有しているならば、そしてその都市がイラン高原かその周辺に存在したのであれば、それはトランス・エラム文明の構成員であったことの証である。もちろんこの遺物は同文明の唯一の指標的遺物ではなく、他にある種の印章、金属製品などの遺物もこれらの都市に共通するが、クロライト製容器はその中でも最も判別しやすい便利な遺物である。それを所有する都市がイラン高原から離れた場所にあるならば、それはトランス・エラムの交易ネットワークを経てもたらされた奇貨で、その都市は裕福かつ流行に敏感な顧客であったとわかる。

トランス・エラム文明は国家と考えてよいのだろうか。まずテペ・ヤヒヤに所在した小都市の産業は、この文明を象徴するクロライト製容器の製作に特化していた。それを命じていたのは、同じケルマーン地方のシャハダードにあった大都市であり、ヤヒヤはこれに従属していた。そしてシャハダードの都市こそ、ラピスラズリをめぐってウルクのエンメルカルとやり取りを繰り広げた、あのアラッタ国であったと考えられてきた。[*16] しかしマージッドザデのシャハダード＝アラッタ説をわが国で最初に支持・紹介した堀晄《あきら》氏は最近同説を否定し、「トルクメニスタンのアルティン・デペこそ、かつてのアラッタ国に違いないと考えている」[*17]。筆者は地理的な理由で、シャハダード説の方が正しいと思う。

「古式」が表す精神世界

古式クロライト製容器はトランス・エラム文明が誇る輸出用商品で、そこには彼らの精神世界が鑿《のみ》で入念に刻まれている。さまざまなものが表現されているが、ここでは興味深い少数の例をしばし論じてみよう。メソポタミアの都市、ハファジャ出土の円筒形のクロライト製容器の側面には、A〜Cの三つの神話的な光景が描かれている（図8）。AとBでは、腰布《ルンギー》を纏《まと》った上半身裸の男の姿が示される。この男は人ではなく神に違いない。その理由は顔の前にロゼット文あるいは星印が付されていることで、この記号は、シュメル楔形文字の表記で、神名の前に付される

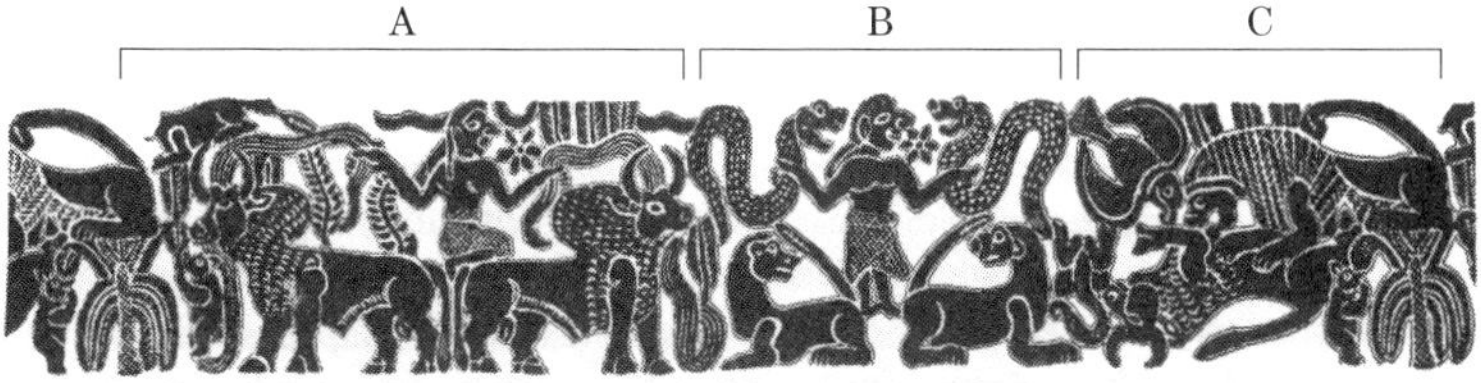

図8　ハファジャ出土容器側面の文様展開図（Porada 1994, P. 48, 17）

限定詞「ディンギル」に相当する記号ではないだろうか。文字による表記では、ディンギルは「次に記される言葉は神の名である」ことを意味するが、これと同様に、このロゼット文は、「これは神の像である」ことを意味するのであろう。そもそも神聖なる器物に描かれるべきものは、俗世の人の姿などではなく、神の姿がふさわしい。これが西アジアではなく古代エジプトであったなら、国王も神々の仲間として、聖なる場面に登場することが当たり前であっただろうが。

Aは両手で二筋の水の流れ（川？）を掴《つか》む神、Bは二頭の龍を掴む神である。龍（蛇）と水流とは関係が深いから、二つの光景は同じような意味をもつ。Cはイランまたはエラムの伝統的テーマである、「牡牛を襲うライオン」を主たるテーマとし、その周辺に、この種の神話的モチーフにしばしば用いられる動植物が表現されている。

古式クロライト製品にしばしば見られる不思議な意匠がある。言葉ではなかなかうまく言い表せないので、実例を見てもらおう（図9）。左はケルマーンのテペ・ヤヒヤⅣC層出土のクロライト製飾り板で、側面に枘《ほぞ》があるところから、同様のものを多数横に並べて、建物の壁面装飾にでも使ったのだろう。同じ意匠は容器の側面にしばしば見られる（右）。

ヤヒヤの飾り板の場合、向かって右半分はさておき、左半分の図像は三

図9　左：テペ・ヤヒヤ出土のクロライト製飾り板（Lamberg-Karlovsky & Tosi 1973, Fig. 136）右：バハレーン島サール古墳群出土のクロライト製容器（バハレーン国情報相発行のCalendar 1993による）

重の凸線で示される、「門」を思わせるユニークな形をしている。これが基本形であり、それにさまざまな要素が加わって、複雑かつ丁寧に彫られた例が作られるのである。「門」内部は凸線で上下に二分割され、上の部分はさらに縦線で八分割される。下の部分は斜格子文を背景に階段状のものが左右一対表わされる。「門」の外側には蛇行する凸線が縦方向に配される。

かつてこの文様は、研究者たちによって「テント」や「小屋」、「垂れ下がった長押《なげし》」などと呼ばれたことがあるが、現在では誰もそうは思っていない。それは、この文様の出土例が増え、特に立体的な制作例（図10）が多数知られるようになったからである。中央の例のように、大事なものを入れたであろう大事な容器を支えるものは、この特別な形をしており、筆者はそれが神殿を象《かたど》ったものではないかと考えている。容器の装飾で、人（のような形をした神）がこの「門」の上に乗っている例もあった。古式容器の図像はどれも神聖なるものであるから、この図像も例外ではなく、究極の神聖なる建築物である神殿を象ったものとすると合点がいく。

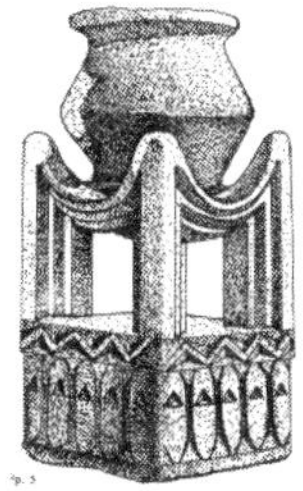

図10　神殿の立体模型　左：シャハダードA号墓地166号墓出土の合子（Hakemi 1997, p. 323）中：シャハダードA号墓地122号墓出土のクロライト製小型容器（Hakemi 1997, p. 624）右：シャハダードA墓地221号墓出土の彩色土製「家屋模型」（Hakemi 1997, p. 389）

ヤヒヤの飾り板に描かれた神殿文は、これまで知られる限り最も省略のない完全なものだが、他はこれをさまざまな程度に省略したものがほとんどである。しかし古式クロライト製品に描かれているうちはまだ原則は守られている。原則とは、上の横棒が孤状に垂れ下がった「門」の形、その内部の横棒と斜格子、「門」の左右の縦の蛇行線などである。ところが、次章で述べるように、この図像は灰色刻線文土器にも描かれる。そのような場合、省略は大きく進み、本来の意味が、作る人にも使う人にも、もう十分には理解されなくなってしまったことがわかる。

入念に加工された古式のクロライト製容器は、ケルマーン発、トランス・エラム文明のいわば「国際的ヒット商品」で、西はシリア、東はインダス河流域までの広い範囲に流通した「宝器」といえる。それは、一流の都市とその住民だけが持つことのできた宗教的器物であり、そこに描かれた精神世界は、トランス・エラム文明に共通の観念であると同時に、それらが出土するイランの域外、特に自前の神々の体系をもつメソポタミアにおいても、好ましいものとして受容すべき対象であった。精神世界においても、メソポタミアとイランの文明は、互いに影響を及ぼしあいながら発展した隣人であった。

インダス文明を作った外来者

さてトランス・エラム文明の象徴的遺物である「古式」クロライト製容器が、ほんのわずかの破片だけだが、インダス文明の最初の都市、現在のパキスタン、スィンド地方にあるモヘンジョ・ダロ（都市名不明）で出土していることは、注目を要する。モヘンジョ・ダロでは、さまざまな種類、さまざまな程度の「異物」があるが、「古式」容器は、まぎれもなくトランス・エラム文明によって作られ、この地に運ばれてきた、いわば第一級の異物である。モヘンジョ・ダロにおける都市の起源はインダス文明の起源であり、前二六〇〇年頃のことである。「古式」容器は、この都市遺跡があるスィンド地方にまさにその頃到来した可能性がある。つまり、インダス文明の成立には、土着のハラッパー文化の人々だけでなく、外来者が関与したことになる。

筆者は、その外来者こそトランス・エラム人であったと考えている。トランス・エラム文明は、成立直後から、遠隔地との交易に非常に積極的で、本拠たるイラン高原から遠隔地に対して行動を起こしていたと思われる。そして何より、彼らはインダス河流域から最も近い都市文明の住民であった。ＥＬＡに描かれたアラッタがそうであるように、トランス・エラム文明の都市には、日照りによる飢饉が起こりやすいという泣き所があった。食料事情を自らの顧客でもあるメソポタミアに握られていることは、この文明最大の急所であった。そこで彼らはメソポタミア以外の土地で穀倉となる所はないかとあちこち調査したのだろう。インダス河流域の平原は最高の場所だった。そこにはまださしたる政治権力も芽生えてはおらず、豊かな先史農耕文化が広がっていた。その西側、バルーチースターンの山地に住むハラッパー文化の人々と、トランス・エラム文明のネットワークはリンクした。彼らは低地に降りていった。

旧世界において、前二六〇〇年より早い時期から都市文明が存在したのは、エジプト、メソポタミア、そしてイラン高原の三カ所であった。都市というものに精通し、それまで都市というものを見たこともないスィンド地方の人々に、完成度の高い都市の設計図を提示することができたのは、イランの都市住民であった可能性が最も高い。熟考された都市計画による、整然たる都市モヘンジョ・ダロの建設は、熟練の都市設計者の指導の下で行なわれたことが明らかで、ケルマーン産古式クロライト製容器は、彼らがどこから到来したかを暗示している。インダス河西岸に位置するハラッパー文化の都市遺跡モヘンジョ・ダロは、現在知られる限り、古式クロライト製容器の最も東方の出土地である。非ハラッパー文化の一つ、コート・ディジー文化に属しているコート・ディジー遺跡など、インダス河東岸の遺跡では報告例がなく、おそらく今後もない。

トランス・エラム文明のネットワークは、「点と線」のようなものだった。その東方では三つの主要陸上ルートが知られている。イラン東部、セイスターンのシャハル＝イ・ソフタからヘルマンド川を遡行《そこう》してムンディガクに至り、ラピスラズリの産地であるバダクシャンに至る北の道、ムンディガクからクウェッタ方面を経て、モヘンジョ・ダロのあるスィンド地方に至る道、そしてケルマーンのシャハダード、テペ・ヤヒヤからバンプール渓谷へ向かい、ダシュト渓谷へ至る道である。これらの「線」上に、トランス・エラム文明あるいはそれとリンクする交易都市群が点在した。

3　シャハダードの失われた都市

ここで、アラッタに比定されるシャハダードの古代遺跡について検討してみよう。ユーセフ・マージッドザデがシャハダードをアラッタの故地と結論したのは一九七六年のこと、その頃はシャハダードの発掘報告書は未刊だったばかりか、近隣の関連遺跡の情報も、現在よりはるかに少なかった。以後の年月を経て、今や我々が使うことができるようになった公開情報を手掛かりに、シャハダードの古代都市とはどのようなものか、改めて考えてみたい。発掘報告書[*18]が公刊される前は、断片的な知識による誤解も生じていたからである。

普通、イランの都市遺跡は、それなりの規模をもったテペとかタッペと呼ばれる遺丘または遺丘群である。叙事詩の上でとはいえ、メソポタミアを代表する都市国家ウルクと対等に渡り合うほどの都市であれば、さぞや広大な遺丘または遺丘群が遺されていそうなものだが、実はシャハダードでは都市遺跡は見つかっていない。もともと存在しなかった訳ではなく、確かにあったに違いないのだが、消失してしまったというのが、調査者アリー・ハケミーの見解である。それがあるダシュト＝イ・ハビース平原は海抜三八〇〜五〇〇〇メートル、一年のうちの七カ月は暑く乾燥し、残りの時期には季節的豪雨と大規模な洪水に見舞われる。天然の災害は地形を不断に変え続け、都市遺跡は消滅したのだという。この地に古代都市文明が存在したことは、それ以外にはありえない内容・規模の墓群や工房址の発見によって知ることができる。

シャハダードの古代遺跡群は、イラン東南部のケルマーン州にある現代の集落シャハダードの東約五キロメートル付近にある。ここから東へ一五キロメートルの地点から、ダシュト゠イ・ルート（塩砂漠）が始まる。一九六八年から七七年まで計八次にわたる発掘調査が、イラン考古局によって実施され、A〜C地区では墓群（A〜C墓地）、D地区では銅の冶金《やきん》工房址群が明らかになった。出土遺物からみて、A墓地とD地区は前三千年紀のトランス・エラム文明のものであったが、B、C墓地は前二千年紀初頭かそれ以降のもので、本書のテーマとは関係がない。

墓群と副葬品

A墓地の墳墓はいずれも単葬用の土壙墓《どこうぼ》、すなわち地面を掘り下げた小竪穴で、ほとんどは長方形だが、楕円形のものも少数ある。また日乾煉瓦や練り土で内壁を補強するなど、入念な造りのものもある。墓の多くは地表直下で発見されており、中には地表に内容物が露出しているものもあった。もちろんこれらは本来の姿ではなく、厳しい天然の営力によって上部が浸食され、辛うじて穴の底部だけが残ったのである。被葬者の遺体は失われているか、残存するも保存状態は非常に悪かった。ここで発掘調査された墓は計三六九基、年代は前二七五〇〜前二一〇〇年頃とされている。墓の内容はいずれも豊かで、高度の都市生活が営まれていたことが知られるが、その中にも多少の格差はあり、社会階層のある都市が存在したことがうかがわれる。

　都市そのものは失われても、都市住民の生活は墓群の内容からある程度推測することができる。特に人々の生活の「質」を知るには、時には墓群の調査結果を検討した方がよい場合もある（それが古代の墓であればの話だが）。個々の墓に納められた副葬品には、数口以上の土器、石製容器、銅製容器、銅製武器・道具・装身具、宝石・貴石製装身具、金属・石製のスタンプ印章・円筒印章、土製「家屋模型」などがある。それぞれの墓では、これらが一つのセットとなって、被葬者の来世での生活に供されたのだが、それにも個性があり、それぞれの墓を特色づけている。ある墓で実際に出土した遺物を検討してみよう。

　A墓地の一二二号墓は、発掘されたシャハダードの墓の中でも大きい方（長さ二八〇センチメートル、幅一三〇センチメートル）で、副葬品の数も比較的多い。無文赤色土器の壺または甕が一五口、鉢が三口、ゴブレットが一口、無文灰色土器の壺が二口、黒色彩文赤色および黄褐《バフ》色土器の壺または甕が四口、アラバスター製容器が二口、クロライト製容器が四口、宝石・貴石・銀製腕輪が一個、銅製スタンプ印章が二個、銅製皿が二枚、銅製容器が六口、銅製の棒が一本、銅製腕輪が一個、銀製円筒印章が一個、土製家屋模型が一個、貝殻一個が出土した（図11）。

　まず土器には、赤色土器と灰色土器がある。灰色土器はこの地では希少で、外来のものと考えられている。無文赤色土器は、A墓地では非常にありふれた副葬品で、地元製であることは明らかである。器の表面に黒い顔料で文様を施したもの（BOR）が三口あるが、そのすべてがこの地で作られたかどうかはわからない。黒い顔料で文様を施した黄褐色土器も一口出土したとされ

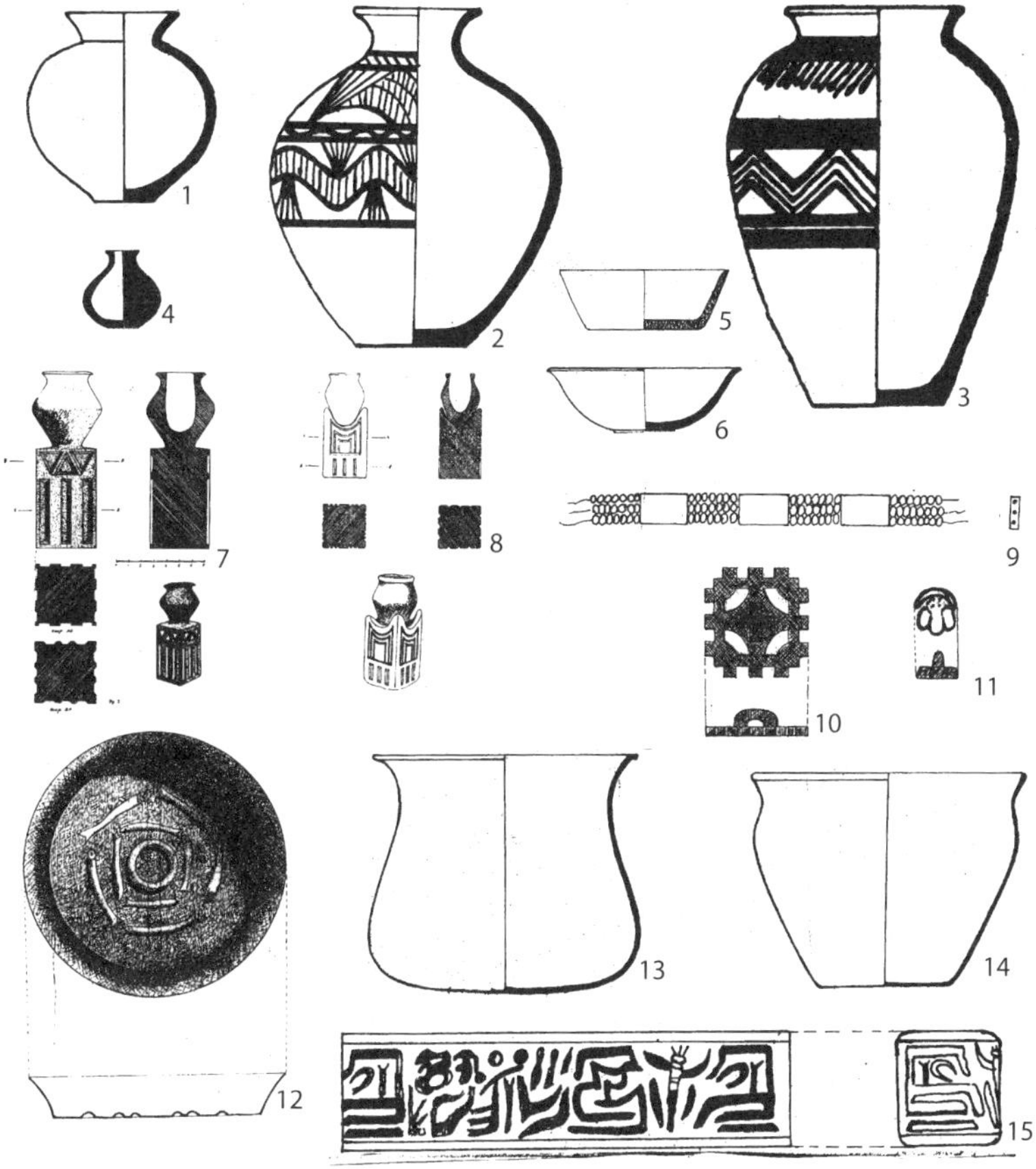

図11　シャハダードA墓地122号墓出土品　1：無文赤色土器、2,3：黒色彩文赤色土器、4：無文灰色土器、5：アラバスター製鉢、6：クロライト製鉢、7,8：クロライト製小壺、9：銀、瑪瑙、ラピスラズリ、白石製腕輪、10,11：銅製スタンプ印章、12：銅製皿、13,14：銅製鍋、15：銀製円筒印章（Hakemi 1997より）縮尺不統一。

るが、図はなく、詳細はわからない。黄褐色土器はA墓地では、東側に多い、比較的早い時期の墓で出土する傾向があるが、一二二号墓は南西に位置する。

図の2と3は、A墓地に典型的なBORであると同時に、同時代のケルマーン地方に典型的で、また次章で述べる同時代のオマーン半島でもよく知られた型式の土器である。2の文様は植物、おそらく棗椰子の樹木の形が変化したもので、シャハダードA墓地出土の膨大な数のBORに見られるさまざまな棗椰子文の一つである。3の文様はジグザグ文（あるいは連続山形文）で、その類品はケルマーン地方やオマーン半島のほか、バハレーン島やタールート島など湾中部でも出土する。それについては次章でも触れたいと思う。

土器の中でも、地元で作られた無文の土器は、それほど高価であったとは思えない。むしろ死者が来世で必要とする飲食物の容器としての実用性が重んじられたであろう。これに対して、飲食物を盛る器である皿や鉢、杯の類は土器もあるにはあるが、アラバスターやクロライト、銅で作られたものもあり、より高級感のある道具類として墓に納められたのだろう。アラバスターやクロライトは、アラッタがメソポタミアに輸出していた「山の石」を思い出させる。宝石・貴石ではないが、それから作られた容器は、土器よりも高価で国際的に流通する商品だったのだろう。「神殿」の立体模型に載せられたクロライトの一体型小型容器（7、8）は、実用品というよりは神聖なる道具であり、何かよほど希少な物質が入れられていたと思われる。クロライト製品はもちろんテペ・ヤヒヤの工房で作られたものである。

金属製品が豊富であることも、古代の都市生活の特徴である。特に貴金属の所有ともなると、農村ではまずありえないことで、都市のエリートだけの特権である。9は銀と宝石・貴石を綴った腕輪だが、まさにアラッタ国の裕福な市民にふさわしい私有財産ではないだろうか。

九匹の魚を打ち出した円い大きな銅製の皿（12、盆?）とやはり大きな銅製の容器（13、14）は、死者に供された食事の豪華さを物語っている。13のような「鍋」はインダス文明の都市でもしばしばみられるばかりか、現在もイランやインド亜大陸のバーザールの中の食堂で煮込み料理用に使われているものに酷似する。

最後に銀製の円筒印章（15）がある。イラン的・バクトリア的なスタンプ印章（10、11）に比べると、円筒印章はメソポタミア的であるが、通常は各種の石やフリットなどで作られており、銀製というのは非常に珍しい。そもそもそれは粘土板文書に転がして押印する道具だが、シャハダードでは粘土板文書は一つも知られていない。もし都市遺跡が残っていたならば、そして行政区の建物が発掘されたならば、他国から送られてきた粘土板や自国の書記官が記入した粘土板が見つかるかもしれないのだが。

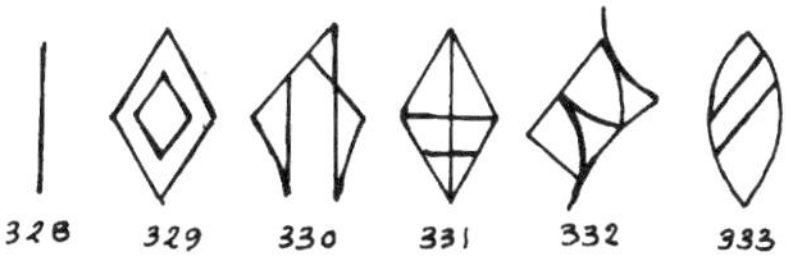

図12　シャハダードA墓地030号墓出土土器に刻まれた文字列（Hakemi 1997, p. 671より）

A墓地では、浸食が著しく墓穴の形すら定かでない〇三〇号墓で出土した、球形に近い無文赤色土器の甕の口縁部に、六個の文字が横一列に刻んであるのが見つかった（図12）。報告者は「原エラム文字」としているが、正しくは「エラム線文字」と呼ばれる前三千年紀後半のものである。文字を書く人も、それを読む人もシャハダードにはいたのであり、遠隔地との強い関係をもつ人々の住む都市社会が存在した。一二二号墓に埋葬された人物はメソポタミア人ですら見たことのないような銀の円筒印章を持ち、財力をみせつけていた。

工業団地D地区

D地区には銅の精錬・加工のための工房群があった。環境汚染につながりかねない業務内容ゆえに、それが他の業種と並んで市街地の一角を占めていたとは考え難く、市街地からある程度離れた場所に造られた「工業団地」ではなかったかと思われる。ここでは、五戸の冶金工房が壁を共有するなど連結して一つとなった複合建築物として発見されている。それぞれ二〜一一室からなる各工房には、いずれも銅溶解のための炉が設置されており、また銅の鉱石、製品、屑、鋳型などが出土している。錫《すず》を含む製品はなく、いずれもほぼ純銅に近いものであった。D地区は当時のイラン高原でも有数の規模をもつ組織的な重工業団地であり、他の工房群とともにアラッタの生産部門を支えていたものと考えられる。

ここで精錬・加工された銅の原産地はどこかという問題がある。イラン高原には多数の銅鉱脈があり、その一部はシャハダード周辺にも分布するが、[*19] ここに集められていた鉱石の産地は一つだけとは限らない。必要とあれば現代人も驚くほどの遠隔地で産する原材料をどうにか調達していたのが古代文明であり、本書のテーマの中心もそこにある。

D地区では、銅の精錬、器物の製作が行なわれており、A墓地出土の銅製品の中にはここで作られたものもあっただろう。トランス・エラム文明は、傘下の都市の生産物を、ネットワークを通じて広い範囲に流通させていた。シャハダード製の銅器は自家消費用（副葬用も含む）のほか、多くが他の都市群に輸出されていたと考えられる。ただD地区では、短剣などのかけらや縫い針、釘のようなものが少数報告されているに過ぎない。成品のほとんどは都市に運び出され、次にそこから他の都市へと運ばれて使用され、最後は墓に納められたのかもしれない。

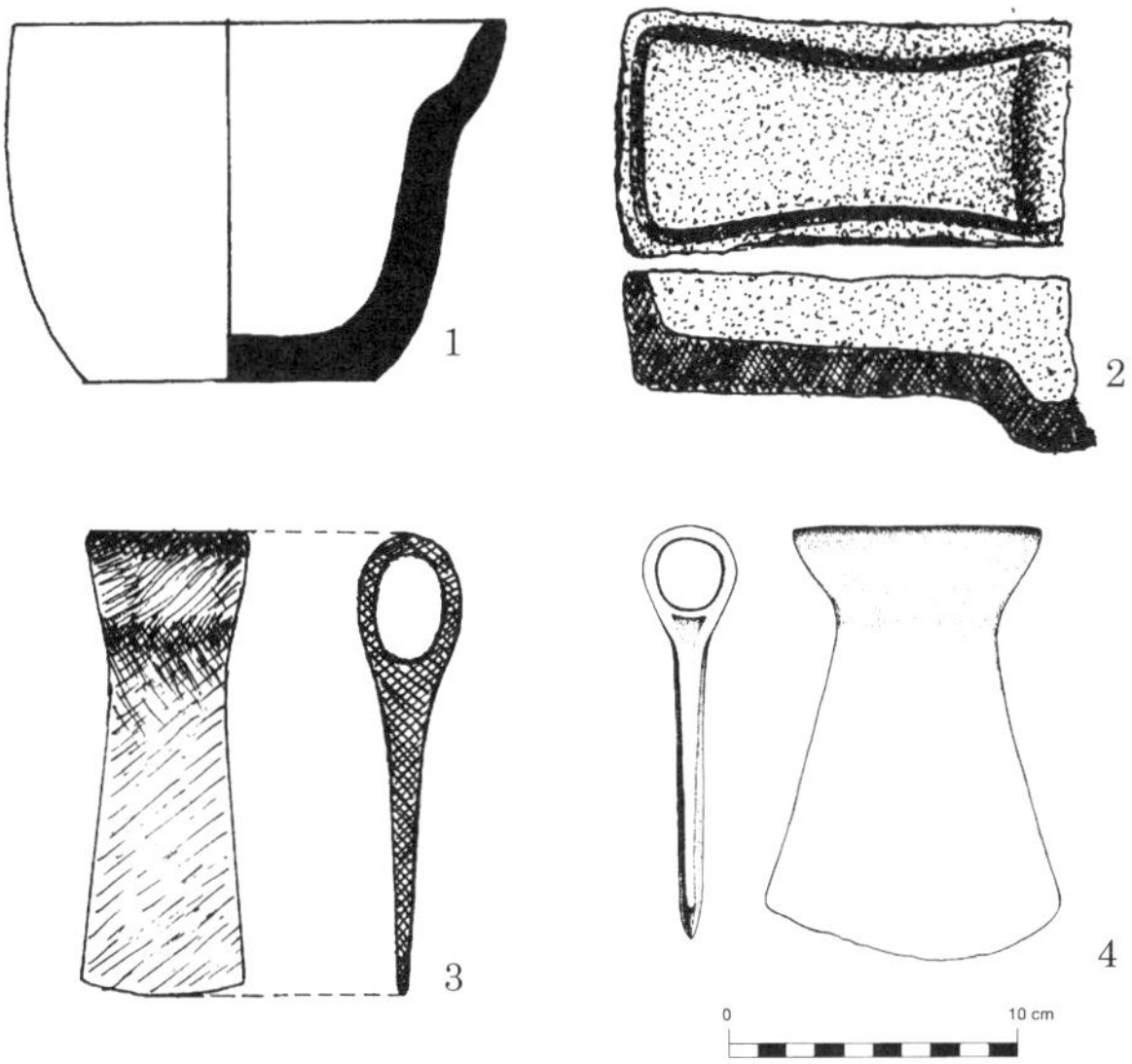

図13　1〜3：シャハダードD地区出土の坩堝、土製鋳型、A墓地193号墓出土銅斧（Hakemi 1997, pp. 707 & 636）4：テペ・ヤヒヤⅣB5層期の銅斧（Potts 2001b, p. 143, Fig. 4.44）

図13で示したような、金属を溶融するための坩堝《るつぼ》と、斧の鋳型が見つかっている。A墓地でいくつか出土した、これに似た銅斧は、D地区の工房で作られ、今や幻となった都市で使われ、所有者の死によってA墓地に納められたのだ。それが出土した一九三号墓は、前に挙げた一二二号墓の規模に近く、副葬品の質・量ともに高水準のもので、他に多数の赤色無文土器、頭部をラピスラズリで飾った銅製ピン、銅製容器、銅製

短剣、クロライト製皿、アラバスター製鉢、石製円筒印章などが出土した。一二二号墓の被葬者に近いレベルの人物（たぶん男性）が埋葬されていたのだろう。この銅斧と同型式の斧は、テペ・ヤヒヤⅣB5層期でも見られるが、シャハダードで作られたか、あるいは同じ流派の工人によってヤヒヤの工房で作られたのだろう。

円筒印章は、この被葬者がメソポタミア方面と関係を持っていたことを暗示している。しかしこの墓からイラン風のスタンプ印章は一つも出土していない。銅製容器は装飾のない実用的なもので、一二二号墓のものと同様の「鍋」であろう。このような銅器は厚さが数ミリメートルで、銅の厚板を熱しながら叩き延ばしていく「打ち出し」技法によって作られた。どこかで作られた素材の厚板から細工を始めるもので、銅鉱石の精錬から始めたり、溶鉱炉で溶かした金属を鋳造して道具を作り出す、D地区の工房ではなく、現在もイランの古いバーザールで見かけるような、都市の一角にある工房で作られていたものだ。

「異物」が多いシャハダードの墓

シャハダードの出土品のうち、地元の文化的伝統に属さない遺物は「異物」である。一般論として、多数出土するものは地元で作られたもの、少数だけ出土する珍しく高価なものは遠い所で作られ、はるばるこの地まで運ばれてきたか、それに影響されてこの地で作られたものであることが普通である。イラン高原の印章といえばスタンプ式が伝統であるから、メソポタミア風の円筒印章は、どこで作られたかにかかわらず、全て異物である。

土器はほとんどが酸化焔による赤色、黄褐色、オレンジ色の土器で、シャハダードの近隣で作られたもの以外に、他の地域で作られた輸入品が含まれる可能性もあり、BORの一部も候補に入る。A墓地とC墓地では、土器を焼くための窯《かま》が発見されているが、そこで焼かれた土器が見つかっていないので、いつの時代のどの種類の土器がそこで作られたかは明らかでない。

ごく少数だけ知られている還元焔焼成による灰〜黒色の土器は異物である。一口で灰色土器というが、装飾文様のない鉢や壺のほか、刻線による文様を描いたもの、黒色の彩文が施されたものもごくわずか見られる。どれも他の色の土器に似ていない形のものなので、どこか遠い所の伝統によるものであろう。

金属器ではどうだろう。D地区のような冶金工房群があって、シャハダードの都市は銅器を随分と熱心に作っていたが、他方、遠い所で作られたことが明らかな異物も存在した。その一つは「バクトリア式闘斧」と呼ばれる非常に特徴的なもので、二点だけ見られる（図14左）。いずれも刃は鋭くなく、実用品というよりも威信財と考えられる。中央アジアのバクトリア地方で製作され、搬入されたものであろう。異物というものはそもそもが威信財である。なくても不便はないが、あると周囲に見せびらかして少し自慢できるほどのもの、現代で言えば、ブランド物の衣装やバッグ、装身具、ある種の輸入自動車といったところか。

斧と手斧《ちょうな》を組み合わせた武器「アックス・アッズ」が一点、一五九号墓で出土している（図14右）。これもイラン高原北部あるいは中央アジア南部に多く見られるもので、モヘンジョ・ダロでも出土していることが注目される。[*20]

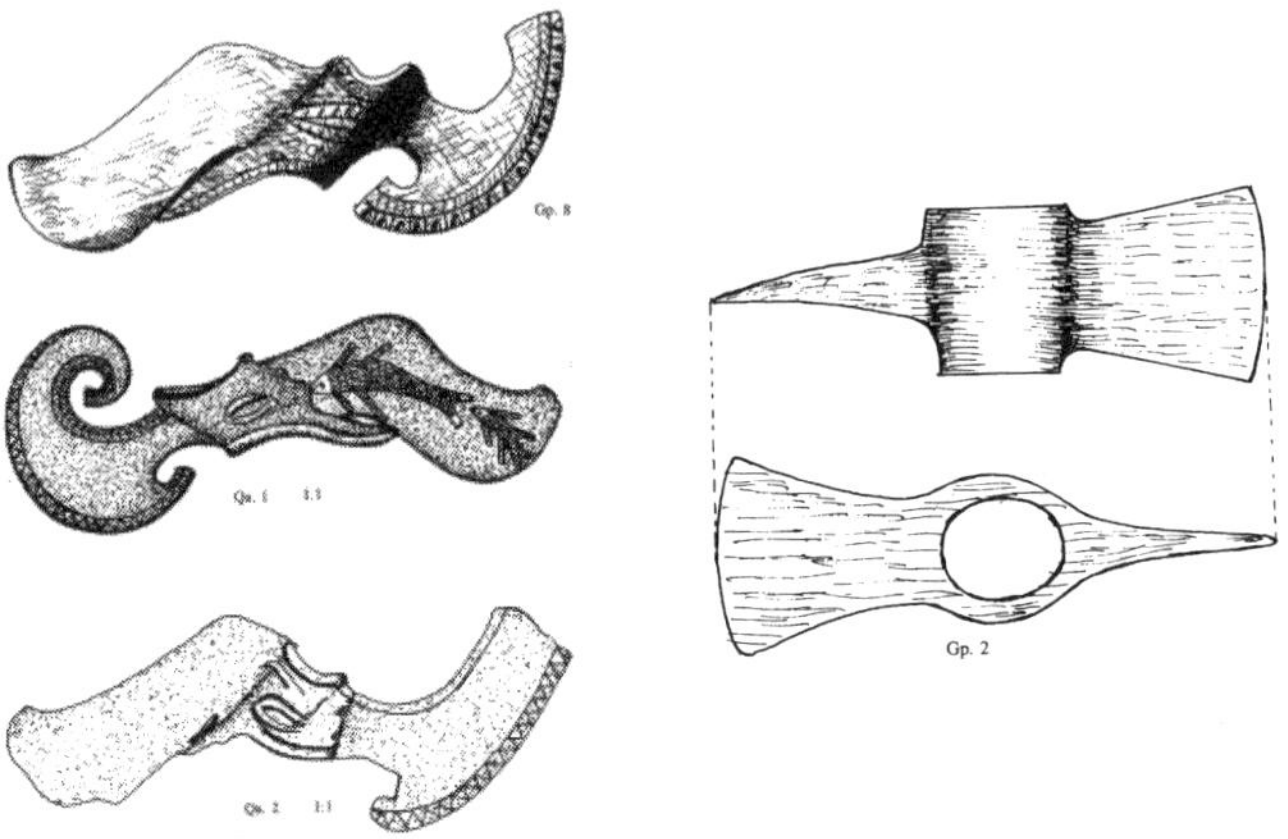

図14　シャハダード出土の銅斧
左：「バクトリア式闘斧」、右：「アックス・アッズ」(Hakemi 1997)

宝飾品の素材としての貴金属や宝石・貴石はどうだろうか。ビーズ類など、死者が身につけていた装身具の部品は、金、銀、銅、ラピスラズリ、縞瑪《しまめ》瑙《のう》、紅玉髄《カーネリアン》そして石膏《せっこう》などを素材としている。都市の工芸家によって、それらは加工され、組み合わせられて完成するが、ほとんどの素材はこの時代の「ラピスラズリの道」が扱っていた品目であるから、異物ではあるが、ここではそれほど珍しくはなかったかもしれない。同時代のメソポタミアの、たとえばウルの「王墓」などで、シャハダード出土品と同じ素材を使った宝飾品が出土するが、これこそまさに同地における「異物」の典型とすべきである。

シャハダードのスタンダードの私的解釈

銅製「シャハダードのスタンダード」(図15)は、A号墓地一一四号墓で出土した、特異な副葬品である。この墓は特別の墓ではなく、他には平均的な副葬品が平均的な数だけ出土している。

竿頭は羽根を広げた鳥（鷲）の形をしており、基部には台座が付いている。この遺物の「旗」部分に描かれた光景から、この地にあった古代都市アラッタの神々について、何らかの知見が得られるだろうか。ただし、発掘者の解説は事実誤認が多く、あまり当てにならない[*21]。たとえば中央やや左寄りの位置に一際大きく描かれた、椅子に座る人物像は女神とされているが、より信頼度の高いドミニーク・コロンの観察では、男性像の特徴を示しているという[*22]。

筆者は、この光景の中心的テーマは、玉座に座る男神と床上に座った女神（おそらく男神の妻）の酒宴であると考えている。この男女の神のカップルこそ、アラッタの守護神であった可能性が高い。女神の左右には小さな女性が座っているが、これらは女神の侍女たちであろう。男神の背後には小さな男性が控えているが、これは召使であろう。

召使の下に棗椰子の樹木があるのは、この男神が棗椰子と関係のある神であることを示している。また女神の下には棗椰子とは異なる樹木が二本生えており、そのうち一本は一

図15「シャハダードのスタンダード」（Hakemi 1997）

○区画に分けられた長方形から出ている。発掘者は、これらが棗椰子であり、長方形は道で区画された果樹園、各区画内の円点は泉だと解釈しているが、説得力に欠ける。

この光景の下には二頭のライオンに挟まれて立つこぶ牛が描かれている。まさに襲われる直前なのだろう。図8の古式クロライト製容器の光景Cは、ライオンと鷲に襲われるこぶ牛の図だが、ここでは鷲は竿頭にいる。このスタンダードにはトランス・エラム文明のモチーフがいくつも含まれている可能性がある。

主神が棗椰子と関係のある男神であることは注意を要する。トランス・エラム文明の象徴的遺物である古式クロライト製容器の装飾はほとんどが宗教的モチーフであるが、果実をたわわに実らせた棗椰子の樹木はその一つであった。またシャハダードの墓群出土土器の彩文装飾にも、棗椰子の樹木はしばしば登場している。ことほどさように、棗椰子という樹木は、神聖視される植物であったのだ。

それでは男神の妻と考えられる女神はどのような神なのだろうか？　その下に描かれた二本の樹木は何だろう？　『エンメルカルとアラッタの主』の中で、アラッタに関係する樹木として、^{giš}**mes-gibil-gin**$_{x}$というものがあり（二七、二一六、二四三、二六六、五一九、五二四行目）、それは豊かさと活気に満ちた巨大な果樹であるという。ツェルティス（ニレ科エノキ）と訳されているが、この絵はそれを表しているのかもしれない。榎《えのき》は「枝《え》の（多い）木」であり、棗椰子とともに、甘い小さな果実を結ぶものとして、女神の象徴とされているのであろう。当時のアラッタの人々は、この絵を見ただけで、男女のカップル神の名前と役割を思い浮かべることができたのであり、アラッタの平和と繁栄を願わずにはいられなかったであろう。

当時のシュメルのパンテオンはどうだったろうか。ニップル市の守護神である天神エンリルを頂点として、各都市にそれぞれの守護神がいた。そしてそれらはパンテオンの中で独自の役割を担っていた。しかしそれは、ある段階で神々の合理的な整理が行なわれ、神々の序列化が進んだ後のことで、本来はそれぞれの都市が守護神（団）をもっており、シュメル全体の神々の秩序はなかったのかもしれない。

トランス・エラム文明は交易都市群のネットワークであり、イラン高原の都市がある程度の一体感をもって機能していたと思われる。そうであれば、そこには個別の都市の守護神と彼らが集《つど》いそれぞれの役割を果たすトランス・エラム・パンテオンがあっただろう。

残念なことに、ＥＬＡにはシュメルの神々しか登場しない。「ヌディンムドゥ（＝水神エンキ）の呪文」のように、実際に登場したのではなく、事物の説明に名前だけが形容詞的に示されるものを別とすれば、最多出場はもちろんイナンナであるが、彼女の「恋人」、牧神ドゥムズィも、脇役ながらしばしば登場する。天候神イシュクルには、ストーリーの大団円で、雨をもたらす重要な役割が与えられている。太陽神ウトゥは、単に「ウトゥの息子エンメルカル」のような形容句として、あるいは「ウトゥが昇った」のように、感情なき天体として記されている。他にニサバ女神やエンリルなど、名の知られた神々もほんのチョイ役で登場する。これらはいずれもシュメルの神々であり、アラッタの神は名前すら登場しない。これはどういうことだろうか？

多分それは、ＥＬＡがシュメルの神殿で上演されたパフォーマンスで、シュメルの神々には精通しているが、他国の神々にはあまり関心のないシュメル人の大衆を相手にしていたからである。だからシュメルの神名であっても、内実は似た機能をもったアラッタまたはアラッタを頂点とするイランの都市群の神々を指すケースもあってよい。たとえば、イシュクルと書かれていても、シュメル人の理解のためにあえてそう呼んだのであり、実はアラッタの天候神であるのかもしれない。シュメルとイランのように、二つの世界の神々をまともに扱うと、混乱は避けられない。あちらの太陽神とこちらの太陽神がいたのでは、日は沈まなくなるかもしれない。「習合」、すなわち類似する神々の一本化は、このような複数文明間の接触で行なわれた交通整理なのだ。

ＥＬＡは、最初に近い部分で、ウルクの守護神であり、シュメルの豊饒、愛、戦いの女神イナンナが、アラッタという担当外の国に旱魃をもたらし、話の最後に、シュメルの天候神イシュクルが雨をもたらした話である。「シャハダードのスタンダード」には、まだ解明されていない図像がたくさん残されている。シュメル色のつかない、イランの図像研究の中から、将来的にはトランス・エラム文明本来のパンテオンが解明されるかもしれない。

第三章

ウンム・ン＝ナール文明——湾岸文明の成立

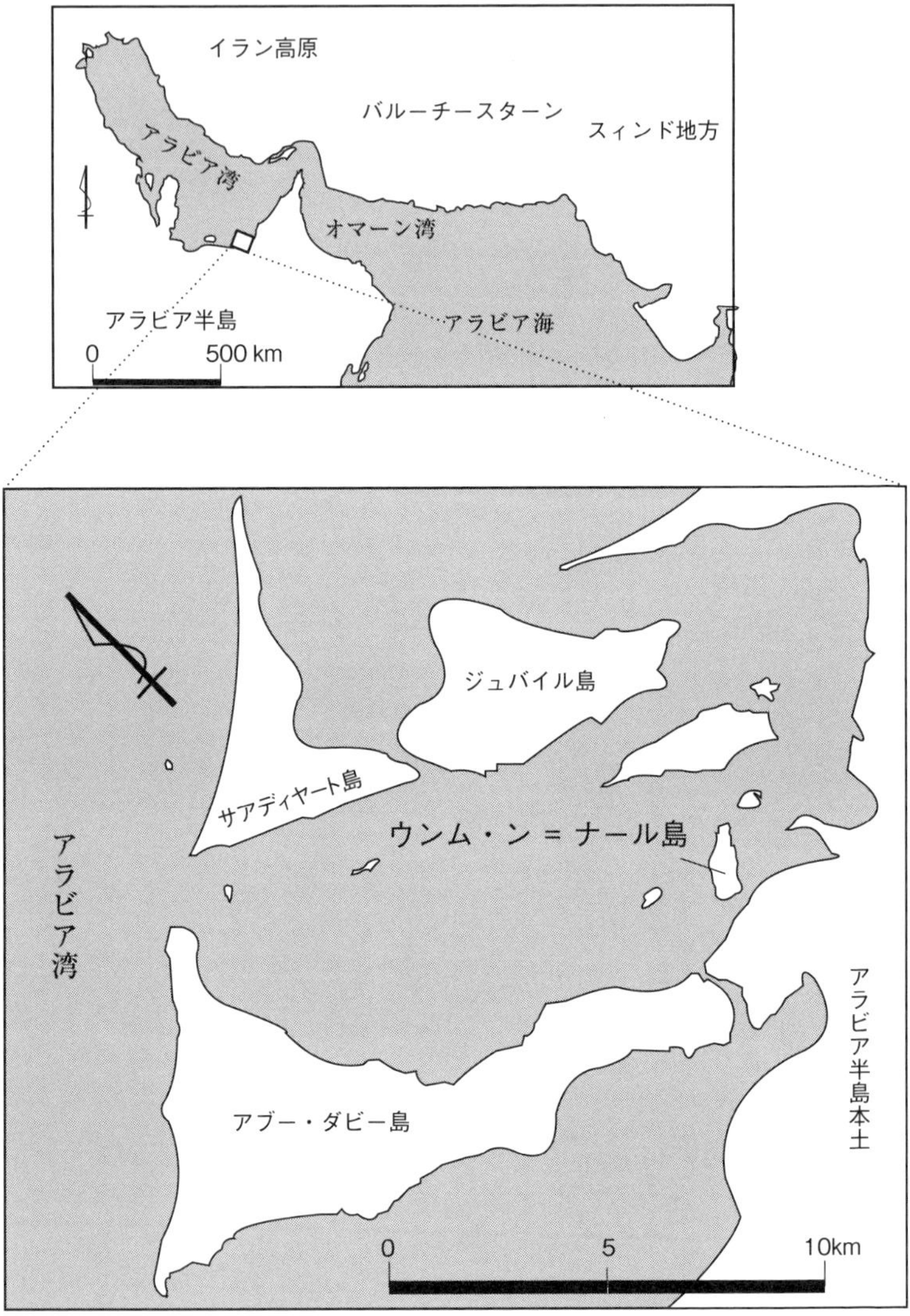
イラン高原
バルーチースターン
スィンド地方
アラビア湾
オマーン湾
アラビア半島
アラビア海
0
500 km
ジュバイル島
サアディヤート島
ウンム・ン＝ナール島
アラビア湾
アブー・ダビー島
アラビア半島本土
0
5
10km

可耕地に住む農耕民は、海岸に至るや、ここからは漁民や海洋民の世界が始まると感じたであろう。また砂漠や草原に至るや、ここからは遊牧民やその進化形である交易民の世界だと感じたであろう。そして人間の歴史は、多くの場合、農耕民の手によって、彼らの世界を中心に書かれてきた。「農耕社会こそ正しい社会だ」という自信に満ちた価値観は、近代の歴史学、歴史教育においても継承されている。多くの時代において、農耕民は数において圧倒的であり、物質文化の豊富さに加え、文字による記録を多数遺してきたが、だからといって、彼らの歴史・文明だけが人類の歴史・文明であるということにはならない。そもそも農耕民だけで作られた文明などあるのだろうか？　彼らの世界と接する非農耕民の歴史・文明をも包括することで、はじめて人類の歴史・文明が偏りなく理解される。このことが理解され始めたのはそれほど昔のことではない。日本では江上波夫の「騎馬民族征服説」（一九四八年）に代表される歴史観が、非農耕文明の意義を一般人に広める最初の契機となった。他方湾岸では、一九五〇年代以降、同地における近代考古学の研究が本格的に始められてから、もう一つの非農耕文明である海洋民の文明が、明らかになってきた。

　アラビア湾の海洋民（アル＝）ハリージーの世界が成立したのはいつのことだろうか。ウルク文書に記されたディルムン（筆者の言う原ディルムン）からは、誰かによって、遠隔地産の物資がメソポタミアに運ばれたが、その「誰か」こそ、史上最古のハリージーであった可能性がある。それは前四千年紀末のことであり、それ以前に海洋民が存在した証拠はない。もともと資源の豊かな海であるから、漁民はいたであろう。しかし海洋民とは漁民のことではない。専業度のいかんにかかわらず、海上交易に携わる人々のことである。彼らは何らかの契機によって漁民から変身する。アラビア湾岸においては、ハフィート期にイラン側からオマーン半島への移民が行なわれ、内陸部の銅山開発が開始されたことがその契機であった。

本章では、この陸海の交易ネットワークの次の段階である、ウンム・ン＝ナール文明について論じる。それは前二五〇〇年頃にオマーン半島に成立し、数世紀の間、メソポタミアとインダスの間の海域を支配した。その「興《おこ》り方」はローカルなものにも見えるが、ハフィート期以来続いた、オマーン半島とイラン東南部との一体感の中で見るならば、トランス・エラム文明のネットワークがさらに一段階進化したものと理解することもできる。ウンム・ン＝ナール文明の「営業輸送部門」は湾の外にも拡張した。イラン、メソポタミア南部に加えて、同じ頃成立したインダス文明の地が、海路で結ばれたのだ。海は隔てるものではなく、つなぐもの、そしてアラビア湾はハリージーたちの「我らの海《マーレ・ノストルム》」であった。

1　ウンム・ン＝ナール文明の成立から衰退まで

第一章第3節で述べたように、オマーン半島と湾岸の諸地域は、前四千年紀の末に、初めてメソポタミア、イラン高原を含む大経済圏に取り込まれた。それがハフィート期であり、おそらくイラン東南部、テペ・ヤヒヤにあった原エラム都市の植民地として、この地の銅山開発を推進した。ヒーリー8遺跡の第I期（ハフィート期）で出土する、イランからの植民者かその後継者たちによって、地元の土で作られた黒色彩文赤色土器（BOR）がその証拠である。

オマーン半島における銅山開発に関して、現在知られる最古の証拠は、オマーン内陸部にあるマイサル遺跡群で、そこではウンム・ン＝ナール期の集落（マイサル1遺跡）、採鉱場（マイサル2遺跡）、墓群（マイサル3遺跡）などが分布している。[*1] しかし、銅山の開発事業はハフィート期にすでに始まっていたというのが、多くの研究者の考えである。そういう目的・任務でもなければ、わざわざ海を越えて、岩だらけの半島に移民し、山の上の墓群に葬られるような人はイランにもいたようには思えないからである。

続く第II期はウンム・ン＝ナール期と呼ばれ、前二八〇〇～前二〇〇〇年頃に相当する。ウンム・ン＝ナール期の文化は、ハフィート期の文化が経年変化したもので、前二五〇〇年頃になると、湾岸で最初の国際性の高い都市文明が成立する。アブー・ダビーのウンム・ン＝ナール島にはその首都と首都住民のための墓地が作られた。

ヒーリー8遺跡の第II期は、建物や濠《ほり》などのプランが時間とともに改廃変更されていく様を追って、a、b、c1、c2、d、e、f、gの小時期に細分されている。第II期では、第I期と比べると、出土土器の量は常に豊富であるが、その内容は一様でない。[*2] 第IIa～c1期にも、メソポタミア系土器とＢＯＲが出土するが、前者は一握りの破片のみに減少する。第Ⅱｃ２期になると、地元で作られた砂質の「ブライミー式」土器が出現し、以後の各時期では全体の九五パーセント以上を占めるほどに増加する。第Ⅱｃ２期におけるこの画期は、生活文化の大きな変化、すなわちこの土地において独自の都市文明が成立したことを反映している。そして以後ＢＯＲは副葬用に限られることとなり、集落遺跡からは姿を消す。

ウンム・ン＝ナール文化の中で新文明が成立する様は、アブー・ダビーのウンム・ン＝ナール島において、最もよく知られている。それはこの島がこの文明にとって特別の場所であったからである。現在経済発展の著しいアラブ首長国連邦（ＵＡＥ）の首都アブー・ダビー市は、もともとはそれ自体がアラビア半島本土に近い島であった。ウンム・ン＝ナール島は、かつてはこのアブー・ダビー島に隣接する長さ約三キロメートルほどの小島であったが、現在はアブー・ダビー島同様にアラビア半島本土と一体化し、首都の一部となっている。現在はアブー・ダビー市のための発電所が置かれるこの島だが、かつては海岸近くに都市集落が、そして海岸から少し離れた背後の微高地上には墓群が営まれていた。

この島の古代遺跡は、湾岸考古学の確立者である、デンマーク考古学調査隊のジェフリー・ビビー（一九一七〜二〇〇一年）らによって発見され、一九五九〜六五年に七次にわたる発掘調査が実施された。それまで彼らは湾中部のバハレーン島で発掘調査を続けていたが、ウンム・ン＝ナール島の遺跡は、バハレーンの「初期ディルムン時代」（次章）のものとは異なる、それより一段階前の文明の遺産であることに気づいた。彼らは大小四九基の円形の積石塚墳墓群を発見し、うち七基と都市集落の一部を発掘した。

この調査は、さらに新しい発見の糸口ともなった。一九五九年に、アブー・ダビーの支配者シャイフ・シャフブートとともにウンム・ン＝ナール島の墓群の発掘を見学に来た、弟のシャイフ・ザーイード（後のUAE大統領）が、同じような墓群は自分の住む内陸のブライミーにもあると言って来訪を勧めた。デンマーク隊は一九六二年にこのシャイフの案内でブライミー・オアシスを訪れ、ハフィート山の斜面に分布する墓群の発掘を開始した。

当初、一部の墓から出土した銅剣の型式などから、ハフィートの墓群は前二千年紀後半に造られたものと考えられた。ところが後に、それは後世における墓の再利用によるもので、本来の造営時期はそれよりずっと古いことがわかった。多くの墓で出土した本来の副葬品、石灰分にまみれた土器がメソポタミア製のジェムデッド・ナスル式彩文土器であることが、一九七一年になって証明されたからだ。[*3] この時、墓群の時代は「ハフィート期」と名づけられ、メソポタミアでこの土器群が作られていた前三〇〇〇年前後の時代であることが確定した。

ハフィート山の墓群を調査していた時、デンマーク隊はブライミー・オアシスの反対側、ヒーリー地区にも足を延ばし、ここで墓群と集落を含む、まさしくウンム・ン＝ナール島と同時期の遺跡群を新たに発見した。同じ文化に属する人々は、海岸部だけでなく、一二〇キロメートル内陸のオアシスにも定住していたのだ。その後数次の発掘調査を経て、遺跡群の一部は公園として整備され、現在では学園都市でもあるアル＝アイン市の住民の行楽地となっている。ヒーリー8遺跡は、この遺跡公園の塀のすぐ外側にある。

さて話をウンム・ン＝ナール島に戻そう。デンマーク隊の正式発掘報告書は墳墓群のものが一九九一年に、集落域のものが一九九五年に公刊されている。[*4] それらによれば、集落域は島の東海岸にあり、七室からなる一辺が約一七メートルの方形の建物一棟（「倉庫」と通称）と「複合家屋」の一部、そして二カ所の試掘トレンチが調査された（トレンチとは、遺跡の地下部分を知るために掘られる溝のこと）。そして岩盤上の堆積層によって、第０、Ｉ、Ⅱの三つの時期が確認されている。

第０期では、メソポタミア系が土器のほとんどを占めるが、インダス系も少量ある。第Ｉ期ではインダス系が依然存在するが、ブライミー式土器すなわち砂質の赤色土器も少量ながら見られる。第Ⅱ期では、内陸にあるホフーフ・オアシスから持ち込まれた日用雑器「東アラビア系」の土器が多い。少数の吊り下げ用土器を含むブライミー式土器の大半はこの時期のものである。

デンマーク隊によって調査された墳墓群は第Ｉ～Ⅱ期のものであった。第Ⅱ期の墳墓は第Ｉ期のものよりはるかに大型でかつ洗練されており、都市文明期を迎えたことがよくわかる。墓群出土の土器群は、比較的単純な構成で、ＢＯＲ、黒色彩文灰色土器（ＢＯＧ＝**Black-on-grey**）、刻線文灰色土器（ＩＧ＝**Incised-grey**）、それに若干のメソポタミア系土器などがある。ＢＯＲ、ＢＯＧ、ＩＧは基本的に墳墓の副葬品としてのみ使用されており、それが文明期を迎えたウンム・ン＝ナール文化の特徴である。特にある種のＢＯＲはウンム・ン＝ナール文化の代表的土器であり、同文化の墓のほとんどで出土するばかりか、この時代のイラン東南部と共有する物質文化である。さらに湾中部における出土例から、ウンム・ン＝ナール文明の湾内進出を示唆するものでもある。

ウンム・ン＝ナール島の三つの時期とヒーリー8遺跡の各時期とは、大体のところは並行関係がたどれるが、両者は海岸部と一二〇キロメートル離れた内陸のオアシスにあり、その性格も同じではないため、二つのモノサシの目盛が完全に一致する訳ではない。ウンム・ン＝ナール島の第Ⅱ期は、ヒーリー8遺跡の第Ⅱc2〜第Ⅱe期にほぼ並行する。

ウンム・ン＝ナール島の遺跡では絶対年代を知る直接の手がかりは得られていないが、ヒーリー8遺跡第Ⅱe期の放射性炭素^{14}Cの測定年代として、前二四七〇±一五〇年と、前二四〇〇±一五〇年が得られているので、[*5] ウンム・ン＝ナール文明の成立時期は、それより少し早い前二五〇〇年頃と考えられている。全体として、この島の居住期間は前二七〇〇〜前二二〇〇年頃とされている。特にⅡ期の墓群の立派さから、ウンム・ン＝ナール島は、前二五〇〇年頃、特別の人々が住む特別の場所になったことがわかる。

それでは、ウンム・ン＝ナール文化は、いかなる契機によって文明の時代を迎えたのだろうか？　それは前三千年紀中頃の、イランやインダス河流域を含む広域の情勢において説明されるだろう。とりわけ重要であるのは、アラビア湾内における海上の交易ルートが発達し、陸上の交易ネットワークとリンクしたこと、そしてインダス文明の成立に伴い、湾内からインダス河口に至る新しい海上ルートが開発されたことである。

前章第2節で述べたように、テペ・ヤヒヤにあったトランス・エラム文明の都市には、古式クロライト製品の主工房があったが、サウディアラビア東部のタールート島には、第二工房が設置されている。ケルマーンのクロライト原石と工人たちは、ウンム・ン＝ナール文明の営業輸送部門の船によって、ウンム・ン＝ナール島とバハレーン島経由で、タールート島へ運ばれた。これらの寄港地で、船にはメソポタミア行きの商品が積み込まれ、さらに湾奥へと向かった。

全体図を考えてみよう（図16）。イラン高原には、原エラム文明以来、ラピスラズリの産地であるアフガニスタン北東部、バダクシャン地方にあるショルトゥガイから東南部のムンディガク、セイスターンのシャハル＝イ・ソフタ、ケルマーン地方のシャハダード、テペ・ヤヒヤというルートがあった。ヤヒヤからはファールス地方を経てエラム地方のスーサに至る南回りの路があった。もう一つはシャハル＝イ・ソフタからイラン北部のテペ・ヒッサールに至り、テペ・シアルク経由でスーサに至る北回りの路である。南北の路は、世界有数の乾燥地帯であるルート砂漠を迂回している。これに海路がリンクするとどうなるのか？　テペ・ヤヒヤから海岸（ホルムズ海峡）に至る路があったに違いない。ここから海の世界が始まった。ハリージーたちは、イラン側とアラビア側を普通に往来していた。そしてウンム・ン＝ナール島から、一方では湾中部・奥部へのルート、他方ではマクラーン海岸に沿ってインダス河口に至るルートを開発した。前章で述べたように、そもそもインダス文明も、前二六〇〇年頃、トランス・エラム文明によって作られたと考えられるから、ここに登場するすべての文明は、いずれも原エラム文明と土着の諸文化の遺伝子が融合して成立したもので、メソポタミア文明に対する東方の物資補給システムは完成しつつあった。

このことはウンム・ン＝ナール文明の物質文化の内容を吟味することにより、よく理解できる。インターネットがそうであるように、「網」というものは、ルートの変更が容易に可能である。

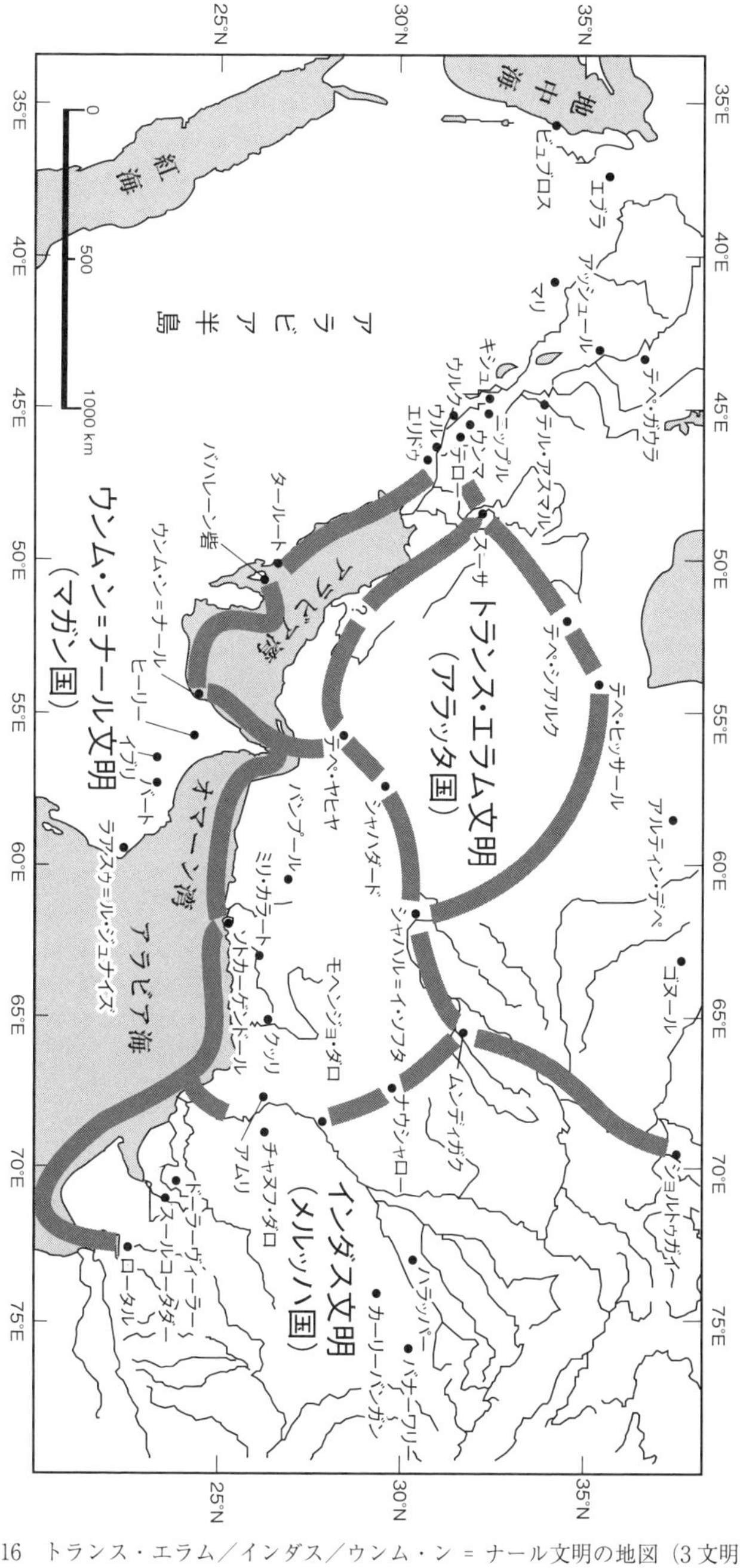

図 16　トランス・エラム／インダス／ウンム・ン = ナール文明の地図（3 文明）

たとえ途中に通行不可の箇所が生じても、それに次ぐ別ルートが使用できる。陸海のネットワークがリンクすることで、人とモノはどこへでも移動することができるようになった。日本で歴史教育を受けた人なら、メソポタミアとインダスの文明それぞれについては誰でも知っているが、それらが「四大文明」のうちの二つというような無機的な関係ではなく、歴史の中で数世紀の期間、相手を必要とし、相互に分かちがたい関係を続けてきたという事実は、おそらく教わっていない。前二五〇〇年頃成立したウンム・ン＝ナール文明は、遠隔各地との海上交易路を敷設し、その結果として、二つの「大文明」の間の有機的な関係を担うこととなった。ウンム・ン＝ナール島はそのハブとして機能したのであり、メソポタミアとインダスの文明が直接交流した訳ではない。この二者以外に、この島はハブとして、イランの都市文明とも交流していたであろう。間に海があるのだから、ハリージーが活躍したに違いないのだが、その姿はなかなか目にすることができない。

ウンム・ン＝ナール文明は前二千年紀末にオマーン半島から姿を消す。いやしくも文明が「姿を消す」などということは歴史上の大事件であり、過程（どのように見えなくなったのか）、原因（なぜそうなったのか）、結果（そして何が起こったのか）を徹底的に検証し、評価することが必要だ。この場合、それはまだ非常に不十分にしかできていないが、「滅亡」とする理由は見当たらず、他の地への「移転」という評価が最もふさわしい。ハフィート期におけるメソポタミア製品の足跡から、オマーン半島からメソポタミアに至る銅製品の路が明らかになったが、この海上の路は五、六〇〇〇年後に大拡張され、さらに四、五〇〇〇年が経つと、ハブそのものが湾中部のバハレーン島に移された。このことはウンム・ン＝ナール文明による湾内での植民の結果であり、考古学的遺跡・遺物、とりわけウンム・ン＝ナール文明が最も得意としたBOR土器によって跡づけられる。

前二〇〇〇年頃以降、「文明（の中心）の跡地」となったオマーン半島には、地域限定のローカル文化、ワーディー・スーク文化の時期が続くが、それがいつどのような終わり方をしたかは、あまり明らかではない。何世紀か後に終わったのであれば、なぜ終わったのか、そしてどのような時代が続いたかという新たな問題が出てくるわけだが、まだ材料が不足しており、何とも言えない。暫定的にだが、それは最長で前二千年紀の末近くまで続き、その後「鉄器時代」に移行したと仮定する以外にない。

2　ウンム・ン＝ナール文化の墳墓

ウンム・ン＝ナール文化の集落遺跡は、同島以外に、UAEのヒーリー8遺跡[*6]、テル・アブラク[*7]、ガナーダ島[*8]、オマーンのマイサル1遺跡[*9]などで知られているが、発掘により全貌が明らかにされた大規模な都市遺跡は一例もない。これに対して、墳墓はそれぞれが自己完結した構築物で、また地表に見えていることもある特徴的なものであるため、その様相はかなり詳しく知られている。墳墓群はオマーン半島全域で発見されている。これまでに見つかっているかどうかは別とし

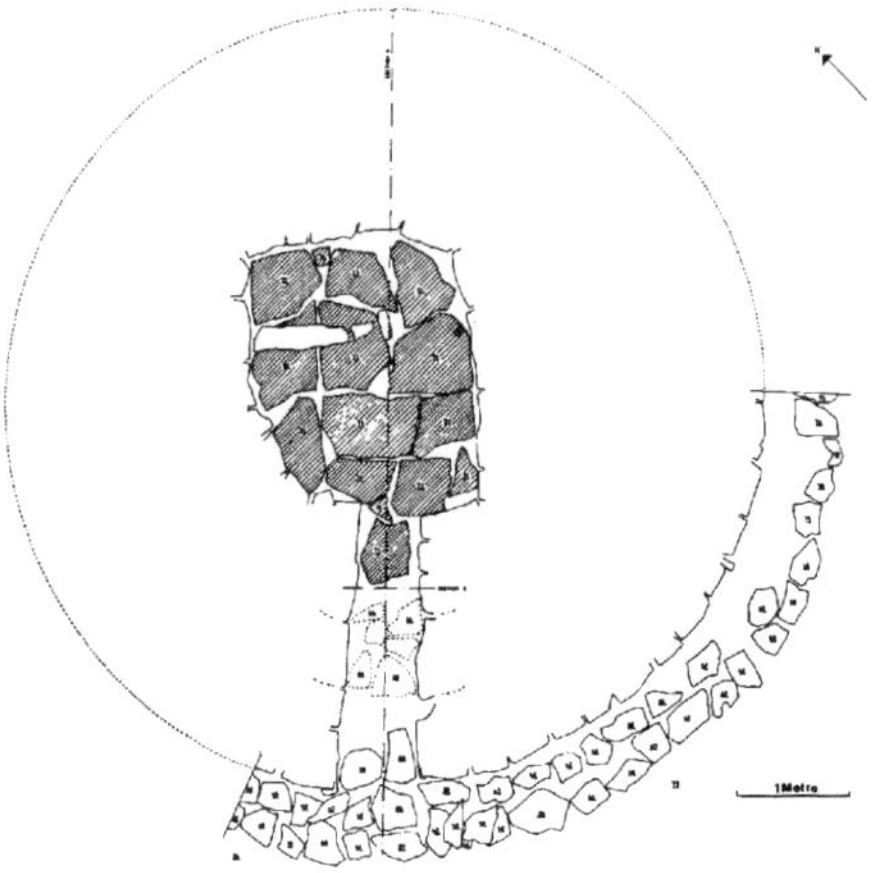

図17　初期のウンム・ン＝ナール式積石塚墳墓
（Frifelt 1975, p. 74, Fig 21）

て、そこに葬られた人々の居住地の址もそこからあまり遠くない場所にあるはずなので、今後の発見も大いに期待される。

第一章第4節で述べたように、ハフィート期の墓は円形プランをもち、内部に円形の墓室を一つもつ積石塚《ケルン》であったが、ウンム・ン＝ナール期になると、「蜂の巣形墓」と呼ばれるものに変わる（図17）。

「蜂の巣形墓」はハフィート期のものと似たような形と規模の積石塚であるが、次のような違いがある。墓室のプランが円形ではなく方形、長方形となり、土間ではなく、板石が敷き詰められる。墓室内に間仕切り壁をもつこともある。外壁の下から、二〇～五〇センチメートルほど外側にせり出した鍔《つば》状の「張り出し」がつく。この張り出しは、より巨大化した文明期の「ウンム・ン＝ナール式墳墓」にも引き継がれる。

「蜂の巣形墓」を、カレン・フリフェルトは、ハフィート式積石塚から文明期の「ウンム・ン＝ナール式墳墓」への過渡的段階だとしている。[*10] そうであれば、ハフィート文化は時間とともに初期のウンム・ン＝ナール文化に変容し、その後の都市文明誕生（前二五〇〇年頃）への準備期間が始まったことになる。

文明期に入ると、墳墓はより入念に建造された円筒《ドラム》形の積石塚墓と化し、径六〜八メートル、時に一〇メートルを超える巨大なものも現れる（図18）。入念に加工された化粧石で外壁面は覆われ、そこに浮彫装飾が施されることもある。内部空間は直線壁によって仕切られ、多数の小部屋に分けられる。内壁と仕切り壁は上部が持ち送り式の穹窿《ヴォールト》構造をなし、その上に薄い板石の屋根材が載せられる。ゆえに外観は外壁の上部がわずかだけ内傾した円筒形に近い円錐台形、屋根は平坦という形になる。内部のプランは対称形の二つの部分からなり、それぞれが小部屋に仕

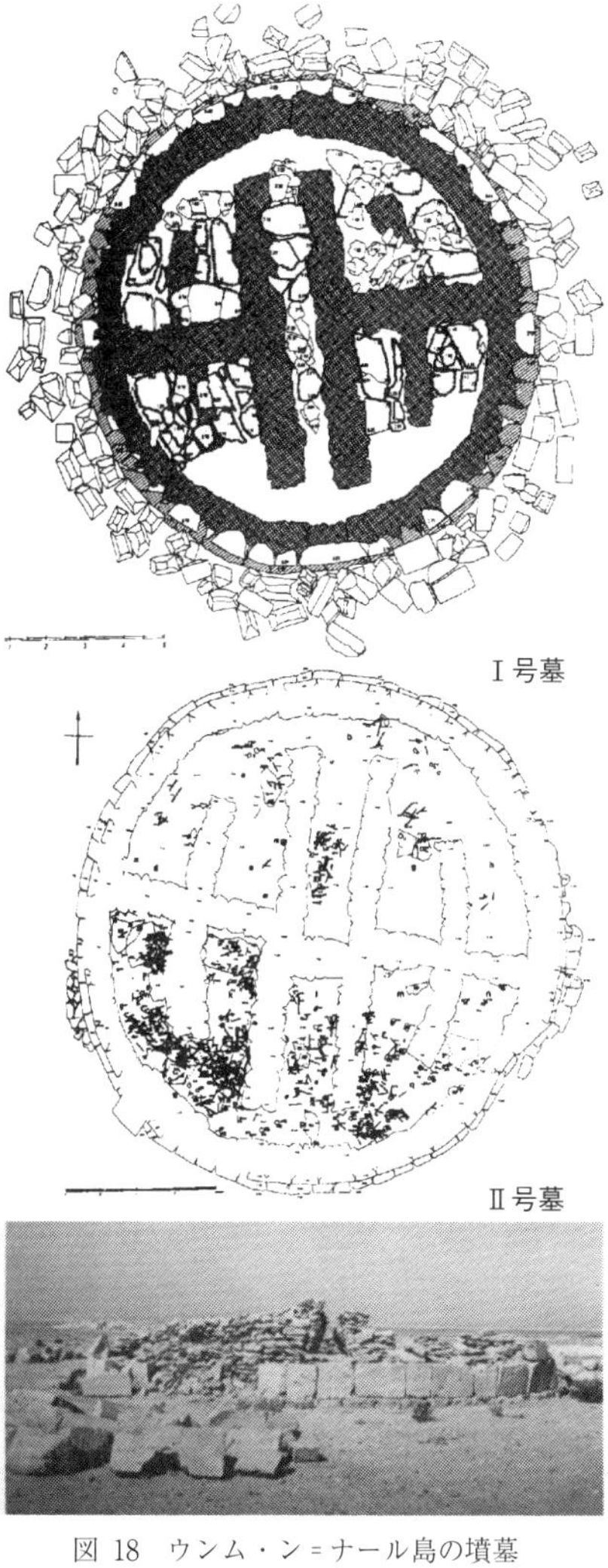

図 18　ウンム・ン＝ナール島の墳墓
（Frifelt 1991, Figs. 258, 260 & 19）

切られ、専用の出入口・羨道《せんどう》をもつものが多い。内部には数十体かそれを超える数の遺体が副葬品とともに収められる。ちなみにウンム・ン＝ナール島のⅡ号墓では、被葬者の数は、男性二〇体、女性六体、不明四体、小児四体、合計三四体であった。

　時間が経過し、文明後期になると、地上の構築物としての大型の墓と、そのすぐ近くにある地下墓（土壙墓）がセットで使用されるようになる（図19）。前者は空《から》の状態で、また後者ではバラバラな人骨多数が、完全な状態の副葬品とともにぎっしり詰め込まれた状態で発見される。前者は遺体腐朽用の第一次葬、後者は遺骨収納用の第二次葬のための墓ということになる。副葬品は第二次葬の時に納められる。

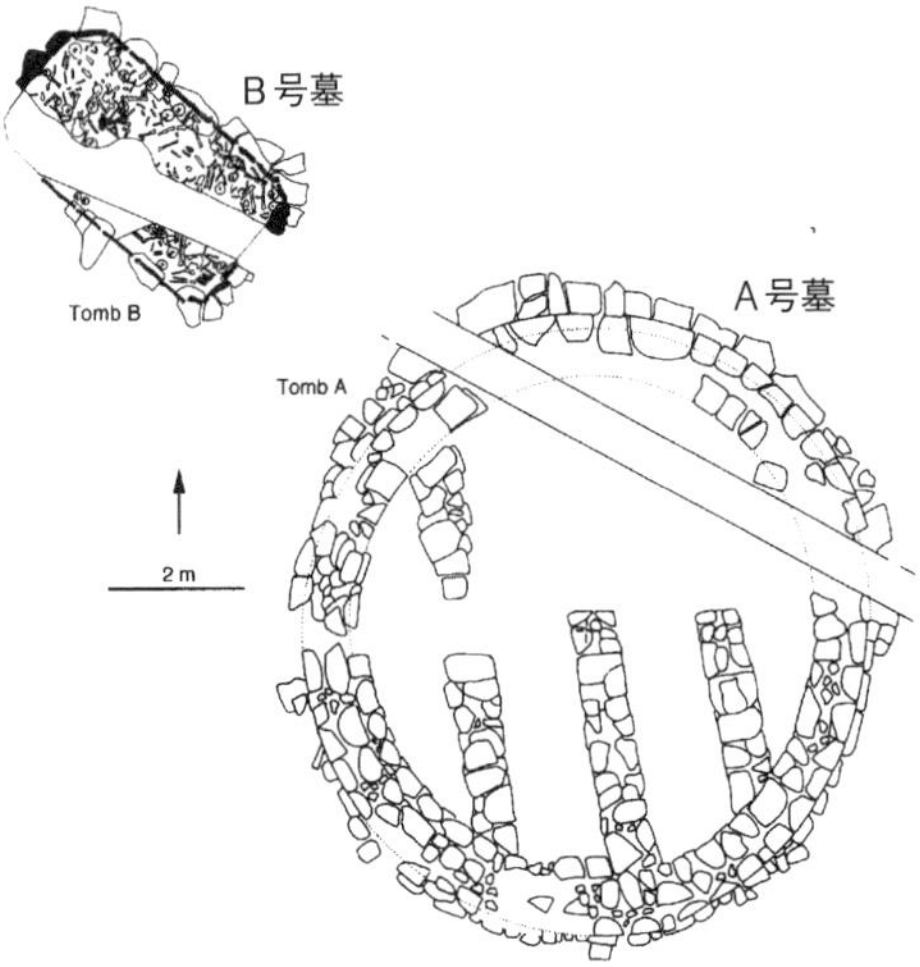

図19　アジュマーン首長国モワイハのウンム・ン＝ナール式墳墓　第1次葬用の墓（A号墓）と第2次葬用の墓（B号墓）（Phillips 2007, p. 3, Fig. 2）

　ウンム・ン＝ナール文化の第二次副葬墓を別とすれば、青銅器時代のオマーン半島の墓はさまざまな形、大きさの積石塚であり、また追葬を繰り返す多葬墓であった。同じ墓に順繰りに追葬されるのであるから、常識的に考えるならば、被葬者は血縁者で、ある範囲までの「家族」であったろう。このような葬法はオマーン半島に特有の青銅器時代の伝統と思われ、湾中部でもイラ

図20　アル＝アイン郊外、ヒーリー遺跡群の1号墓（復原、右写真）と出入口の浮彫（左写真）

ン、メソポタミアでも見られない。

文明期後半における再葬の風習というのも珍しいが、一部では「火葬」も行なわれていた。ドバイ首長国のアッ＝スフーフでは、径六・五メートルの典型的なウンム・ン＝ナール式墳墓（Ⅰ号墓）と、それに付属する二つの土壙墓（Ⅱ、Ⅲ号墓）、そして遺構が確認されない小規模の地下埋葬（Ⅳ号墓）が発見された。[*11]被葬者の数は全部で一二一体、そのうち一五パーセントだけが未焼却で、他はすべて焼却されていた。遺体軟部の処理を急いだものであろうか。現在の知識では何とも判断できないが、遠い場所で死亡した人物の遺体を焼却処理して、しかるべき墓に運び、納骨したのかもしれない。

文明の中枢にあった人々の墳墓は他と識別できるだろうか？　もし「立派な墓」が「立派な家系」を示しているのであれば、ウンム・ン＝ナール島のⅡ号墓、内陸のアル＝アイン・オアシスのヒーリー一号墓（大墓）を挙げることができる（図20右）。これらの墳墓は規模が大きいだけでなく、外壁に入念な加工を施した化粧石を使用し、それに浮彫装飾を施しているからである（図20左）。一目見ただけで、他の墓の所有者とは異なる、特別の家系に属する人々の墓であることがわかるように造られているのだ。アブー・ダビーのウンム・ン＝ナール島とアル＝アイン・オアシスのヒーリーはウンム・ン＝ナール文明の二つの拠点であり、そこにはこの国の「立派な家系」の人々が住んでいたのであろう。

3　土器が語る文化の国際性

集落や墓から出土した遺物として次のようなものがある。土器、銅製品、石製品、骨製品、貝殻製品、瀝青《ビチユメン》製品、その他。またそれらの中には、この地で作られたもの以外に、遠隔地からもたらされたことが明らかなものも多い。しかしすべてを説明するゆとりはないので、本書では土器と銅製品について検討してみよう。

土器はありふれた遺物であることが多く、その文化の特徴を知るよい手がかりとなる。ウンム・ン＝ナール文化の土器群にはさまざまな系統のものが混在し、複雑な内容を見せている。それはこの文化・文明が自前の土器を作って自家の消費に充てるとともに、遠隔地を含むさまざまな産地の土器を輸入し、使用したからである。それぞれの土器グループの系譜をたどることで、この文化・文明の国際的性格を明らかにすることができる。

黒色彩文赤色土器（ＢＯＲ）

ソフィー・メリによる土器胎土の分析研究によれば、この文化に特徴的な土器である精製土器、ＢＯＲには、地元オマーン半島で作られたものとイラン東南部で作られたものがある。[*12] ウンム・ン＝ナール島のⅤ号墓では、六〇〜六五〇の土器が出土し、そのうちＢＯＲは四五〇ほどと推定されている。[*13] それらはメリによって、胎土の違いからオマーン半島製とイラン製に分類されている（図21）。

一見してわかることだが、オマーン半島製とされた土器（1〜8）の装飾は、何かの一つ覚えに近い単純な平行条線によるジグザグ文に限られている。これに対して、イラン製の土器（9〜13）は連弧文や階段文、区画内のハッチなどを用いた、より複雑な幾何学的文様で装飾されている。ここでは初めイラン製ＢＯＲが珍重され、やがてオマーン半島製のＢＯＲに置き換わっていくという、新文明成立への推移を示している。追葬を重ねた墓なので時間幅はあるが、この墓の造営時期はほぼ文明直前の第Ⅰ期である。そして文明期（第Ⅱ期）に入ると、イラン製ＢＯＲは消滅または激減する。ウンム・ン＝ナール島のⅠ、Ⅱ号墓は、墓そのものも巨大化しているが、出土するＢＯＲもジグザグ文がほとんどとなり、独立した文明が成立したことを物語っている。

他の墳墓ではどうだろうか？　オマーン半島内陸部のブライミー（アル＝アイン）・オアシスで発掘された「ヒーリー北Ａ号墓」では、全出土土器（六六二〇）の一九パーセントがオマーン半島製ＢＯＲ、一パーセント以下がイラン製のＢＯＲであるという。[*14] 全ＢＯＲの中のイラン製品の

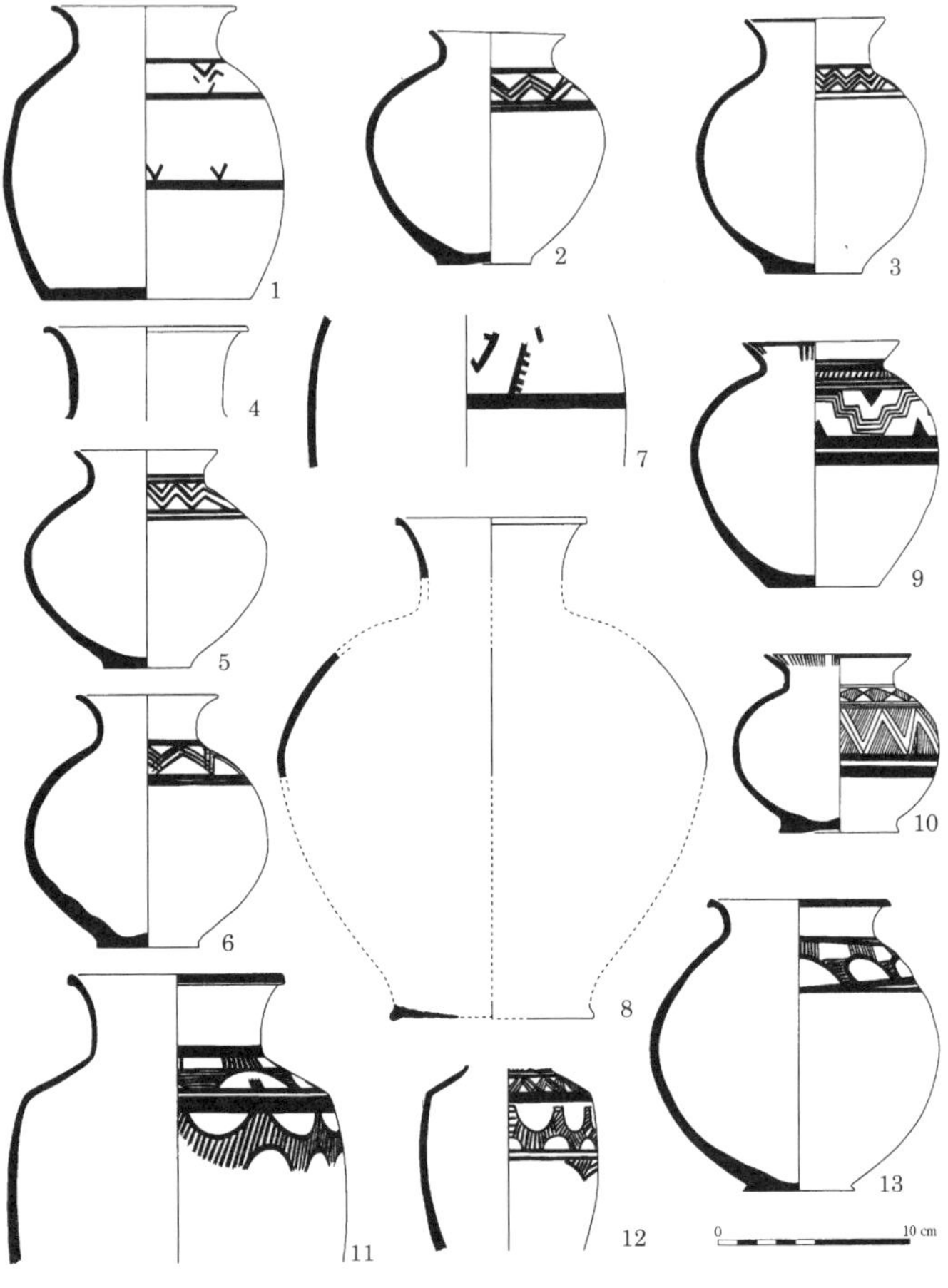

図21　ウンム・ン゠ナール島Ｖ号墓出土のオマーン半島製（1～8）とイラン製（9～13）のBOR（Méry 2000, p. 92, Fig. 57）

割合はわずか五パーセントに過ぎない。ドバイのアッ＝スフーフの墓群でも完形品六三口を含む、おそらく九〇口余りの土器が出土しており、大多数はＢＯＲであるが、イラン製の可能性があるものは見出すことができない。

ウンム・ン＝ナール島のＶ号墓で多く見られるイラン製のＢＯＲは、イランのどこで作られたのだろうか？　比較的似た土器が、バルーチースターン南部のバンプール渓谷の第Ｖ期で出土している。バンプールはケルマーン地方からインダス河流域に向かう陸路の途上にある。ケルマーンのシャハダードとテペ・ヤヒヤは、その可能性が薄い。

あの「一つ覚え」の単純なジグザグ文を施したＢＯＲは、ウンム・ン＝ナール文明を象徴する土器だが、まだよく説明できないことがある。最もウンム・ン＝ナール文明らしいジグザグ文の短頸壺が、シャハダードでもしばしば見られるということである。しかしこの頃のテペ・ヤヒヤではほとんど出土していない。シャハダード出土土器の胎土分析はなされていないので、両所に似たものがあるという以上のことは言えないが、オマーン半島で作られた土器がイラン側に運ばれた可能性も排除できない。

この種の土器の系譜を簡単に整理してみよう。第一章第4節で述べたように、オマーン半島最古のものはヒーリー8遺跡の第一期（ハフィート期）で出土している。これはイランから渡来した職人の作品である。それまで彼はたぶんテペ・ヤヒヤ（第ⅣC期）にあった原エラム文明の都市でＢＯＲを作っていた。彼の後継者たちはオマーン半島で、前三千年紀の末近くまで、似たような土器の製作を続けた。他方、原エラムの都市に留まって製作を続けた元同僚の職人はどうだろう。彼らにも後継者はいたであろうから、シャハダードで出土する土器は、彼らの手になるものかもしれない。ところが、前三千年紀を通じて、イラン東南部とオマーン半島は一体感のある土地で、両者の交流は頻繁だったから、人も物質文化も双方向で動いていた可能性はある。そして前二五〇〇年頃、ウンム・ン＝ナール島に都市が誕生したことにより、オマーン半島はその文化的アイデンティティーを確立した。当地で作られたジグザグ文のBORは、ウンム・ン＝ナール文明の特に副葬品としてスタンダードなものとなり、同文明の湾内部への植民活動にも帯同されることとなったのだ。

こうしたいわば国際規格の精製土器と異なり、ブライミー式土器は地域限定の土器である。別名は「地元産土器」で、BORの影響を受けて地元で作り始められたものと考えられる。BORの後身というよりも、用途の異なる新製品で、これもウンム・ン＝ナール文明を象徴する遺物と言ってよい。それはヒーリー8遺跡では第Ⅱc2期に現れ、以後、文明期の土器の主要部分を占めるようになる（図22）。この種の土器を焼成したロストウ式窯《かま》の例が、実際にヒーリー地区で発見されている。[*15]

ブライミー式土器は、ウンム・ン＝ナール島では第Ⅰ期で現れ、第Ⅱ期（文明期）で激増する。地元オマーン半島の土を使ったもので、砂を多く含む黄褐色からオレンジ色の胎土に、赤色の化粧土がかけられる。主要な器種は球形平底の甕と鉢だが、短頸壺、無頸壺、吊り下げ用容器もある。ウンム・ン＝ナール島では、集落域では出土するが、墓群からは出土しない。ところがヒーリー北A号墓では多数（全体の約半数）、またアッ＝スフーフでは二口だけ出土した。ブライミー

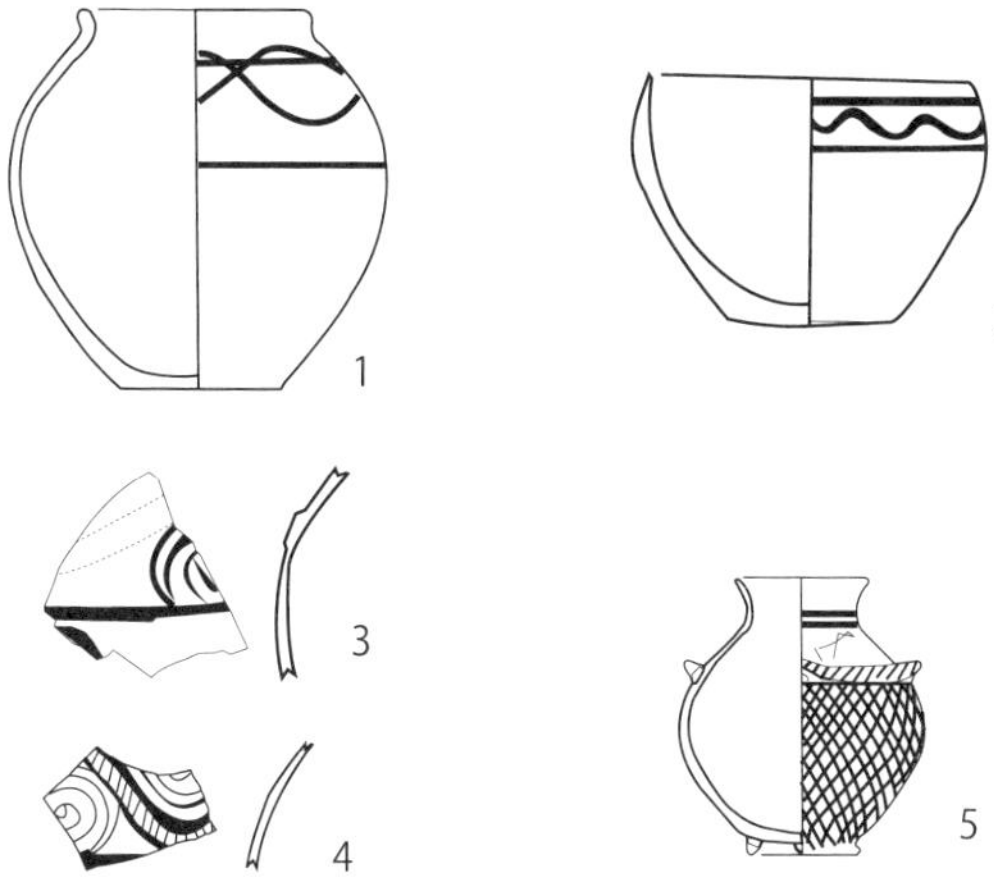

図22　ブライミー式土器　3,4：ヒーリー8遺跡、他：ヒーリー北A号墓出土（Cleuziou 1989, Pl. 27, Vogt 1985, Pl. 23, 24より）

式土器が墓に副葬されるのは、文明期の遅い段階（ヒーリー8の第Ⅱf期以降）のことである。

装飾は黒い顔料で描かれた直線、蛇行線、渦巻文のような単純かつ粗雑な文様で、吊り下げ用土器の場合は胴部に彩文による斜格子文が施される。また蛇頭が付いた貼り付け隆線文もある。

後に述べるように、オマーン半島のウンム・ン＝ナール文明は湾中部に植民活動を始めるが、そうした地域で出土するのは、主としてBOR、まれにBOGであり、ブライミー式土器はほとんど見られない。

黒色彩文灰色土器（BOG）

赤色土器は酸化焔で焼かれた土器だが、灰色土器は還元焔、すなわち酸素不足の状態で焼いたもので、灰色～黒色の仕上がりとなったものである。無文の場合もあるが、黒色彩文や刻線

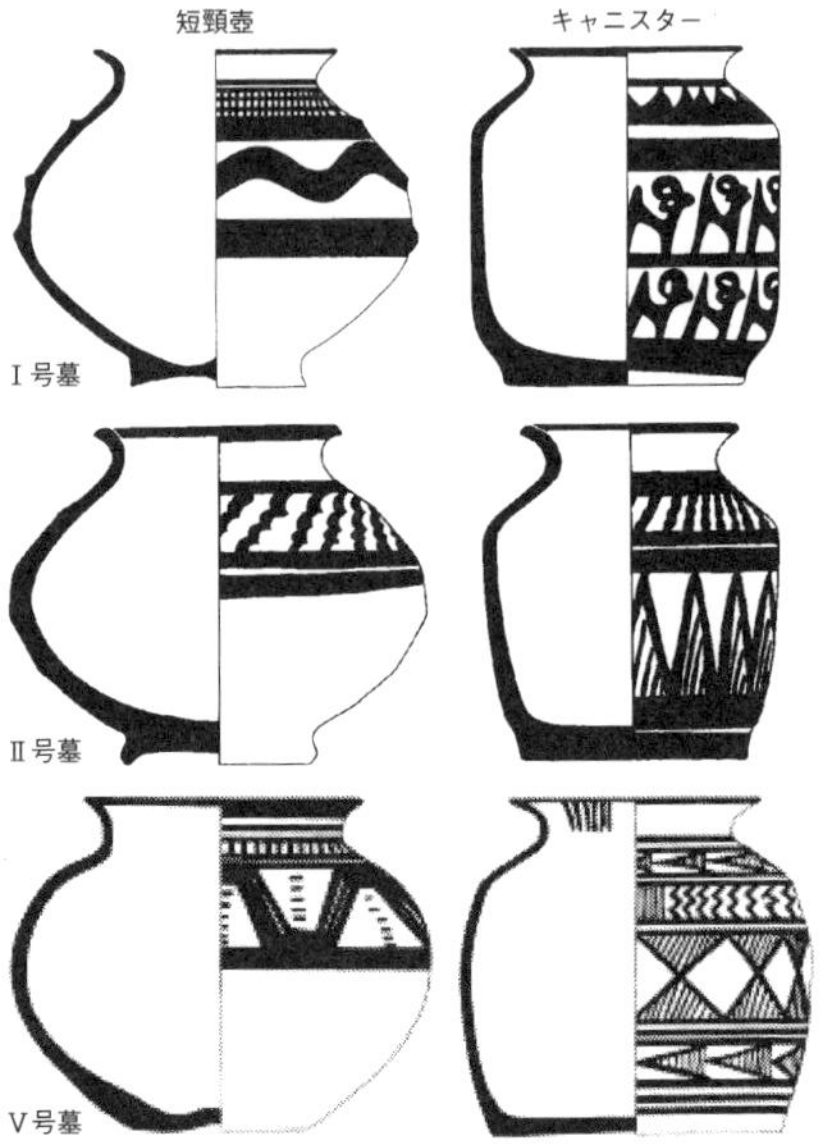

図23　ウンム・ン＝ナール島の墓群出土のBOG（Frifelt 1991より）

文で装飾されたものもある。BORと同じく、副葬品として墓に納められた。ソフィー・メリによる胎土分析では、イラン東南部かパキスタン方面の粘土を使用していること、つまりオマーン半島での出土品はかの地で作られ、輸入されたものということになる。

BOGは、ウンム・ン＝ナール島で副葬品の多い三つの墓で出土し、土器全体のうち、I号墓では二〇パーセント、II号墓では五パーセント、V号墓では六～七パーセントを占めている（図23）。墓の使用年代からみて、都市文明の成立とほぼ同時に本格的な輸入が始まっていることがわかる。高さ一〇センチほどのビヤ樽形短頸壺（キャニスター）が圧倒的に多いが、球形の胴部をもつ壺や開いた鉢もある。幾何学的文様が描かれたものと具象的な文様が描かれたものがあり、後者のほとんどは左から右へ向かう連続山羊文である。BOGは、ヒーリー北A号墓[*16]や、アジュマーン首長国のモワイハB号墓[*17]、ウンム・ル＝カイワイン首長国テル・アブラクの墓[*18]、ドバイのアッ＝スフーフ[*19]といった、他のウンム・ン＝ナール文化の墳墓でも出土している。

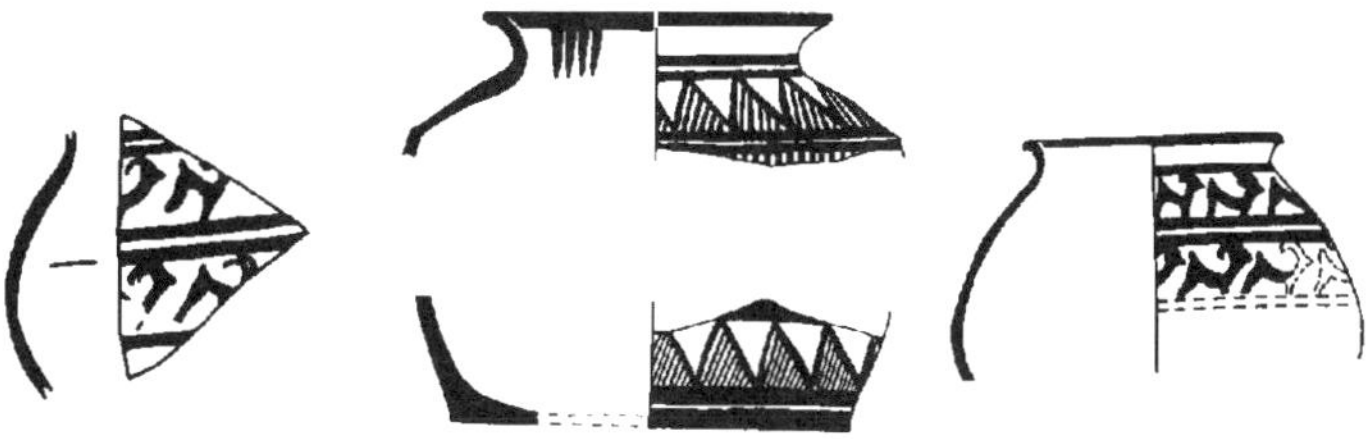

図24　バンプールV2期のBOG（de Cardi 1970より）

BOGは、湾の対岸、イラン東南部の諸遺跡でも出土する。たとえば、バルーチースターン南部、内陸にあるバンプール渓谷の先史遺跡である（図24）。近世の建築物バンプール砦の西側で、一九三二年にハンガリー人（のちに英国に帰化）の探検家・考古学者サー・マーク・アウレル・スタインが、一九六六年に、やはり英国人考古学者ベアトリース・ドゥ＝カルディが小規模な発掘調査を行なった。[*20]この遺跡の居住時期はⅠ～Ⅵ期に区分され、Ⅴ期がウンム・ン＝ナール文化と並行するとされている。[*21]BOGはすべての時期にあるが、ここが原産地とは考えられておらず、漠然とマクラーン海岸方面からもたらされたと推定されている。

BOGはケルマーンのジロフト遺跡群でも出土する。ジロフトは、近年住民による盗掘品あるいはそれを模した偽《にせ》の「古式」クロライト製品などが古美術市場に流出したことから、世間の注目を集めたことがあるが、現在はイラン政府考古局による正式調査が続けられている。市場のクロライト製品は、これまで全く類例がない形のものからやや疑わしいもの、そしてスーサやテペ・ヤヒヤなどの出土品とよく似たものまでさまざまなものがあって、非常に紛らわしい。過去に類例がないからといって偽物と断定はできないし、学術報告

図25　BOGの短頸壺　左端がテル・アブラク出土、右3つがジロフト出土（Potts 2005より）

で見慣れた形のものだから本物であるとも言えない。ケルマーンの現代の住民が、祖先と同じ材料、技術を用いて、学術書に載った祖先の作品と瓜二つの形、あるいは全く独創的な形の作品を新たに世に送り出していることもありうる。また作りたてのように美しいからといって、偽物と判断することも非科学的だ。こうした問題はクロライト製品の現在の市場価格が高いから起こる。これに比べて、土器は市場価格が低く、偽物を作る苦労は価格に見合わないから、盗掘による本物が流通する確率の方がはるかに高い。

ダニエル・T・ポッツは、UAEのテル・アブラク出土のBOGの短頸壺（キャニスター）を、ジロフト出土のもの三点と比較し、ウンム・ン＝ナール文化のBOGはジロフト製であったと結論している。[*22] またポッツはジロフトを、メソポタミアの史料に登場するが位置が不明であった地名マルハシ（またはバラフシュム）に比定する。

確かに、器形も文様も、アブラクのものとジロフトのものとは酷似しており（図25）、両者は同じ工房で作られた可能性が高い。また、ウンム・ン＝ナール文化においてはBORであるべき器種が、ジロフトではBOGで作られている例もあるので、ここでの土器焼成には、酸化焔と還元焔が両方使われていたことがわかる。これらのキャニスターをジロフト製とす

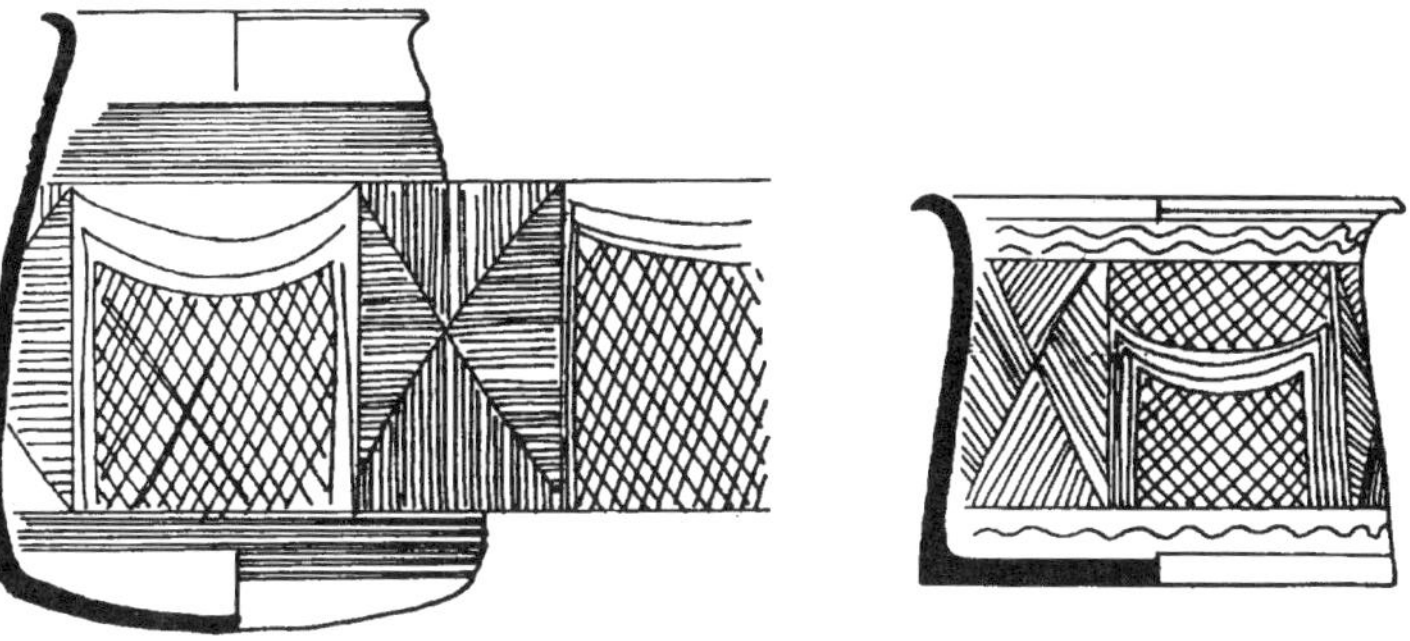

図26　ウンム・ン＝ナール文化のIG。ヒーリー北A号墓出土（Frifelt 1991, Fig. 122, Vogt 1985, Pl. 26より）

るポッツの説はおそらく正しい。

ジロフトをマルハシに比定することについては、しばしの議論が必要だろう。かつてポッツは、マルハシの位置として、「ファールス東部とケルマーン」（スタインケラー）、「イラン領バルーチースターン」（ヴァラット）、「北イラクおよび北西イラン寄り」（ザドク）など、過去の諸説を紹介していただけだったが、[*23]その後急速に発信されたジロフト関係の情報により、ジロフトこそマルハシの故地とする自説を主張するに至った。メソポタミアでマルハシあるいはバラフシュムと呼ばれた都市国家は、位置は未確定ながらも、アラッタを盟主とするトランス・エラム文明の成員の一つであったと考えるべきである。

刻線文灰色土器（IG）

器表全体に刻線による装飾文様を施した灰色土器は非常に特徴的な土器で（図26）、ウンム・ン＝ナール島の墓群（I、II、VI号）では、小破片を含む四点のみ出土している。またヒーリー北A号墓では、土器総数の三パーセント未満であるという。[24] テル・アブラクの墓では知られていない。ドバイのアッ＝スフーフⅡ号墓では一口出土した。[25] アジュマーンのモワイハB号墓（土壙墓）では、少数のBOGの破片が出土したが、IGは知られていない。[26] またヒーリー8のような墳墓以外の集落遺跡でも、灰色土器はほとんど出土していない。オマーン半島におけるIG土器は、BOG土器と同様に、域外から搬入され、文明期に入ると、もっぱら墳墓に副葬品として納められるようになった。

途中の説明を省いて結論から言えば、IGとはトランス・エラム文明のヒット商品、「古式」クロライト製容器の土製コピーなのである。お手本に最も多い円筒形という器形が踏襲され、BOGと共通の器種、キャニスターが新たに加わっている。古式クロライト製容器の多くがそうであったように、装飾文様は器表全体に及ぶ。最も多いのが、あの意味深長な「神殿文」と「ハッチ三角文」、「マット文」で、いずれも、クロライト製品に見られた精緻な施文に比べると、ひどく退化あるいは劣化している。文様のもつ本来の意味をすでに理解しなくなった工人の手で、ぞんざいに作られたのであろう。

IGの原産地はどこか？　まずケルマーンのシャハダードではない。シャハダードではA墓地〇五八号墓出土の低い円筒形容器があり、崩れた神殿文で飾られているが、それが唯一の例である。テペ・ヤヒヤでもない。「刻文土器」は少数あるが、ここで言うIGとは似ていない。アフガニスタンに近いイラン最東部のシャハル＝イ・ソフタ第Ⅳ期では二例だけ報告されているが、ここで製作されたものとは考えられていない。[27] ドゥ＝カルディによるバンプールの発掘では、IG土器は表面採集品を含めて六二片が得られており、出土品はⅣ2～Ⅴ期のものであったが、土器総量の中では微量に留まる。[*28] 同様にセイスターンのラムルード、マクラーンのシャハ＝イ・トゥンプなどでも、スタインによって報告されているが、[*29] これらが製作地とは考えられていない。バンプールでは、クロライト製容器の破片も少数出土しており、高価な純正品と粗悪な代用品が両方珍重されていたことがわかる。これに対して、クロライト製品の生産地であるテペ・ヤヒヤはもちろん、スーサやシャハダード（そしてたぶんジロフトも）のようなイランの諸都市では、代用品はあまり必要でなかった。高度の文明社会を築いていたメソポタミアの諸都市も、純正品以外を積極的に買い求めることはなかった。

本来クロライト製容器にはない、キャニスターという器種が加わったことは、IGがBOGと同じ場所で作られた可能性を示唆している。BOGに時折見られるハッチ三角文は、古式クロライト製容器からIGを経てBOGに施されるようになったのかもしれない。しかし残念ながら、その原産地はまだ絞りきれていない。

メソポタミア系土器

オマーン半島で最古のメソポタミア系土器は、西海岸の一部で出土するウバイド式土器であるが、ハフィート期、ウンム・ン＝ナール期においても同系の土器は引き続き存在する。いずれもメソポタミアで作られ、おそらく海路で運ばれてきたものである。もちろん時とともに、メソポタミアの土器群も型式が変化しているから、それが発見されれば、当地の遺跡の年代を知るための大きな手がかりとなる。ここで例示するのは「二重口縁《バンド・リム》の洋梨形壺」と呼ばれるもので（図27）、

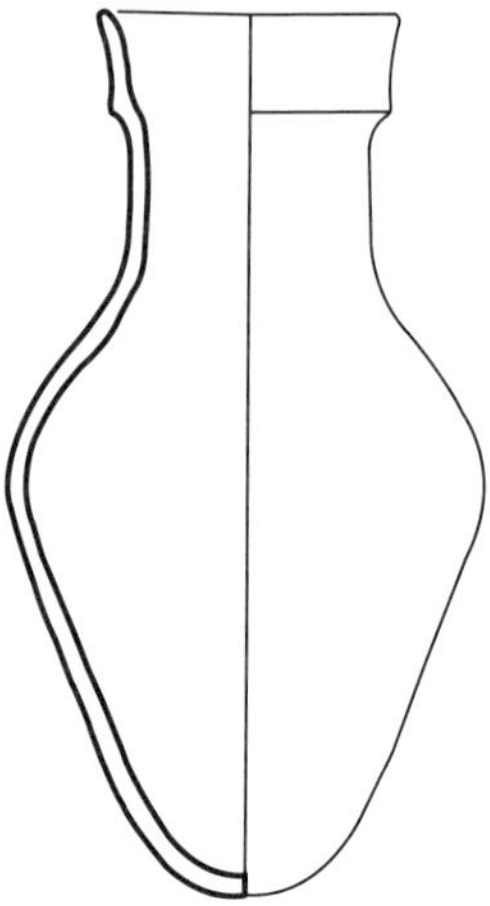

図27　ウンム・ン＝ナール島Ⅰ号墓出土のメソポタミア系土器（Frifelt 1991, p. 50, Fig. 86より）高さ約31センチ

メソポタミアではシュメル初期王朝時代第Ⅲ期の型式である。[*30] 初期王朝時代はアッカド時代に先行し、第Ⅰ～Ⅲの三期に分けられているが、第Ⅲ期は前二五〇〇～二三五〇年頃に相当する。この土器はまさしく興ったばかりのウンム・ン＝ナール文明とメソポタミア南部の交流を物語る動かぬ証拠と言える。

今後のことはわからないが、メソポタミア製土器がここより東に位置するインダス文明の地で発見された例は、今現在では知られていない。そういえば、土器に限らずメソポタミア製品がインダス文明の遺跡で出土した例もないようだ。なぜなのだろう。その理由を筆者は、ウンム・ン＝ナール文明もそれを引き継いだバールバール文明も、湾岸の交易「ハブ」という役割を担っていたからだと考えている。これらの海洋交易文明の特徴は、自己を中心とする遠隔地との一対一の関係にあり、メソポタミアで入手した商品を、それを欲しがるインダス以外の土地へ再配布（転売）したり、自ら消費したのだ。譲渡先には、イラン側の諸都市もあれば、アラビア側の住民もいただろう。

インダス製土器

ウンム・ン＝ナール文化には、インダス文明の地からもたらされた土器群がある（図28）。ウンム・ン＝ナール島では、「黒色の化粧土がかけられ、胎土に雲母粒を含む赤褐色土器」が、メリによる分析の結果、インダス文明によって作られたものと認定された。[*31] それは外反する口縁部の破片で、これだけで全体の形を推定することは難しいように見えるが、インダス文明の研究者にとっては、見慣れたものの一つであるらしい。

実はこれは大型容器の破片で、やはり「洋梨形土器」などと呼ばれるように、底部にいくにしたがって細くなり、小さな平底（まれに上げ底）で終わる、非常にユニークな器形をしている。集落域の第Ⅰ期で二片、第Ⅱ期で一二片出土した。後世の地中海の酒運搬用のアンフォラがそう

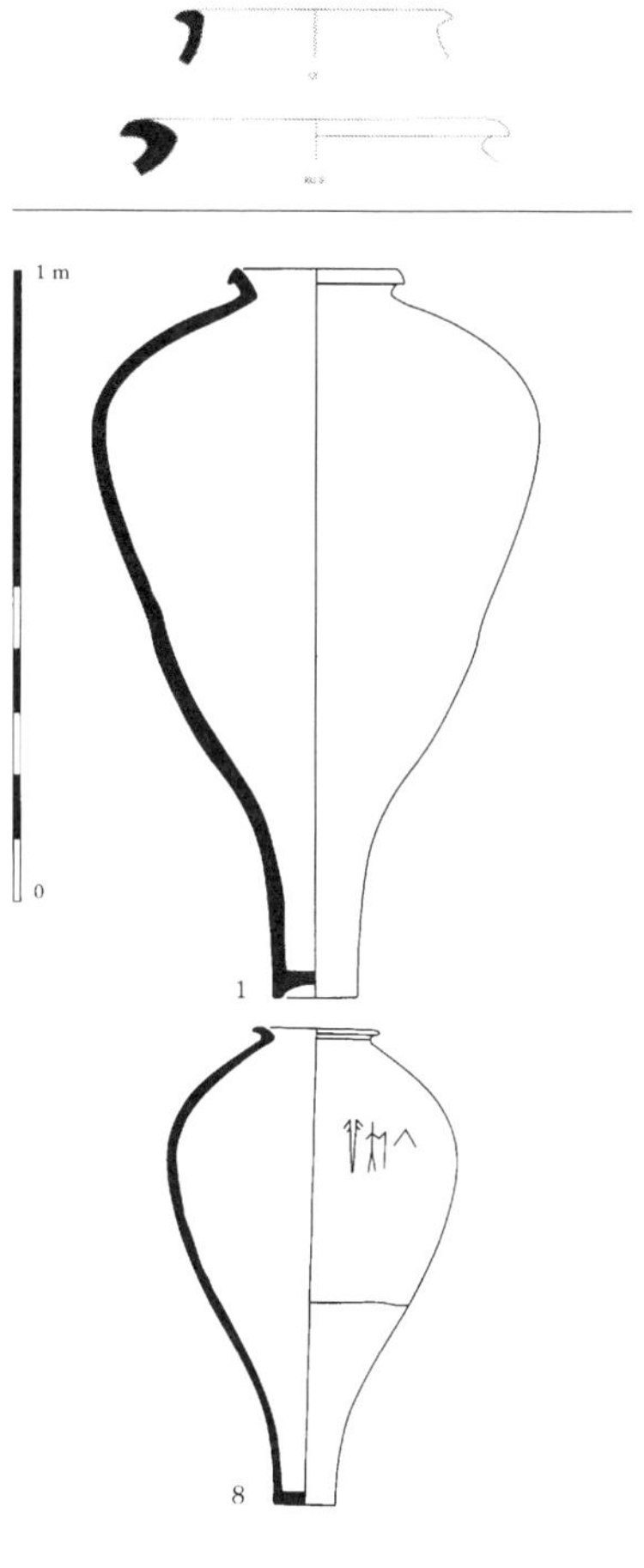

図28　インダス文明の「洋梨形土器」 上段：ウンム・ン＝ナール島（Frifelt 1995, p. 165, Fig. 221） 下段：インダス文明の都市出土（Méry 2000, p. 221, Fig. 35より）

であるように、船で液体を大量に運ぶための容器は、底部が細長いのがよいとされた。冬以外の穏やかな時期に、日本海という閉ざされた海を往来した北前船《きたまえぶね》と異なり、外洋を行く運搬船の底は平らではない。その空間に合わせて尖り底をもった多数の容器を突き刺すように積み込むことで、大量の積み荷を安定した状態で運搬することができるのだ。この種の容器は、オマーン半島全域のウンム・ン＝ナール文明の遺跡でしばしば出土し、器表に数個からなるインダス文字の列が刻まれていることもある。

運搬用の大型土器以外に、生活用具あるいは副葬用の土器もある。ウンム・ン＝ナール島の集落域のほかに、半島内陸部のヒーリー8やバート、オマーン東海岸のラアス・ル＝ハッド、ラアス・ル＝ジンズなどで、爪形文の高坏《たかつき》、彩文装飾の壺形土器、多孔土器（濾《こ》し器）などが出土した。またヒーリー北A号墓では、彩文で動植物文を表した球形の短頸壺が一八口出土した。この種の土器にも器表に数個のインダス文字を記したものがあり、墓の副葬品としてのみ発見される。

この時代には、美しい絵の描かれた土器を墓に副葬品として納める習慣が、湾の両側で広く見られる。ウンム・ン＝ナール島の第Ⅰ期にはイラン製、第Ⅱ期にはオマーン半島製のBORが出土する。またヒーリー北A号墓ではオマーン半島製の短頸壺のほか、インダス製の壺とそれに似たイラン製の壺も出土した（図29）。それには山羊と樹木が描かれているが、同じ組み合わせが、シャハダードA墓地出土の土器に見られる。イラン製の壺は平底であるのに対して、インダス製の多くは丸底で、平底は少ない。

インダス文明の誕生（前二六〇〇年頃）には、イランのトランス・エラム文明が重要な役割を

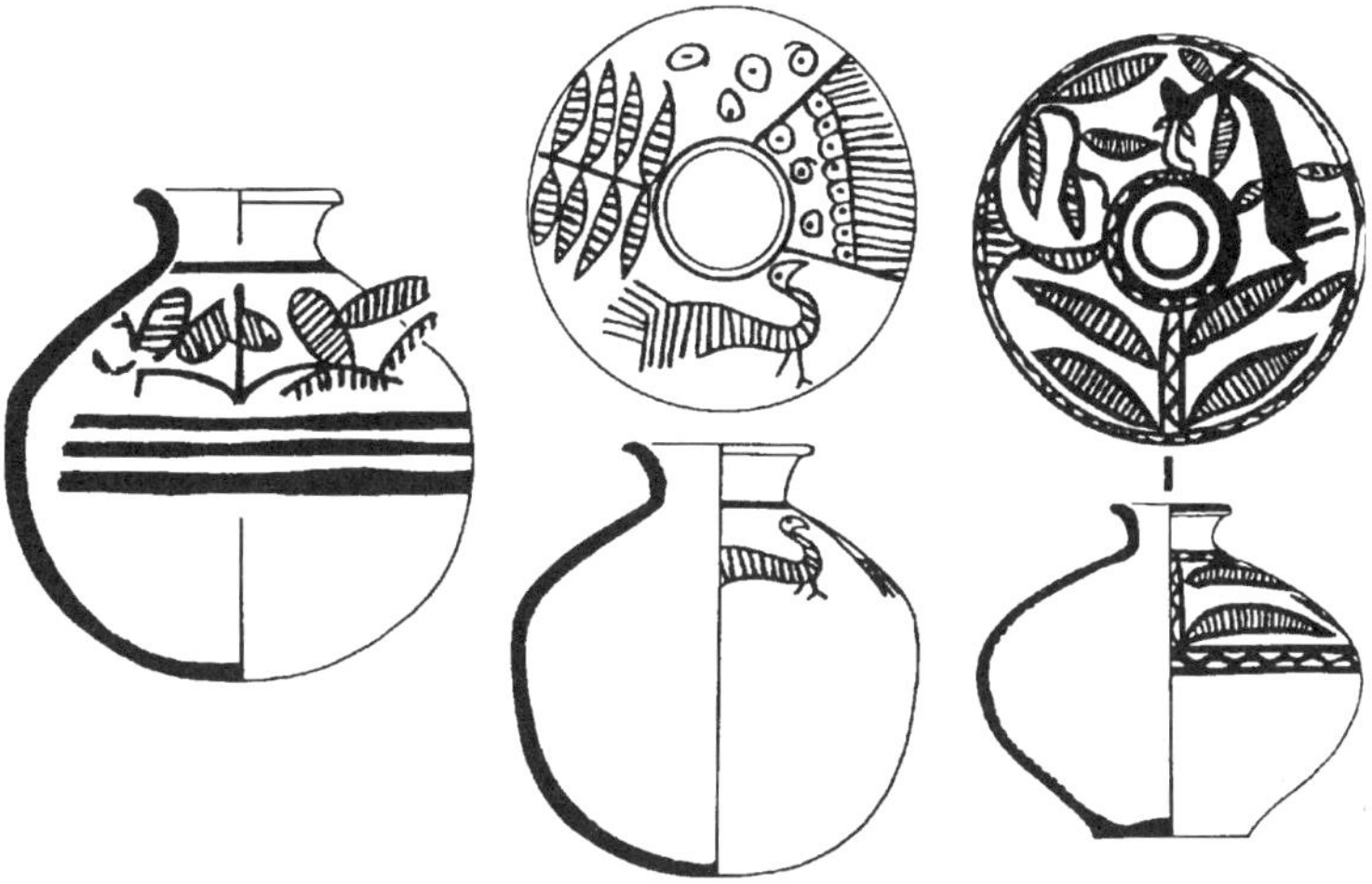

図29　ヒーリー北A号墓出土の土器　左二つがインダス製、右がイラン製（Vogt 1985, Pls. 25 & 26）高さ左より約18センチ、16センチ、12センチ

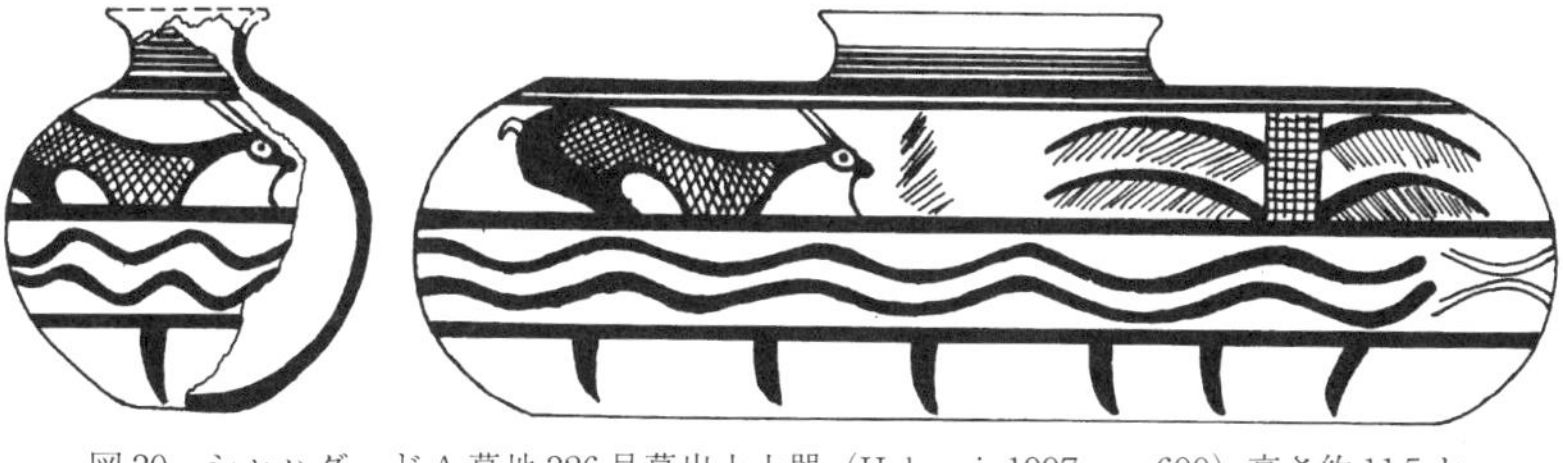

図30　シャハダードA墓地326号墓出土土器（Hakemi 1997, p. 600）高さ約11.5センチ

果たしており、その後も両者は密接な関係を続けた。それは土器作りにおいても言えることで、技術の交流が行なわれるとともに、彩文のモチーフとして、それぞれその地に存在し、人々に好まれる動植物が採用されたのだろう。孔雀（インドクジャク）や菩提樹（インドボダイジュ）がインダス文明に、黒い山羊や棗椰子《なつめやし》がトランス・エラム文明に好まれたようだ（図30）。そしてその両者が新たに誕生したウンム・ン＝ナール文明にもたらされ、他の輸入土器や地元オマーン半島製の土器とともに、前三千年紀後半の墳墓に納められた。

4 ウンム・ン＝ナール文化の銅製品

次に、この文明にとって最重要な自家産品である銅製品について考えてみよう。ウンム・ン＝ナール島の墓群からの出土品は、①短剣（または槍先）と装具の部品（リベット、鎖、バックルなど）、②細く先が尖った道具（ピン、突錐）、③釣針の三グループである。ヒーリー北A号墓では、銅製品は非常に少なく、針や指輪、「剃刀《かみそり》」と呼ばれるものが含まれるが、武器や釣針はみられない。これに対して、ドバイのアッ＝スフーフⅠ～Ⅲ号墓では、六六点の銅製品が出土し、そのうち一五点は短剣であった。短剣にはいくつかの型式があるが、長い茎《なかご》付きのものはウンム・ン＝ナール文明に特有のものである（図31）。日本刀の場合、柄《つか》の中に茎が入り込んだ状態で目釘を打って固定するが、この時代の西アジアの短剣は剣身に茎がないのが普通で、剣身の元を柄に差し込み、リベットで固定してあることが多い。長い茎を持つ短剣ということで、域外に類例を探すと、稀にだがインダス文明の都市で見られる[*32]。

墓群で出土する銅器は被葬者の所有物であるが、集落址ではどうだろう？　ウンム・ン＝ナール島の集落域では銅の加工が行なわれていた痕跡があるが、銅製品そのものの出土は少ない。延《のべ》板《いた》片、釣針、短剣と装具の部品、鎌、斧、突錐、縫い針などの工具類がいくつか見られるに過ぎない。延板は平凸レンズ形をし、採鉱地の近くで作られてこの地に運ばれ、ここから遠隔地に送り出されたり、この地で加工された。ウンム・ン＝ナールは島であるから、釣針は珍しくないが、いずれも逆刺《かえり》がない「スレ針」であることが特徴。道具類の中で、斧は平たい板状をした短冊形のもので、その一端が弧状に開いた刃をなし、他の端にいくにしたがって幅は次第に狭くなる。ウンム・ル＝カイワイン首長国のテル・アブラクやドバイ首長国のアッ＝スフーフI号墓、オマーンのマイサルなどで出土しているが、イラン、ケルマーンのシャハダードでも出土している。この種の銅斧は、これまではインダス文明の銅器の一つとして知られてきたが、イランの一部やオマーン半島とも共通する遺物であった。

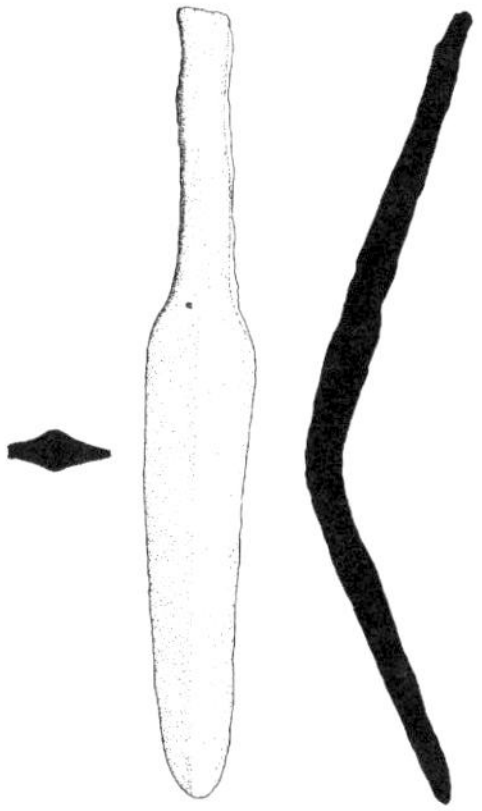
図31　ウンム・ン＝ナール島II号墓出土の銅製短剣（Frifelt 1991, fig. 211）

目孔の開いた縫い針は二〇センチメートル以上もあり、発掘者は「バラスティー用」と考えている。バラスティーは、棗椰子の枝葉を編んで作られた湾岸特有の鳥小屋風建築物で、一九六〇年頃まで建てられていたが、その後は衰退した。この道具もこの地で実際に使用されていたのであろう。

内陸のヒーリー8遺跡では、すべての時期で銅製品が出土しているが、第Ⅱe期、第Ⅱf期では冶金《やきん》の痕跡が知られている。第Ⅱf期では炉で錫《すず》を溶融しており、六パーセントの錫を含む「青銅製」とかろうじて呼べる短剣が出土している。[*33] ウンム・ン＝ナール島では、分析された試料に錫を含む銅は含まれていない。

ウンム・ン＝ナール島に、遠隔地との交易でにぎわうこの文明の首都兼国際港があったことは、おそらく事実だが、証明はまだされていない。それが証明されるには、将来この小さな島の発掘調査が再開され、新しい知識がもたらされる必要がある。しかし現在の我々は、いずれはそれが確認されるだろうという前提に立って話を先に進める以外にない。

前四千年紀末のハフィート期に始まったであろうオマーン半島の銅山開発は今日も続けられており、その中には日本の鉱山会社（の現地法人）もある。オマーン半島内陸部のアフダル山地にはオフィオライトの岩脈があり、その中には、主要なものだけでも五〇カ所ほどの銅鉱床が存在する。マイサル遺跡群は、現在のオマーンの首都マスカットの南南西約一〇〇キロメートル、アフダル山地から南へ下る涸れ谷《かだに》、ワーディー・サマドにあり、ウンム・ン＝ナール期に銅採掘と精錬が行なわれた場所である。[*34] 銅鉱脈の露天掘り地区（マイサル1遺跡）を中心に、それに携わった人々の集落（マイサル2遺跡）、墓地（マイサル3遺跡）などからなる。集落では人が住んだだけでなく、鉱石の精錬が行なわれた痕跡もあり、平凸レンズ形の銅の延板多数のほか、あの板状の銅斧も出土した。この時代の地金に「平凸レンズ形」が多いのは、溶けた金属を丼《どんぶり》状の鋳型に注ぎ込んだからである。居住者は自給自足の生活をしていたらしく、集落の近くにはインド亜大陸で言う「ガバルバンド」すなわち石垣の土留めを用いた自家用の耕地もあった。

ウンム・ン＝ナール文明の銅器には、釣針や縫い針のような、この土地限定のものと、短剣の一部や短冊形の斧のように、他文明と共通のものがあった。ところがシャハダード出土の打ち出し技法によって作られた銅製容器（鍋）と酷似するものは、インダス文明の主要都市の一つ、モヘンジョ・ダロでも出土しているのに、オマーン半島ではまだ知られていない。また銅製「アックス・アッズ」も、シャハダードとモヘンジョ・ダロでは出土するが、ウンム・ン＝ナール文明では知られていない。これはむしろイラン高原北部から中央アジア南部を中心に分布する、どちらかといえば象徴的な武器だ。

ウンム・ン＝ナール文明はオマーン半島の銅を採掘し、初期の加工を行なった後に、製品を遠隔地へ送り出すという目的でオマーン半島に作られた文明である。この地域には、他地域に対する銅製品の供給という、ハフィート期以来の伝統があった。そしてインダス文明の成立後は、メソポタミア、トランス・エラム、インダスという三つの文明、少なくとも三つの世界のハブと化したことがここでもわかる。

5　メソポタミアとマガン

メソポタミアの史料では、銅をはじめとする必要物資の産地として、「マガン」（シュメル語。アッカド語ではマカン）という地名または国名が知られている。銅はオマーン半島内陸部で産出する。ウンム・ン＝ナール文明は、マイサル2遺跡などで発見された内陸の鉱山を開発し、ウンム・ン＝ナール島から輸出していたと考えられるから、マガンとはウンム・ン＝ナール文明を指しているとするのが、現在では一般的な考え方である。そして後世アカイメネス朝のマカあるいはマクレスターンという州《サトラピー》の名前も、イランとパキスタンにまたがる現在のマクラーン海岸の名前もこの古い地名に由来する。ちなみに、マカ州にはオマーン半島の一部も含まれるので、当時のペルシア人はホルムズ海峡の両岸を一体感のある地理的範囲とみなしていたことがわかる。

前二六世紀中頃のシュメル国家ラガシュの支配者ウルナンシェの記録中に、遠隔地からの貢物《みつぎもの》が「ディルムンの船によって」ラガシュへもたらされたとするものが多数ある。この「ディルムンの船」という表現を、マイケル・ライスは「広範囲にわたる海上勢力の象徴」、つまり修辞的な常套句であったと述べている。[*35] メソポタミア人は、ウルク文書に初めて登場するディルムン、すなわち筆者のいう「原ディルムン」との関係を依然続け、遠隔地産の物資を入手していたはずであるから。

マガン（マカン）の地名がメソポタミアの史料に登場するのはディルムンほど古くなく、前三千年紀後半のことである。特にアッカド時代以降、この地名はしばしばディルムン（シュメル語。アッカド語ではティルムン）、メルッハと並んで記されることが多々ある。[*36] アッカド帝国の支配者サルゴン（シャルルキーン。在位：前二三三四～前二二七九年）は、首都アガデ（アッカド。位置未確定）の埠頭にメルッハ、マガン、ディルムンの船を係留させたとたびたび誇っている。[*37] 遠い国々の商船を自国に呼び集めて交易の振興をはかることは、国家と支配者の威信の国際的評価につながるものであった。ちなみにメルッハとはインダス文明の地を指すと考えられている。サルゴンの孫ナラム・スィーン（在位：前二二六九～前二二五五年）の場合は一歩進んでマガンを軍事的に攻略し、その支配者を捕虜にするとともに、物資の略奪を行なっている。「ナラム・スィーン、力強き四界の王、一年のうちに九回の戦闘に勝利した。（中略）彼はマガンを征服し、マガンの「主」、マニタン（?）を捕虜にした。彼は山から閃緑岩《せんりょくがん》のブロックを切り出し、（それらを）彼の市アッカドに輸送し、自身の彫像を造って、それを捧げた」[*38]。これはかつてメソポタミアの支配者たちが原エラムの首都スーサに対して行なった軍事行動（第一章第3節）と同様に、国家によるきわめて積極的な経済活動の一つであった。

それではマガンはどのような産物を「もっていた」のだろうか？ J－J・グラスナーによれば、「マガンの産物」として、金属、石材、葦、木材、動物、工芸品などが挙げられるという。またアッカド時代の「アダブ文書」には、銅以外に青銅が記されており、古バビロニア時代の『ニヌルタ神讃歌』には、マガン産の銅と錫、そして閃緑岩が記されている。[*39] アダブはメソポタミア南部にあったシュメル都市で、ここで出土した文書を包括的に「アダブ文書」と呼んでいる。マガンの位置についてさまざまな考証がなされており、一般的にはオマーン半島のウンム・ン＝ナール文明がそれに相当すると考えられている。しかし問題もある。ナラム・スィーン王は閃緑岩をはじめとする重量物を戦利品として持ち帰っているから、マガン攻略は海軍によって、少なくとも海軍を含む軍団によってなされたと思われるが、彼の軍勢は果たしてマガンのどこを攻撃したのか？　またこの時、「ディルムン」と「メルッハ」はどのような関係にあり、どのように扱われていたのだろうか？

次節で述べるように、湾中部のバハレーン島には、ウンム・ン＝ナール文明（マガン国）の植民が行なわれた時期がある。またサウディアラビアのタールート島については、第二章第2節で述べたように、トランス・エラム文明がテペ・ヤヒヤの工人を派遣して設置したクロライト工房があり、痕跡の大半はすでに失われたものの、ウンム・ン＝ナール文明圏に含まれていた時代があった。しかし現在知られる限り、ウンム・ン＝ナール文明がさらに湾奥部に直接勢力を及ぼした痕跡はない。

ナラム・スィーン王によるマガン、すなわちウンム・ン＝ナール文明への軍事攻撃は、とりあえずは、植民地を含む相手国領土の、メソポタミアから最も近い部分に対して行なわれたと考える必要があるだろう。もしそこを攻略しなければ、より遠方に位置したであろう相手国本土に接近することはありえない。こうした記事のもつ支配者の「業績表」という性格から、もし相手国の出先も本土もことごとく攻略に成功したのであれば、彼の祖父サルゴンがそうしているように、個別の地方名をことごとく、時には必要以上に列挙して誇るのが普通であり、単に「マガンを征服した」などとは書かないのである。このように単一の征服地名を記していることは、マガン国の一部、おそらくメソポタミアから地理的に最も近い一拠点を攻撃し、政治的および経済的目的を達成したことを示しているのである。確かにマガン国のどこかに侵攻して勝利したのは事実だろうが、全土を掌握したのではないことを、逆に読み取ることができる。政治的目的はマガンの支配者を捕虜にしたこと、経済的目的は閃緑岩をはじめとする物資を鹵獲《ろかく》したことで達成された。[*40]

ナラム・スィーンによるマガン征服記事は、祖父サルゴンの偉大な業績に匹敵する業績を、この王は遺す必要があったことを示しているのではないだろうか。『サルゴン伝説』によれば、サルゴン王はこう述べている。

黒頭人を私は支配し治めた。
大きな山々（国々）を青銅の斧で私は破壊（征服）した。
上方の山々（国々）を従順にし（締めつけ）た。
下方の山々（国々）を突破した。
海国を三度び攻囲した。
ディルムンを［征服した（?）。］
（中略）
私のあとにいかなる王が来ようとも、

（中略）

海の国を三度び攻囲せしめよ。[*41]

〔ディルムンを征服せしめよ。〕

サルゴンの征服範囲は地中海にも達し、また南方では「海国」と「ディルムン」を征服したことになっている。この頃は次章で述べるディルムン国（バールバール文明）も第五章で述べる海国王朝もまだ成立していないから、この「ディルムン」は、メソポタミア最南部に位置する「海国」から海を隔てた陸地、あるいはマイケル・ライスの言う「広範囲にわたる海上勢力の象徴」だが、すでに国家の体《てい》をなしていたとは思えない。他方、サルゴンがマガン征服を行なったとする記録はない。彼が行なったのは、さまざまな遠隔地からの商船を首都アガデの埠頭に係留させたと記録させたことで、その遠隔地の一つがマガンであったに過ぎない。

このように、サルゴンの対外征服活動のうち、湾岸でのそれは具体性を欠き、ありもしない国家群を征服したと主張して空威張りしているようにも感じられる。いわば大征服者の未達成領域なのであり、後継者への申し送り事項として、アッカド王による湾岸親征の課題があった。孫のナラム・スィーンは祖父と同じような偉大な征服王としての業績を残す義務があったために、実際よりもいくぶん誇大かもしれない湾岸親征、マガン攻撃の成果を述べているのである。

サルゴンがアガデの埠頭に船を係留させた土地、ディルムン、マガン、メルッハの関係については、どう考えればよいのだろうか。アガデに到着した船はどのようなもので、乗組員は自らを何と名乗っていたか、それをアッカド帝国はどう理解していたか……。三つの地名は三つの国名とは限らない。マガンとメルッハは、この時代に存在した国家の名前であってもおかしくないが、ディルムンという国家が誕生するのはもう少し先の話である。

船には母港というものがある。シュメル語でマー・ディルムン（ディルムンの船）、マー・マガン（マガンの船）、マー・メルッハ（メルッハの船）は母港を示しているのかもしれない。また船の規模や種類も同じではなかったようだ。グラスナーによれば、「ディルムンの船」という言葉は、ラガシュのウルナンシェ王の時代（前二五五〇年）にすでに文献に現れ、その形態は現在の「ブーム」と呼ばれる木造《ダウ》船に似た縫合《ほうごう》船であったという。「メルッハの船」はそれよりかなり大型の船で、アッカド語では「貨物船」のような意味をもつ「マギッル」という名前で呼ばれていた。「マガンの船」はそれらのいずれとも異なる別のタイプの船だったようだ。[*42] 現代の湾岸では、「船」を指す一般的なアラビア語、サフィーナ（複数形＝スフ〔ヌ〕ン）という言葉も使われてはいるが、「その筋」の人たちは、前述のブームのほかに、サンブーク、ジャールブート、バガーラなどの数あるローカル船式名を、当たり前のように使い分けている。

この時代には、インダス河口からアラビア湾頭までの海域は、一つの交易ネットワークによって支配されており、それは母港を異とするローカルな海洋民の集合体によって構成されていた。アガデに入港した船の乗組員は母港を名乗り、サルゴン王は「これこの通りあっちの国からもこっちの国からも、奇貨満載の船を呼び寄せて、港ににぎわいをもたらした」という手柄話を業績表に書きこんだまでのことだろう。数は多い方がよいのだ。

6　ウンム・ン＝ナール文明の植民

ウンム・ン＝ナール文明＝マガン国の「本土」はオマーン半島であったが、湾内の、特にバハレーン島で植民活動を行なった。この文明がそこに遺した「指紋」として、本土で作られたあの「一つ覚え」のジグザグ文で飾られた黒色彩文赤色土器（BOR）があるが、それだけではない。この文明に特徴的な墳墓の存在も知られている。単にモノが運ばれてきたというのではない。墓というものは、この地を祖国と思う人々とその子孫たちの終《つい》の棲家《すみか》である。「骨を埋《うず》める」は、その地が祖国になった人だけが言える言葉である。

次章第1節で述べるように、バハレーン島北海岸の、一六世紀に「バハレーン砦」が建てられることになる場所の、最古期である第Ⅰa～b期の層位で出土する土器は、大多数が当地の伝統であるバールバール式で、メソポタミア製がそれに続き、少数派として、インド製、イラン製の土器とオマーン製すなわちウンム・ン＝ナール文化に特有の土器が出土する。最後のグループはBORと蛇体貼り付け文土器がほとんどであるが、この時期のバハレーン砦では墳墓は知られていないので、いずれも副葬品とは考えられない。[*43]

これらの土器の存在は、バハレーン土着のバールバール文化が、同時期のオマーン半島を中心とするウンム・ン＝ナール文明と関係をもっていたことの証であるが、その関係とはいかなるものであったのだろうか？　ここではオマーン半島から土器が搬入されたという事実が知られるだけであるが、急速に進展する同島での考古学的発見は、ウンム・ン＝ナール文化による、積極的な湾中部への関心と行動をも明らかにしてきた。

現バハレーン国王の同名の曾祖父の名を冠したハマド・タウン（マディーナト・ハマド）は、バハレーン本島内陸部に近年建設された新都市《ニュータウン》であるが、この工事に先立つ埋蔵文化財の発掘調査において、広大な古墳群の内容が日の目をみることとなった。調査は終了し、膨大なデータはまだ公刊されていないが、ここにウンム・ン＝ナール文化と関係のある古墳群が混在したことは明らかである。

図32　バハレーン、ハマド・タウン古墳群のウンム・ン＝ナール式集葬墓（Vine et al. eds. 1993, p. 16）

図32には数基の墓が示されている。そのうち右前方にある円形プランをもった地上構築物は、どのように見てもウンム・ン＝ナール文明に特有の円筒形の積石塚で、内部が直線的な壁で間仕切られ、外壁の基部には鍔状の張り出しも見られる。近くにある土壙墓は、第二次葬用の地下式墓であったかもしれない。もっとも、バハレーンの古墳は後の時代に内部を清掃して再利用していることが珍しくないため、ウンム・ン

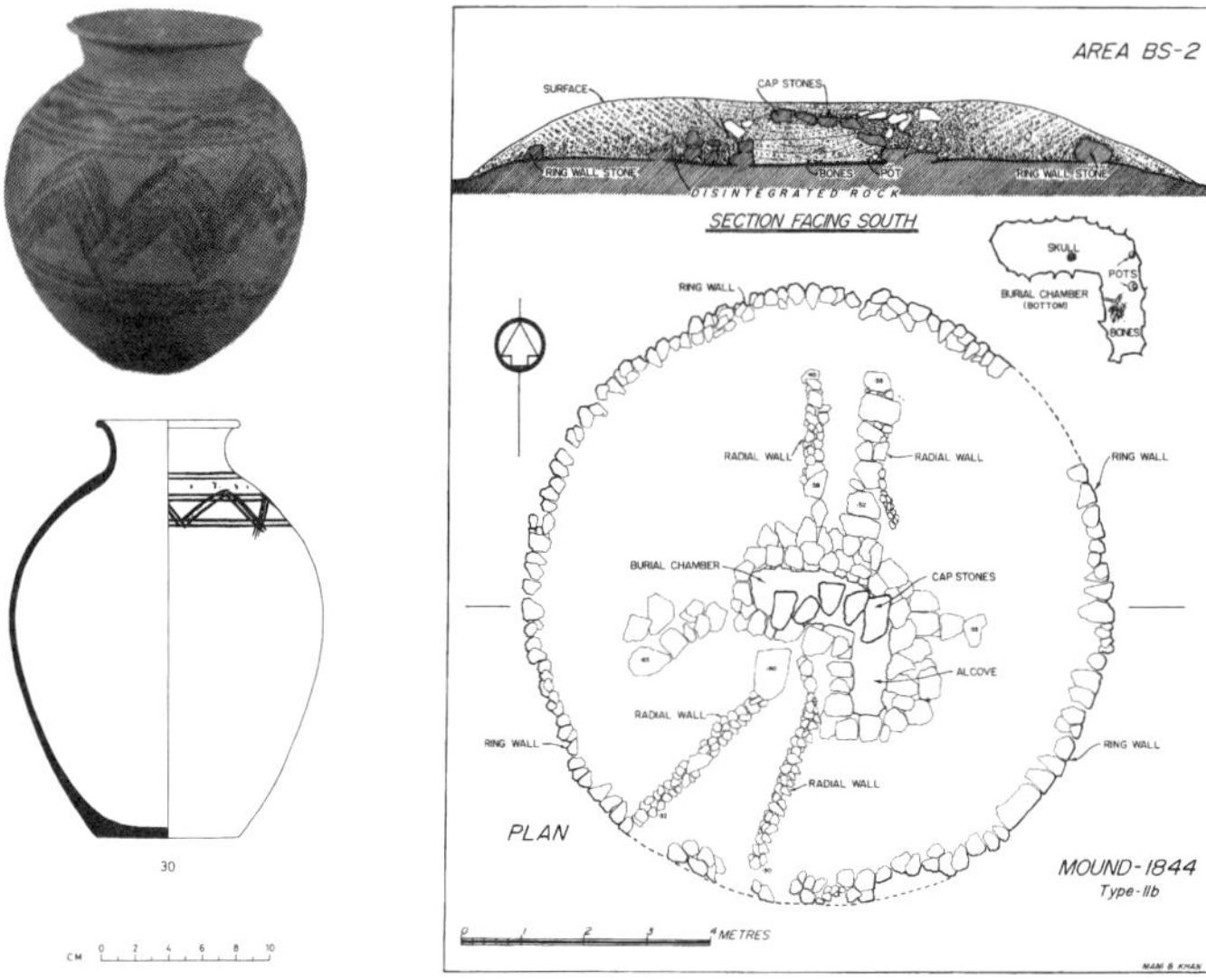

図33　ハマド・タウンのバールバール式古墳と、出土したBOR土器の例（Srivastava 1991, p. 197, Fig. 13, p. 238, Fig. 54, Vine et al. eds. 1993, p. 17）

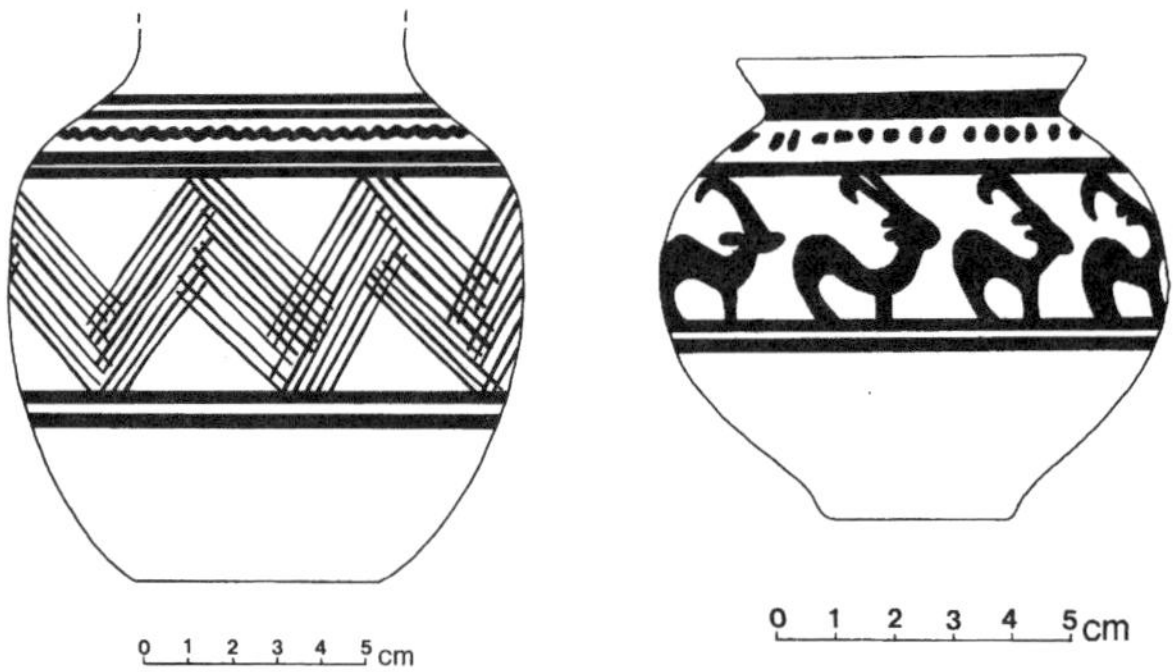

図34　タールート島出土のBOR（左、Crawford 1998, p. 49, Fig. 3.6）とBOG（右、*ibid.*, p. 45, Fig. 3.3）

＝ナール式の墓であっても、内容までオリジナルであるかどうかはわからない。ともあれ、このような墳墓がバハレーン島に存在することは、前三千年紀後半のある段階で、ウンム・ン＝ナール文明がバハレーン島に植民活動を行なっていたことの動かぬ証拠である。

一九八四～八五年にK・M・スリヴァスタヴァの率いるインド考古学調査隊がハマド・タウン古墳群で行なった発掘調査では、[*44] 文明期に先立つ「初期型」古墳の主体部内で、ジグザグ文で飾られたウンム・ン＝ナール式のBORが発見された（図33）。したがって、バハレーン島には、ウンム・ン＝ナール文明の植民が行なわれ、この地において土着化した結果、バールバール文明の成立が準備されていったことがわかる。

バハレーンに近いサウディアラビアのタールート島（のたぶん墓）出土のBORやBOG土器も、ウンム・ン＝ナール文明との直接の関係を物語っている（図34）。第二章第2節で述べたように、この島には前二五〇〇年頃トランス・エラム文明の構成員である（そしてかつては原エラム都市の一つであった）テペ・ヤヒヤの出先、クロライト製品の第二工房が設置された。同じ頃、オマーン半島ではウンム・ン＝ナール文明が成立した。それはもともとテペ・ヤヒヤの遺伝子を継ぐものであり、タールートの工房とも血縁関係にあった。これらの土器のうち、BORはオマーン半島で作られたもの、BOGはイラン東南部からパキスタン西南部、両国にまたがるバルーチースターン南部で作られたもので、湾奥に向かうウンム・ン＝ナール文明の、つまりはマガン国の船で運ばれてきた。タールートに着く前日、その船はバハレーンに寄港していたに違いない。

7　文明の衰退とその後のオマーン半島

前二〇〇〇年かその少し前に、ウンム・ン＝ナール文明は「衰退」した。ウンム・ン＝ナール島の首都兼国際港は廃絶された。変化はあらゆるところに現れた。墓の形、土器の形、その他の遺物の形に、それまでとは異なるものが確認される。アラビア湾の海上交易を支配し、メソポタミアのアッカド帝国からマガンと呼ばれた古代文明は、ローカルなワーディー・スーク文化に変貌していた。それは少なくとも前二千年紀の初めの二〜三世紀は存続したことが明らかであるが、その後については、まだ詳しく知られていない。

ワーディー・スーク期の遺跡も、集落と墓群がオマーン半島全域で知られている。オマーン半島の編年のモノサシを提供してきたヒーリー8遺跡の第Ⅲ期はこの時期の集落であったが、遺構の保存状態が極度に悪く、石壁の残滓が見られるのみであった。[*45] UAE、ラアス・ル＝ハイマ首長国のシマール遺跡では、同時代の集落域と墓域が細いワーディーを挟んで広がっている。[*46] 固有の地名にもしばしば含まれるワーディーとは谷、特に普段は水の流れていない谷を指すアラビア語で、筆者は「涸《か》れ谷」と訳すことにしている。

この時代の墳墓も積石塚の多葬墓だが、伝統的な円形プランでなく、幅が三〜一〇メートル、時に長さが二〇メートル余りに達する長方形あるいは長円形の石造構築物で、いくつかの型式《タイプ》に分けられる（図35）。内部には数十体かそれ以上の遺体が、副葬品とともに納められている。副葬品は土器や晩式の石製容器、銅製武器、装身具類などが中心であり、前代と基本的に変わるものではないが、土器はブライミー式土器の後身である地元産のワーディー・スーク式土器、石製容器の素材はアラビア半島産と言われる灰色のクロライトで、外国と関係のあるものはほとんど見られない。被葬者の多くは土着の人々か、すでに土着化して久しい人々であったと思われる。

国際的なウンム・ン＝ナール文明から地域的なワーディー・スーク文化への変化は、オマーン半島における文明の「衰退」あるいは「縮小」を示しているが、それはあくまでもこの地域に限って観察した場合である。湾岸地域全体を視野に入れた場合、それはむしろ文明発展の一局面に

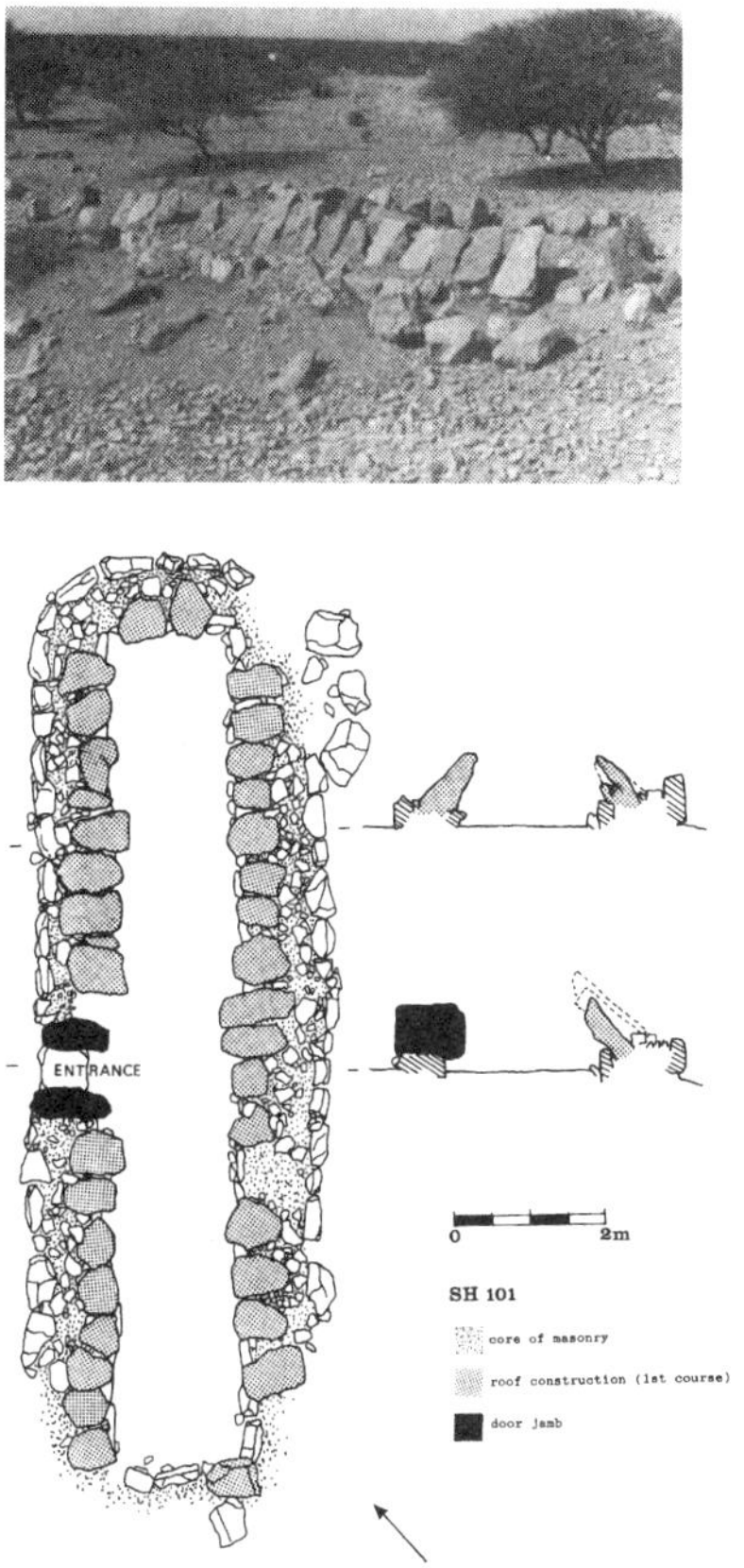

図35　ワーディー・スーク文化の多葬墓の例。シマール遺跡SH101号墓（Vogt & Vogt eds. 1987, Pl. 3 & Fig. 6）

過ぎないことがわかる。地域ごとの役割・機能の分化は都市文明の大きな特徴である。文明期のウンム・ン＝ナール島は首都機能をもち、同時に域外との交渉・交易を行なう国際港であったが、それは農耕文明の場合と異なり、容易に移転することも可能であった。後に述べるように、前二一世紀頃、アラビア湾岸最古の文明は、首都機能をウンム・ン＝ナール島から湾中部に位置するバハレーン島に移転させた。その結果、オマーン半島では文明の「衰退」が、他方、バハレーン島では文明の「誕生」が観察されることとなった。

第四章

バールバール文明——湾岸文明の移転

オマーン半島における湾岸最古の文明、ウンム・ン＝ナール文明が「衰退」した前三千年紀末、湾中部のバハレーン島で、第二の文明が成立した。それがバールバール文明で、ウンム・ン＝ナール文明がメソポタミアでは「マガン」と呼ばれたように、「ディルムン」の地名・国名で呼ばれた。

アラビア湾岸のアラビア半島側は、三つの地域に分けて考えると理解しやすい。まず前章の舞台でもあったオマーン半島で、外海（インド洋の一部であるアラビア海）からアラビア湾内への入口に近い地域で、東側はオマーン湾に面している。二番目は湾中部で、バハレーン諸島と対岸のアラビア半島本土の一部である。本章の舞台はここが中心となる。因みに三番目は湾奥部で、クウェイトからメソポタミア最南部を指している。もっとも、第一章第3節で述べたように、本書と関係のある時代にはメソポタミアの海岸線は現在の地図よりもかなり内陸部にあった。これらは単なる便宜上の区分ではなく、古代以来、それぞれが地域の中心のような役割を果たしたことが多い。時代が下り、湾内における人々の活動がますます複雑化するにつれ、この三分法は湾社会の理解に不十分なものとなり、湾を中心に、アラビア側、イラン側の沿岸部を含めた全体をもって、湾社会として理解することが必要となってくる。

湾岸における古代文明は、常にメソポタミアの要求を満たすために存在した。そうするためにはいかなる努力も惜しまなかった。もちろん湾岸文明側にも莫大な利益があったからだ。バールバール文明が、成立直後の前二〇〇〇年頃に行なった重要なイノベーションは、より湾奥に位置するクウェイト沖のファイラカ島に、対メソポタミア貿易の拠点を設置したことである。そしてメソポタミア人のディルムン観もすべてここから作られた。

1 バハレーン砦における都市の成立

現在のバハレーン王国は、バハレーン本島を中心に、大小三三の島から成っている。本島の北海岸に、二〇〇五年にUNESCO世界遺産に登録されたバハレーン砦（カラート・ル＝バハレーン）がある。広大な丘の中央部に聳《そび》える、一六世紀建設、一七世紀増改築の「ポルトガル砦」が訪問者の目を引く。一九五四年にこの国で考古学的調査を開始した、ペーテル・V・グロブ、ジェフリー・ビビーの率いるデンマークの調査隊は、ここに風通しのよいバラスティー工法の小屋群を建てて自らのキャンプとし、島内の各地で調査を続けていた。

一九世紀の末以来、バハレーンでは広大な地域に密集する古墳群が、ここを訪れる外国人の好《こう》事家《ずか》や研究者の関心を集めていたが、その被葬者たちが生前住んでいた都市集落の痕跡は見つかっていなかった。バハレーン島は死者の島で、アラビア半島本土の住民が葬られた場所だという、もっともらしい「学説」まであった。いや必ず古代都市はあるはずとの確信をもって島内を探していたデンマーク隊は、やがてとんでもない「灯台もと暗し」に気づいた。自分たちが居を構えたポルトガル砦の下に広がる丘の下に、求める古代都市は眠っていた。彼らは、一九五五年から七八年まで、九次に及ぶ発掘調査をこの遺丘で実施した。そしてその後はピエール・ロンバールの率いるフランス考古学調査隊が発掘を続けている。

バハレーン砦の長い居住時期の中で、最初のテーマはバールバール文明の成立である。筆者はそれがオマーン半島にあったウンム・ン゠ナール文明の中枢部がこの地に移転してきた結果にほかならないと信じているが、そのことを確認するために、バハレーン砦の初期の様相を、少し専門的に検討してみたいと思う。バハレーン砦は東西約七〇〇メートル、南北約四〇〇メートル、高さが一〇メートル余りの「テル」、すなわち層序をもった居住遺跡で、北側が海に面している。デンマーク隊の発掘調査によって、この遺跡では、前三千年紀後半から一七世紀初頭に至る、大ざっぱに七つの時代からなる年代のモノサシが作られ、現在までに必要な修正が幾度か加えられてきた。

問題の時期は、デンマーク隊の発掘した遺丘の発掘区、「五二〇地区」における第Ⅰ～Ⅱ期の層位で知られる「初期ディルムン時代」である。因みに第Ⅲ期は、「中期ディルムン時代」、第Ⅳ期は「後期ディルムン時代」の名で呼ばれている。たいていの場合、遺丘の発掘の第一段階は、居住時期の概要を知るために斜面の等高線に直行する方向で、階段状のトレンチを掘ることである。五二〇地区は海岸から遺丘の北斜面に真っすぐに設定され、「一〇〇メートル・トレンチ」と通称されていた。

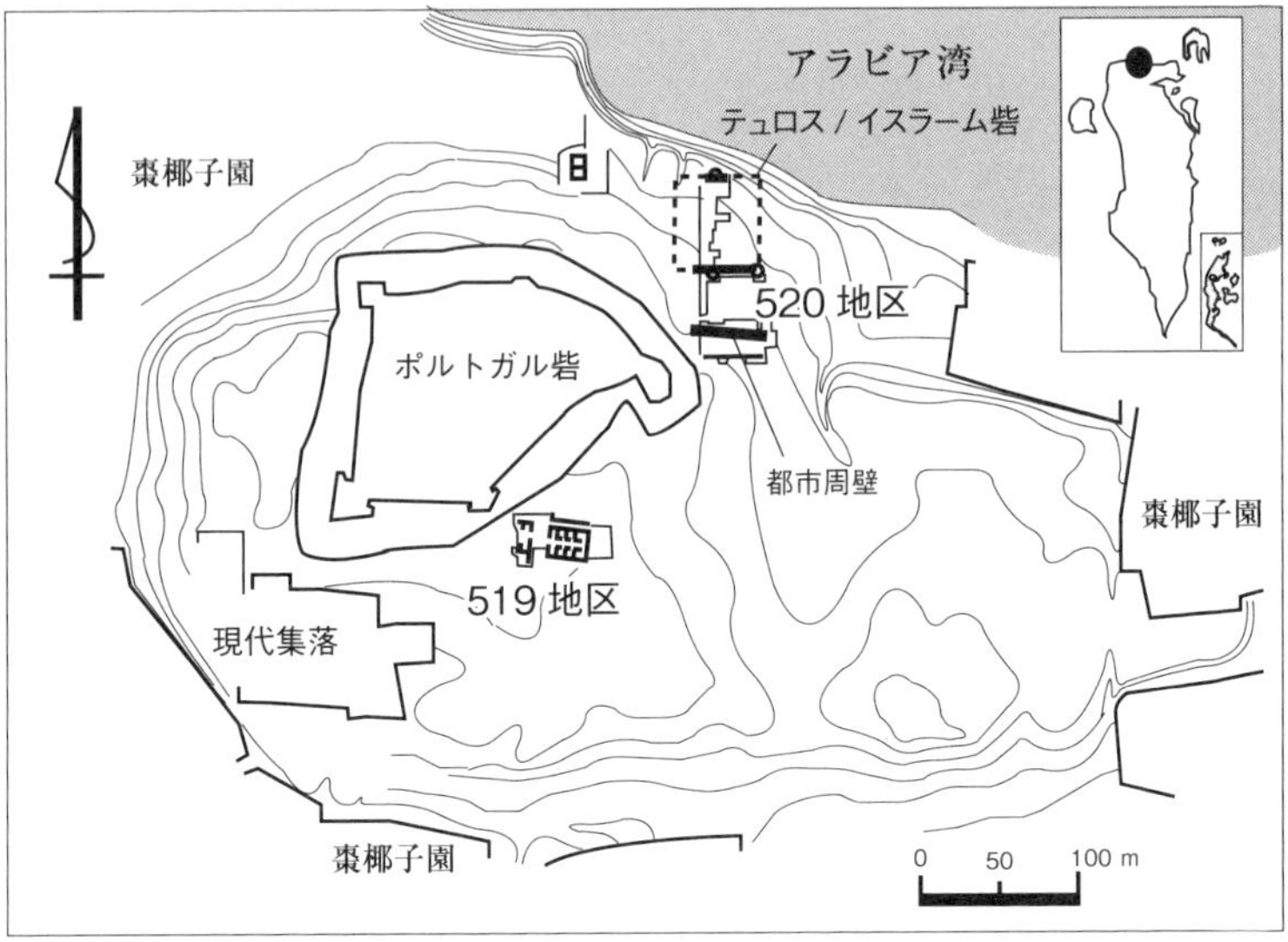

図 36　バハレーン砦と発掘区（Højlund & Andersen 1994, p. 11, Fig. 3 に加筆）

最古期である第Ⅰa期には、まだ都市周壁が造られておらず、明らかな遺構も発見されていない。またわずかの銅片以外は、定形の金属製品は発見されていない。しかし出土遺物の中に、前三千年紀末の「新式」クロライト製容器や域外の異文化から搬入された土器が含まれているので、すでに孤立した地方的文化ではないことがわかる。

この時期の土器は、①地元製のバールバール式土器（口縁部破片の八七パーセント）、②搬入されたメソポタミア系土器（同一〇パーセント）、③やはり搬入されたウンム・ン＝ナール式土器（同三パーセント）の三種に大別される。ほかに一片だけ、「インダス製」とされる胴部破片がある。

バールバール式土器はバハレーンの粘

土で製作された赤味を帯びた土器で、焼かれた際にもともと含まれていた白い粒子がパンクしたような痕跡がしばしば見られる。器種としては、短頸壺、無頸壺、鉢などがあり、この時期では鎖状隆線文つまり水平方向に貼り付けた何本かの粘土紐に等間隔で縦の刻み目を入れる胴部の装飾が施されるものがある。これは第Ⅰ期の特徴で、第Ⅱ期以降になると、隆線は細くなり、刻み目はなくなる。当たり前のことだが、それ以外にも、長い年月の間に、バールバール式土器の器種、器形、装飾は細かな変化を見せるが、本書では読者の退屈を避けるために詳述を控える。本来土器の「型式」論は考古学の中心的研究法の一つであり、避けては通れないものなのだが、ここでは先を急がねばならない。同式の土器は、バールバール文明の時代を通じてバハレーン島で作られ、この文明が支配した近隣地域にも配布された。

　都市第Ⅰ～Ⅱ期を通じて、ウンム・ン＝ナール式土器は一二型式に分類され、そのうちの一一型式が第Ⅰa期に存在する。その中にウンム・ン＝ナール文明の特徴であったあのジグザグ文様のBORと、蛇体を表した貼り付け隆線文土器の甕が相当数含まれており、前三千年紀後半のバハレーン島がオマーン半島のウンム・ン＝ナール文明と関係をもっていたことを物語っている。

　第Ⅰb期では、サンゴチュウやヘビガイなどが固まった脆《もろ》い浅海堆積岩を積んで壁とした家屋が出現する。この岩石は地元のアラビア語でファルーシュあるいはハサと呼ばれ（対岸のイランではペルシア語でサング＝イ・マルジャーン）、もともと厚さ一〇センチメートル前後の板状をなすことが多いので、その後も近代に至る各時代に、家屋や墳墓を造る際の建築材として利用されるが、強度は低い。大規模な銅の加工場が発見され、坩堝《るつぼ》、鋳型《いがた》、地金（平凸レンズ形の延板）や

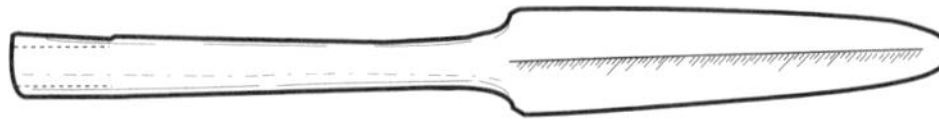

図37　バハレーン砦Ⅰb期の銅製槍先（Højlund & Andersen 1994, p. 379, Fig. 1855）長さ約30.5 cm

袋穂《ソケット》式槍先（図37）、釣針などの成品も出土している。この時期の出土土器の内容は、メソポタミア系の土器が若干増加することを別とすれば、第Ⅰa期のものと大差ない。

第Ⅰa、b期のバハレーン砦には墳墓は存在しないのに、オマーン半島ではすでに副葬専用となったウンム・ン＝ナール式土器が出土しているのはなぜだろうか？前章第6節で述べたように、ウンム・ン＝ナール文明は、文明以前のバハレーン島に植民を行なっている。植民者が必要とするオマーン半島の土器は、それが生活用であれ副葬用であれ、船で運ばれ、バハレーン砦の港で陸揚げされ、そこからそれを必要とする人々の元へ配布されたのだ。必要とした人々にはオマーン半島からの移住者のほか、バハレーン在地の住民も含まれていた。彼らは、本章第3節で述べるバールバール文化の「初期型古墳」の被葬者であった。バールバール式土器に見慣れた彼らの目に、初めて見るBORは新鮮に映ったから、代価を払ってこの地で購入したのかもしれない。つまりバハレーン砦には、オマーン半島から運ばれてきたBORを荷揚げし蓄積するための倉庫が存在した。

第Ⅱa期では、第Ⅰb期の建物が引き続き利用されており、文化的には前代の延長であるが、この時期に都市周壁が初めて造られたことは、大きな出来事である。この壁はおそらく長方形で、それによって囲われる都市集落の面積は約一五ヘクタールと推計されている。富を狙って襲来する外敵から守られるべき都市の生活が本格的に始まったのだ。

出土土器の内容には、前代のものからさまざまな変化が見られる。バールバール式土器の割合はさらに多くなり、九二パーセントに達する。この時期の装飾では、刻み目のない細めの隆線文が主流になる。またメソポタミア系の土器は六パーセントに減少し、ウンム・ン＝ナール式の土器はほとんど姿を消す。これに対して、インダス製の土器は二パーセントに増加する。

「土器」に含まれているが容器でないものに、パン焼き竈《かまど》の部品がある。それは一かかえほどの大きさの底のない円筒で、周囲を粘土で固めて竈を造り、その中で火を焚いて熾火《おきび》とし、薄いパン生地を内面に貼り付けて焼き上げるものである。

これらは第Ⅰa期では皆無で、第Ⅰb〜第Ⅱc期で出土する。つまり現在の北アフリカ、西・中央・南アジアなどで普通に見られる、薄型のパンを焼いて食べる習慣が、バハレーン砦の都市周壁が造られる直前に始まるのである。バハレーン島では、現在に至るまで穀物栽培が行なわれたことはなく、パンの材料であるパン小麦は、すべて輸入によって賄《まかな》われてきたはずである。輸入食材の常食化は、まさしく国際都市の誕生を意味する。

円形の印面をもつ石製スタンプ印章が、第Ⅱa期に初めて出現する。それはこの地における新文明＝バールバール文明を象徴する遺物であり、第Ⅱa期がすでに文明期に入っていることを示している。都市周壁をめぐらせた集落はこの国の首都となった。

第Ⅱb〜c期の内容は第Ⅱa期からの漸移的変化に過ぎない。そしてその後、長い時間的空白の後に、新しい居住（第Ⅲ期）が始まる。圧倒的多数を占めるバールバール式土器からみて、バハレーン砦の都市第Ⅰ～Ⅱ期はまさしくバールバール文化の時代であり、第Ⅰ期においては、この地の地方的文化に外来のウンム・ン＝ナール文明が積極的に浸透してくる様子、そして第Ⅱ期においては、その結果として、この地に湾岸における第二の都市文明、バールバール文明が確立した様子が見て取れる。

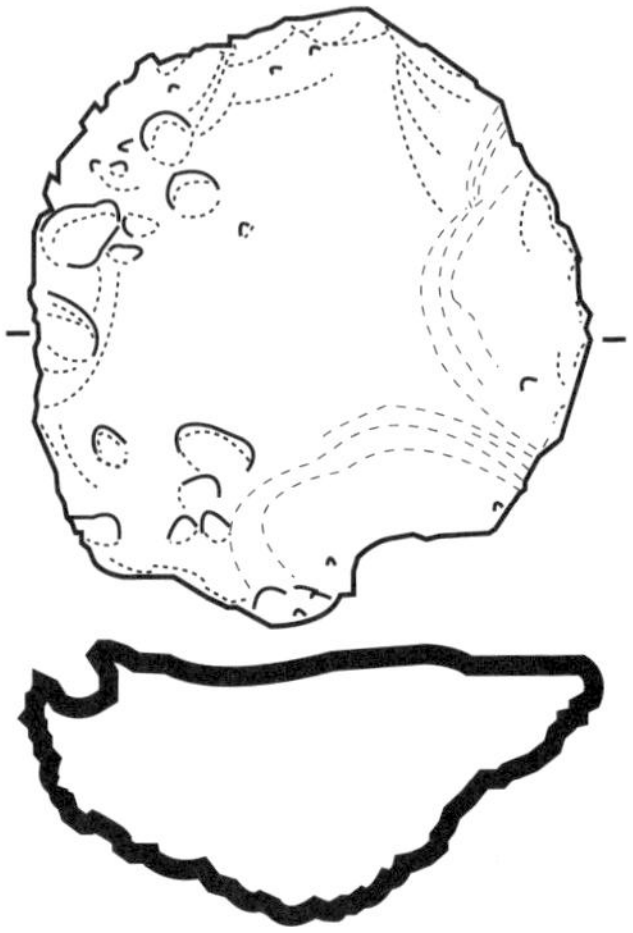

図38　バハレーン砦Ⅱa期の銅地金（Højlund & Andersen 1994, p. 380, Fig. 1871）径約8センチ

　このことは「文明の移転」、より正確には文明の中心地または中枢部の移転と考えることができる。バハレーン島における文明の中心の存在は、ウンム・ン＝ナール島における文明の中心の存在とは並立しないものである。複数の司令塔があったのでは、文明というシステムの意思決定機能は不全に陥る。本書で扱っている文明は農耕文明ではなく、物流の技に長《た》けた、基本的に非農耕のネットワーク文明である。陸上にしろ海上にしろ、物資が運ばれるネットワークというものは、全体が一元支配されてこそ十分に機能するのである。移転した旧「本社」の跡地は更地に戻すか、もし必要なら「支社」の一つとして限定的な業務を続けたであろう。

　事実、オマーン半島におけるウンム・ン＝ナール文明は「衰退」し、地域的なワーディー・スーク文化に変貌することとなった。ワーディー・スーク文化は、格別の発展も衰退もないままに、前二千年紀のある時点までオマーン半島を席捲《せっけん》し続けたが、その意義は、新興のバールバール文明の一地方として、銅製品をはじめとする自国産物資を生産し、「本社」に提供することであった。ワーディー・スーク期の銅採掘址はまだ見つかっていない。しかし次節で述べるように、前代のものと同様の平凸レンズ形の銅の延板がバールバール文明の遺跡で出土しているので、オマーン半島における銅の採掘は続いていたことがわかる。

2 ファイラカ島における都市の成立

バハレーン島外におけるバールバール文明の活動を知る上で、とりわけ重要なのは、現在のクウェイト市の沖約二〇キロメートルに浮かぶ小島、ファイラカ島の都市集落（F3、F6丘）である。ここでは大規模で整然としたプランの建物群が調査により明らかにされており、まさしく「都市」にふさわしい様相を見せている。

一九五八〜六三年にかけて、デンマークの考古学調査隊は、ファイラカ島の南西端近くにある四つの遺丘《テル》群、F3〜F6を発掘した。このうちF4とF5の二丘は、この島がギリシア語風に「イカロス」の名で呼ばれていたヘレニズム時代に、F3とF6は青銅器時代に属していた。ファイラカにおける青銅器時代の編年は、後者の二丘における出土土器の型式研究に基づいて立てられ[*1]、その後バハレーン砦における初期・中期ディルムン時代編年の土台となった。

ファイラカ島における青銅器時代の土器片は、部位の形と胎土（A〜Hの八種）により、一一四の型式《タイプ》に分類され、層位と関連づけた出土頻度表が作成された。型式の半数余りがバールバール式土器、半数弱がメソポタミア系土器である。またA〜D種の胎土はバールバール式土器の伝統であるが、E〜H種はメソポタミア系土器の伝統とされている。ファイラカ島出土の土器群は、基本的にこの二系統のみから成るもので、時とともにその内容が変化するが、詳しくは次章第1節で述べる。

土器型式の研究結果として、F3、F6丘の居住時期は、第1期、第2A期、第2B期、第3A期、第3B期、第4A期、第4B期の七時期に分けられた。そして、すでに確立していたメソポタミア系土器の年代と照らし合わせ、第1期、第2A期はメソポタミアのイシン・ラルサ時代（前二〇一二〜前一七六三年）、第2B期、第3A期は古バビロニア時代（前一七九二〜前一五九五年）、第3B期以降はカッシート時代（前一五世紀〜前一一五七年）と並行することが明らかにされた。その後バハレーン砦の編年は常にファイラカ編年と相互検証《クロスチェック》がなされ、またバハレーン島の諸遺跡で出土した土器は、まずはバハレーン砦の編年を基準として考察されるが、次章で述べるように、バハレーン砦では居住が中断する空白期があるため、より連続性の高いファイラカ編年を基準とすることがある。

最古の時代である第1期の遺物はF6丘（テル・サアイード）でのみ出土し、F3丘（テル・サアード）では一切出土していないので、F6丘はこの島で最初に居住が始まった場所であったと言える。この時期の土器は大半がバールバール式で、この時期はバハレーン砦の第Ⅱb期に並行

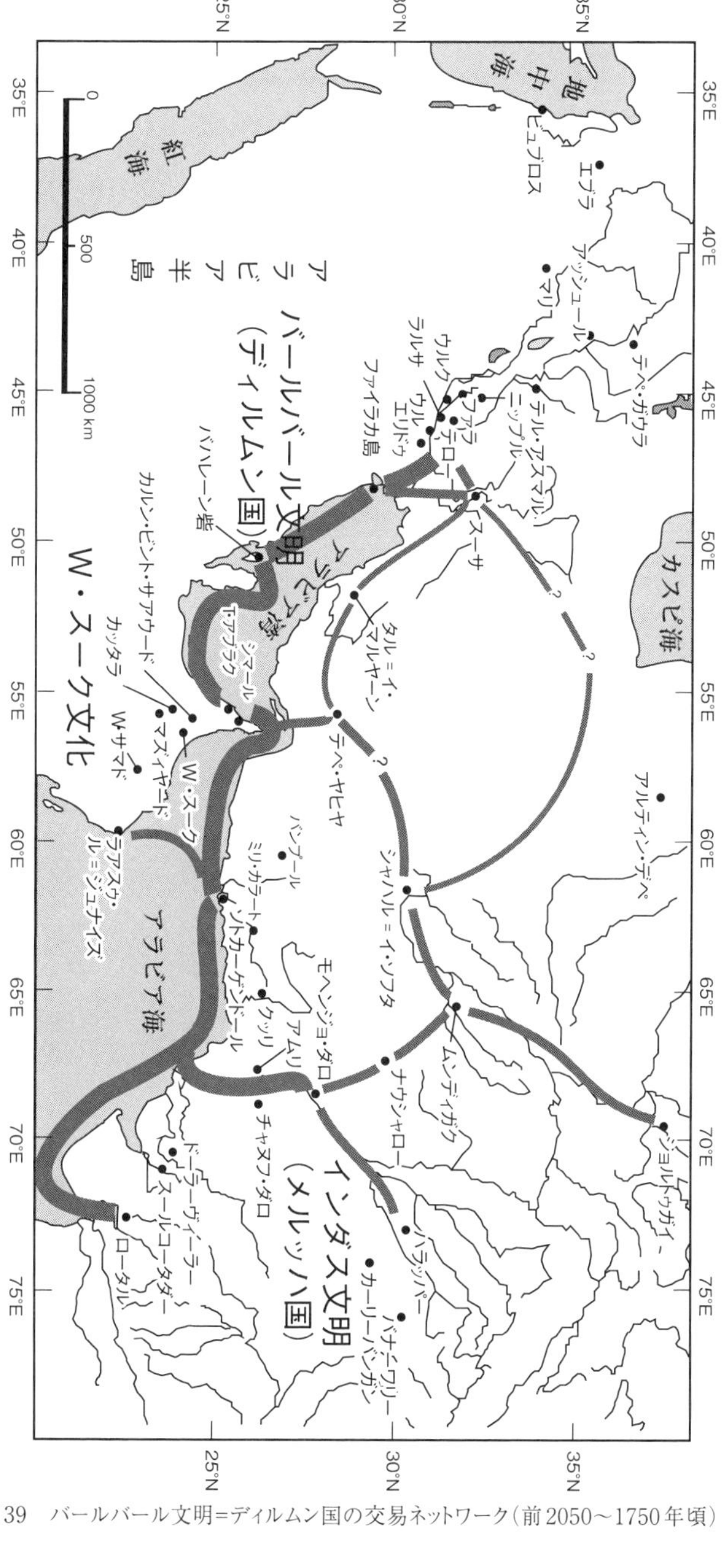

図39　バールバール文明＝ディルムン国の交易ネットワーク（前2050〜1750年頃）

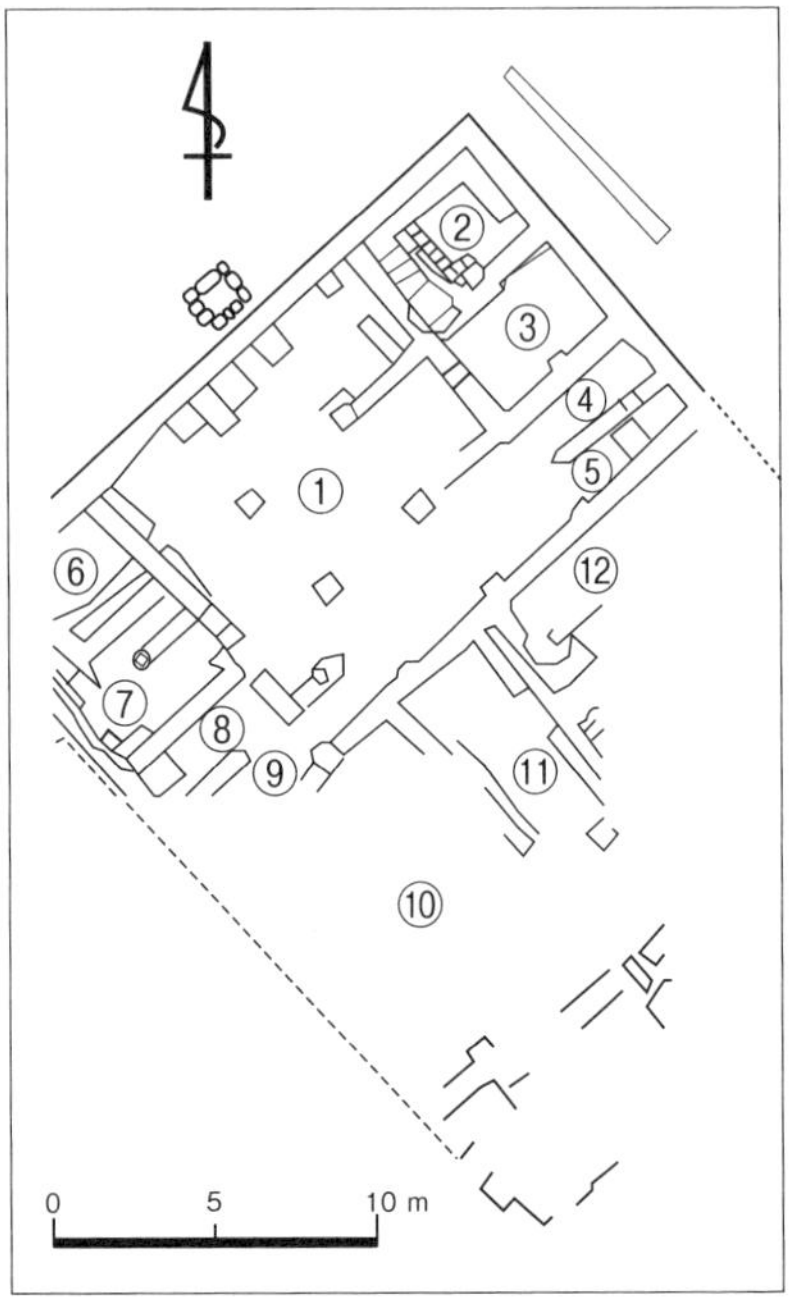

図40　ファイラカ島F6丘の「宮殿」。「宮殿」であるかどうかはともかく、整然とした設計に基づいて建てられた公共施設にはちがいない（Højlund 1987, p. 138, Fig. 621より）

するので、バハレーン島に本拠を置くディルムン国は、前二〇〇〇年頃ファイラカ島に「進出」したことがわかる。これが通常の植民でないことは後に述べる。

F6丘では、整ったプランをもつ建物が発見された（図40）。それは、短辺二一メートル、長辺二六・五メートルほどの長方形プランの建物で、第3B期と第4A期、すなわち「カッシート時代」にも再使用されている。建設が第2期までさかのぼるかどうかは、建物の基礎までの掘り下げが行なわれていないので不明だが、第3A期には全域が使用されたことが明らかである。中庭に四本の角柱を配する整ったプランに基づくもので、他と比べて豪華な造りであり、同時代のメソポタミアの宮殿建築に類似すると考えられたことから、発掘者によって「宮殿」と呼ばれているが、少なくとも単なる居住用の家屋ではなく、きわめて公共性の高い建物と考えられる。ポウル・キャルムは行政府としての機能を持つ建物だと述べている。[*2]「宮殿」は三つの時期に使用され、前一四〇〇年頃廃絶された。ただしこれらの使用時期は完全に連続するものではなく、各時期の間には長さの不明な居住空白期が見られる。

　同じF６丘で、一九八四～八八年に、デンマーク隊の発掘区のすぐ東で、フランスの調査隊がもう一つの整ったプランの建物を発掘し、「塔の神殿」と呼んだ[*3]（図41）。建物のプランは東西南北の方位とほぼ四五度ずれており、デンマーク隊が「宮殿」と呼んだ建物と一致する。

　上位各層は後世の石材盗掘による攪乱《かくらん》が著しいが、最古期（第Ⅴ層）に一辺約二〇メートルの方形の内陣が建てられ、続く第Ⅳ層の時代に、その周辺に一辺四〇メートルほどの外陣がめぐらされた。この建物が「神殿」であったという可能性は高く、少なくとも西に近接する「宮殿」とともに、初期ディルムン時代以来の都市の公的施設の一つであったことは確かである。第Ⅴ層出土の土器はバハレーン砦第Ⅱb期の型式に近いとされるが、詳細は未報告のためわからない。外陣を増築して再利用された第Ⅳ層はカッシート（中期ディルムン）時代のものとされる。

　両者の発掘区をつなぐ新たな調査はなされていないので、断言はできないが、デンマーク隊の発掘した「宮殿」とフランス隊の発掘した「塔の神殿」は、おそらく一体あるいは一連のもので、前

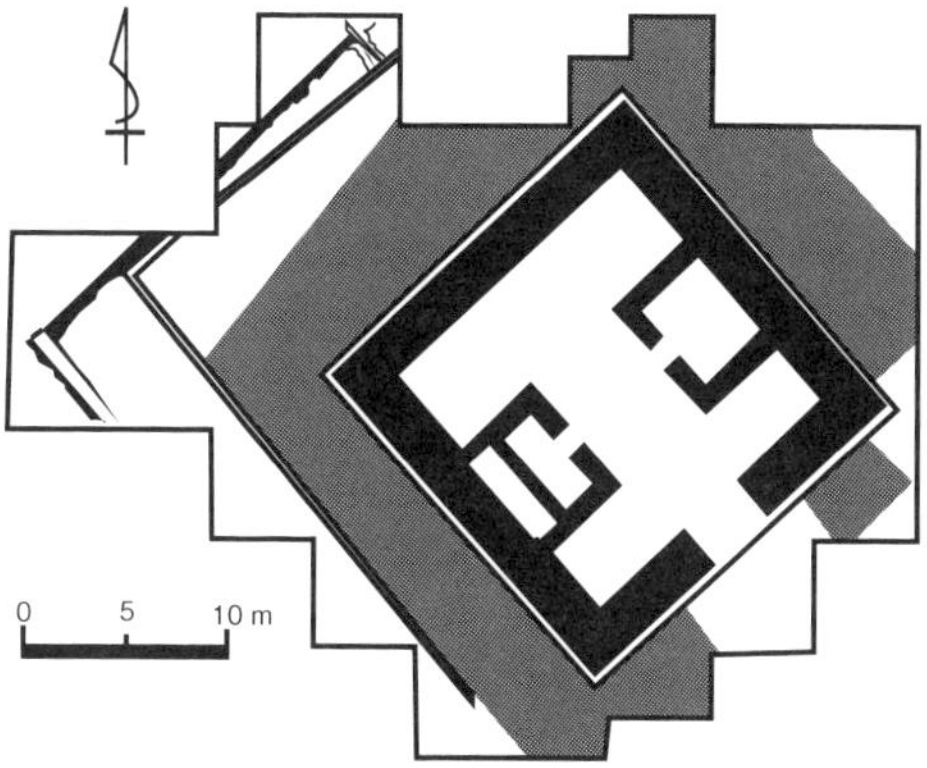

図41　F6丘の「塔の神殿」（Calvet & Gachet eds. 1990, Dépliant I）より。外陣は第Ⅳ層の時期に付け加えられた。

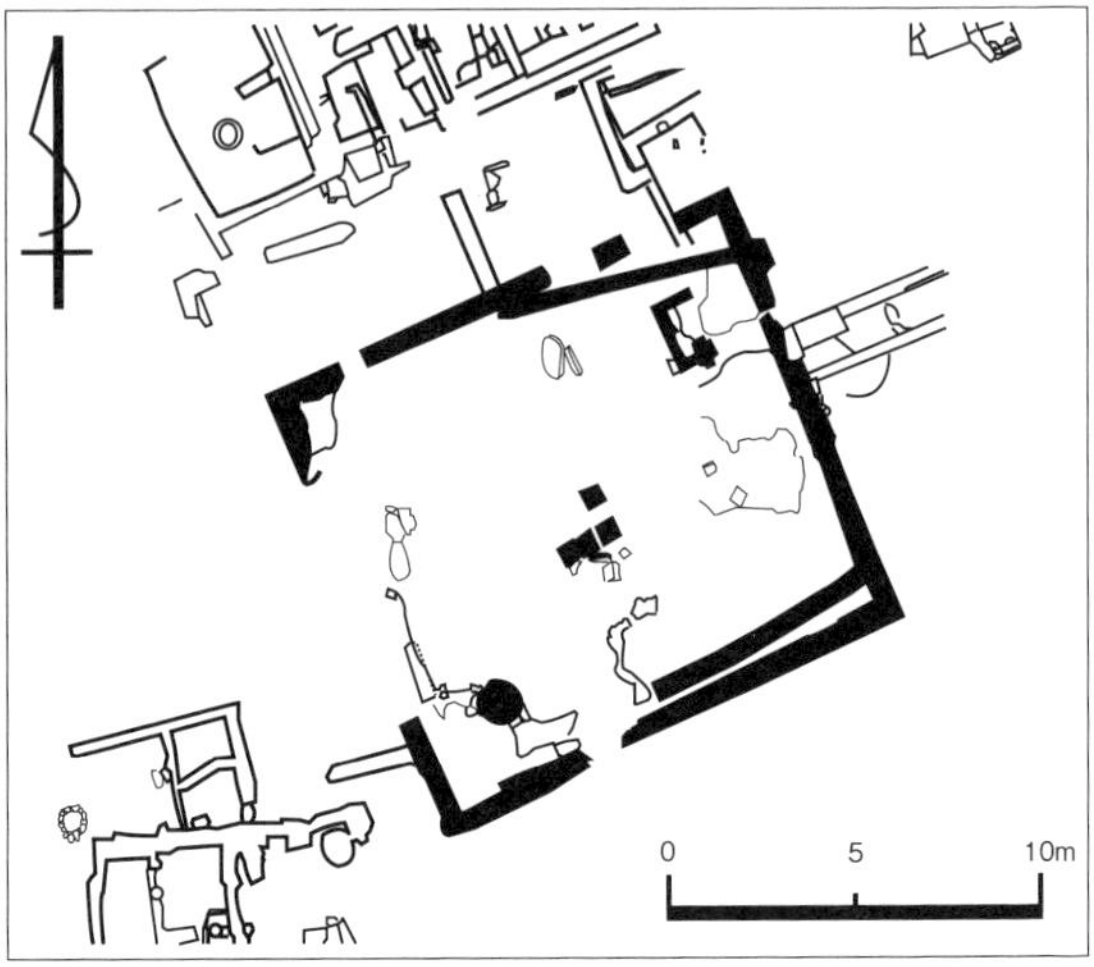

図42　ファイラカ島F3丘の神殿（Højlund 1986 p. 136, Fig. 619の一部）

一九～前一五世紀末までの約五〇〇年間、多少の断続を含むものの、全体として継続的にこの島の都市の中枢を担う役割をもっていたと思われる。

Ｆ３丘の遺構群はやや変わった変遷を示している。集落の全域が発掘されたわけではないが、限られた発掘区内においてさえ、古い時代の建物が継続使用されるのではなく、時期ごとに異なる建物が異なる場所に建てられ、廃絶された様が見られる。

先に述べたように、Ｆ３丘では第１期の遺物が出土していない。最初の建物は、第２期に発掘区の北側に建てられた。次に、発掘区の南側に、第３Ａ期の集落が営まれた。この時期の集落は、密集あるいは互いに連結する多数の家屋群からなり、特定の計画にしたがって設計された公的な建物というよりも、住民の変化によってその場しのぎの増改築を繰り返した、私的生活用の家屋群のように見える。第３Ｂ期になると、発掘区中央部東寄りに、方形のプランをもつ神殿が建てられる（図42）。ここでは紅玉髄《カーネリアン》製の両面式円形スタンプ印章が出土しており、その一面の楔形文字の銘文は「エガル・グラ《古い神殿》／インザク神の」と読まれている（本章第6節を参照）。メソポタミアではインザク（エンサグ）はディルムンの守護神とされていた。しかし本章第6節で述べるように、この建物をインザク神の「古い神殿」そのものとするには問題がある。第4A期になると、南西の家屋群の北の一部だけが再建居住されている。そして第4B期には、居住地域は発掘区の北側に展開した。

発掘区の東南側に長方形の窯が三基発見された[*4]（1～3号窯）。いずれも異なる時代のものだが、形はよく似ており、土器焼成のためのものと考えられている。周辺で出土した土器から、1号は第2期、2号は第2または第3A期、3号は第3A～3B期に使用されたことがわかる。1、2号窯周辺出土の土器片はすべてバールバール式である。また窯周辺で出土した土器に、「G種」すなわちメソポタミア系の胎土によるものはないため、第3A期、すなわち古バビロニア時代のメソポタミア系土器はここでは焼かれなかったことになる。G種は植物繊維を非常に多く含むのが特徴で、轆轤《ろくろ》成形の硬質土器に特有の胎土である。[*5] 3号窯周辺から、第3B期のメソポタミア系土器片が出土している。それは「E種」の胎土によるもので、バハレーン砦の初期の発掘において、ジェフリー・ビビーがその色調から「キャラメル焼」と綽名《あだな》した、カッシート時代の土器である。[*6] 第3B期のメソポタミア系土器の少なくとも一部はこの地で製作された可能性が高い。ここで「メソポタミア系」土器という言葉の使い方に注意していただきたい。メソポタミアの型式であってもメソポタミア以外で作られた場合、またはその可能性がある場合は、「メソポタミア製」と呼ぶことはできないのだ。

ファイラカ島におけるディルムン人の活動を示す痕跡は、F6丘の北三〇〇メートルにある小丘、G3丘でも知られている。ここではフランス隊が一九八三年三月に発掘を実施した。[*7] 彼ら以前に、デンマーク隊、アメリカ隊が小規模発掘を行なっているが、総合的な報告がなく、出土した印章などの概略が個別に報告されていた。[*8] フランス隊の発掘では、間層を挟んで上下二層の居住が明らかになった。

上層では、家屋の壁と床面の一部が検出され、下層では壁の断片と保存の良い床面、そして調理用の炉が検出され、その下は地山の砂層だった。上下いずれの居住層においても、土器片のほか、金属スラグ、銅の破片、坩堝など、金属工房の存在を示す遺物が出土した。土器の多くはバールバール式であるが、少数のメソポタミア系土器の破片も出土している。前者はバハレーン砦第Ⅱ期、後者はメソポタミアのイシン・ラルサ時代のものと一致する。上層と下層の時代はそれほど隔たったものでなく、古バビロニア時代の土器、カッシート時代の土器が見られないことから、この集落は早期にバハレーンから到来した工人のもので、前一八世紀頃には廃絶されたと考えられている。

ディルムンによるファイラカ島での新都市建設、その理由と目的は何だろう？　この島はバハレーン島からおよそ四〇〇キロメートル湾奥に位置し、よりメソポタミアに近い島であった。しかし島内ではバハレーン島や対岸のダハラーンで見られるような同時期の墳墓が一基も知られていないことが、この島の果たした役割を知る鍵となる。墳墓は未発見なのではなく、そもそもこの島では造られなかったと考えるべきである。

発掘によって明らかにされた都市は、その土地で世代を重ねて生活を続ける定住者が居住するための集落でなく、公的業務が行なわれる施設とその付帯設備であったと考えられる。付帯設備には、公的業務に携わる人々、おそらく単身赴任者のための一時的居住施設すなわち「寄宿舎」か「社宅」も含まれていたであろう。エジプト考古学者で、一九六四年に湾岸の古代遺跡を最初に歴訪した日本人である鈴木八司《はちし》氏は、「ファイラカ島はディルムンの人たちがシュメルと貿易するための商業上の基地だった」と先見的な推論をしている。[*9] ファイラカ島におけるこの公的業務は、考古学的資料と関係史料の解釈という二つの方法によって知ることができる。

G3丘には、初期ディルムン時代の銅の加工場があったと考えられるが、F6丘の「塔の神殿」なる建物では、径一〇センチメートル内外の平凸レンズ形の銅の延板、五徳のほか、刃物（?）などの破片と思われる銅製品が出土している。[*10] うち四件の化学的成分分析が行われたが、いずれも銅が主成分で、他の元素は微量であった。[*11] 錫《すず》や砒素《ひそ》もきわめて微量であったため、「青銅」でも「砒素銅」でもない。

銅の鉱床はファイラカ島には存在しない。ファイラカG3丘の工房には、島外から地金が搬入され、成品に加工され、島外へ搬出されたのであろう。それを指示していたのは、F6丘に置かれたディルムン国政府のファイラカ支庁であり、ここでは当地を訪れたメソポタミアやスーサの商人との商談が行なわれたであろう。バハレーン砦はファイラカにとって本国の首都または本社であり、そこでも平凸レンズ形の銅延板が出土することはすでに述べた。同種の銅延板は、前代にウンム・ン＝ナール文明の銅採掘地であったオマーン半島内陸のマイサル1遺跡で最も多く出土し[*12]、また同文明の首都ウンム・ン＝ナール島の集落域[*13]や、インダス文明の外港があったインド、グジャラートのロータル遺跡でも出土している[*14]。

本章第4節でも触れるが、ディルムン人（たぶん官吏）はワーディー・スーク期のオマーン半島でも活動していた。その任務は銅鉱石を採掘、精錬する一連の工程を指揮監督し、生産された延板状の地金を集荷し、発送することであった。バハレーン砦では第Ⅰb期にすでに大規模な銅の加工場があったが、その後の層位でも、成品多数のほか、同種の延板が出土している[*15]。また同種の延板は、同島内の他の遺跡でも出土している[*16]。

ファイラカ島の第1〜2期では、大半を占める自前のバールバール式土器のほかに、メソポタミア系の土器がわずかながら（一〜七パーセント）出土している。そしてその後第3A期になると五〇パーセントに激増する。メソポタミアのウル第三王朝時代から古バビロニア時代までの型式、特にイシン・ラルサ時代の型式に近いものが多い。この時期におけるメソポタミア系土器の存在は、かつてのウンム・ン＝ナール島におけるメソポタミア系土器の存在と同じように、対メソポタミア交易の結果であるが、第3期以降の土器全体の「メソポタミア化」傾向については、次章第1節で再度検討することとしたい。

3　バールバール文化の墳墓

バハレーン島には多数の高塚式古墳があり、そのことは一九世紀末よりヨーロッパ人の間ではよく知られていた。その数は本来一七万二〇〇〇基余りとされ、[*17]一〇ほどのグループをなしていたが、一九七〇～八〇年代の国土開発によって、現在では七万四〇〇〇基余りに減少したとされる。

これらの古墳の多くはバールバール文化（初期ディルムン時代）の所産だが、後世造られたものも少数あり、また古い時代の墳墓が後世に再利用されたものもある。バールバール文化では、「一墳墓に一石室、一石室に一被葬者」が原則であったが、第五章第3節に示すように、文明末期になると、この原則も崩れてくる。

初期型古墳はどれも同じような小型積石塚《ケルン》で、墳丘の現在の高さは一メートルを大きく越えず、墳頂部は比較的平坦である。それは円形または長方形の石室の周囲に、石積みによる径四～六メートル程度の環状外壁を巡らせ、石室との間に大小の石を詰めて造られたもので、元々は円筒形《ドラム》をしていた。初期型はバハレーン島内陸部のリファアからハマド・タウンに至る限られた範囲にのみ分布する。この地はバハレーンの古墳群の発祥地である。

後期型古墳はバハレーン砦第Ⅱ期の時代すなわち文明期の所産である。数が増加し、その分布もバハレーン島の北部と西部に広く見られるほか、カタル半島に近いハワール島やサウディアラビアのダハラーンにも存在が知られているが、[*18]クウェイトのファイラカ島には存在しない。

画一的な初期型古墳に比べ、後期型古墳には大小さまざまなものがあり、内部の構造も初期型のように単純なものではなくなる。それはディルムン国が大いに発展し、社会構造が複雑さを増した様を物語っている。

後期型古墳も原則は一室の単葬用石室を中心として、周囲に石積みの環状外壁を巡らせたもので、現在では「土饅頭」に見えているものも、本来は円筒形であった。初期型と異なるのは、石室と外壁の間の空間に詰め、また盛り上げた材料が石でなく、土と小石の混合物である点である。どの古墳群でも圧倒的に多数を占めているのは、比較的小型の「普通墓」で（図43）、遺体と副葬品を石室内に納めた後は、数個の天井石を載せて封じている。環状外壁の径は五〜七メートル程度である。その本来の高さは正確には知る術がないが、初期型よりは高くなったであろう。

石室は長方形で、一端に一つか二つの床状《とこ》の小部屋《アルコーヴ》が設けられた結果、L字形やT字形となる。またやや大型のものでは、外部から石室の小口に至る竪穴式《シャフト》羨道《せんどう》や吹き抜け式の通路を持つものもあるが、追葬のためではなく、生前に墓をほぼ完成させておくためのものである。

後期型古墳に特徴的な「追加式」とでも呼ぶべき増設法がある。おそらく土地の合理的な利用と、何よりも被葬者同士のつながりを図ることが目的であろう。初めの墓の環状外壁に後の時代の墓が追加され、しだいに数を増していき、時には数百基の塊となった例もある。

図44はサール古墳群で最大級の四〇四号墳である。発掘前の墳丘の直径は二五メートル、高さは三・二五メートルであったが、発掘によって以下のことがわかった。それは直径一五・八メートルの大型の古墳の南北に、計七基の普通墓を寄り添うがごとく付き従うがごとく、順次追加したものであること。大型の古墳は二段式の環状外壁を巡らせていること。その埋葬主体部は奥の左右に二つの小部屋をもつT字形の石室で、その入口まで吹き抜け式の通路が環状外壁から続い

ていることなどである。規模から見て、この墓はサール古墳群を造営した社会集団の族長クラスの人物のものと考えられる。

墓の追加方法が面白い。最初の古墳の外壁に新たに石室を付け加え、孤状の外壁で囲んで空間に土と小石の混合物からなる詰め物をして封じ、盛る。最初の古墳と二番目の古墳の外壁が交差

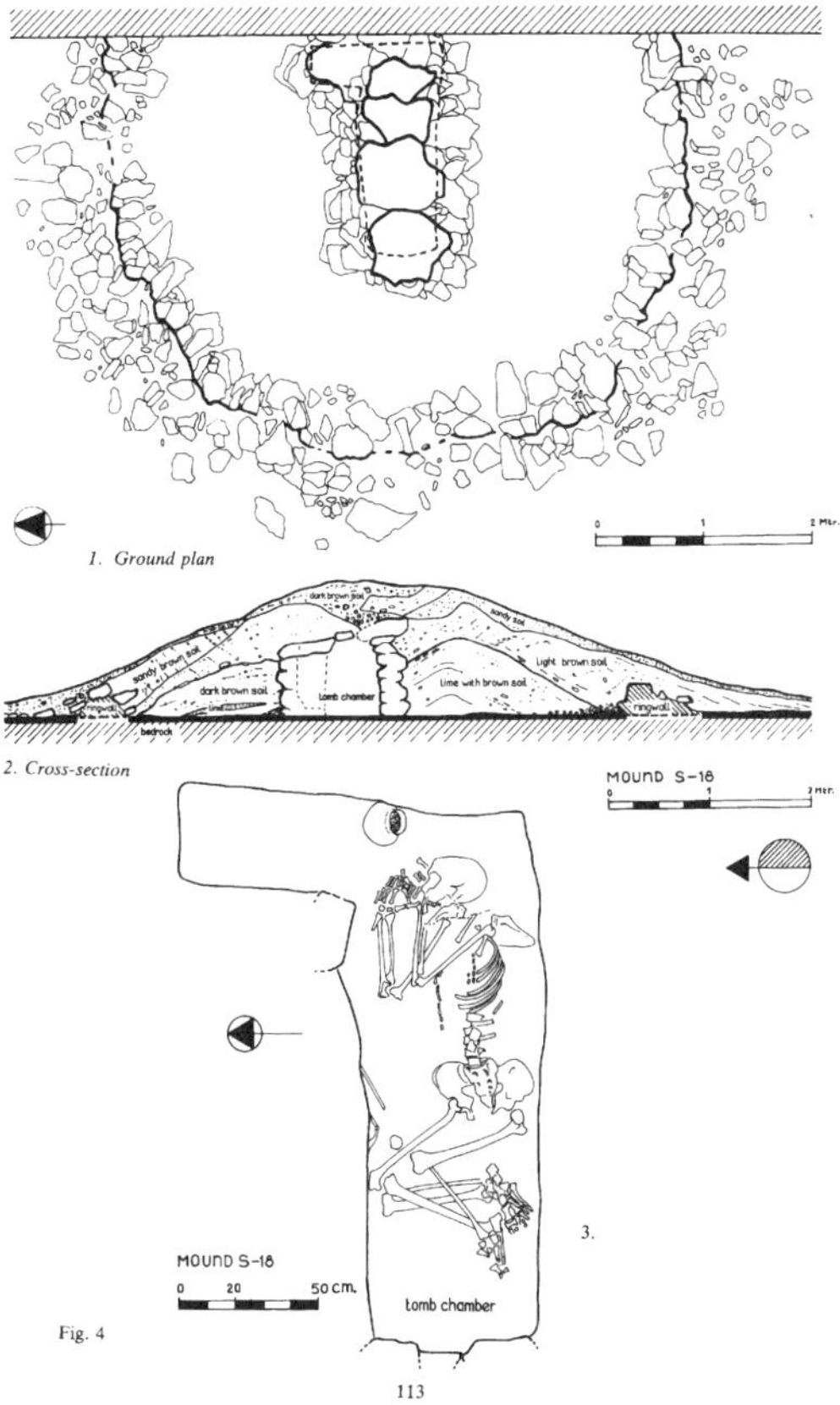

図43　サール古墳群のS-18 号墳（Ibrahim 1982, p.113, Fig. 4）
典型的な後期型古墳（普通墓）の例。石室には小部屋1つが付き、L字形をしている

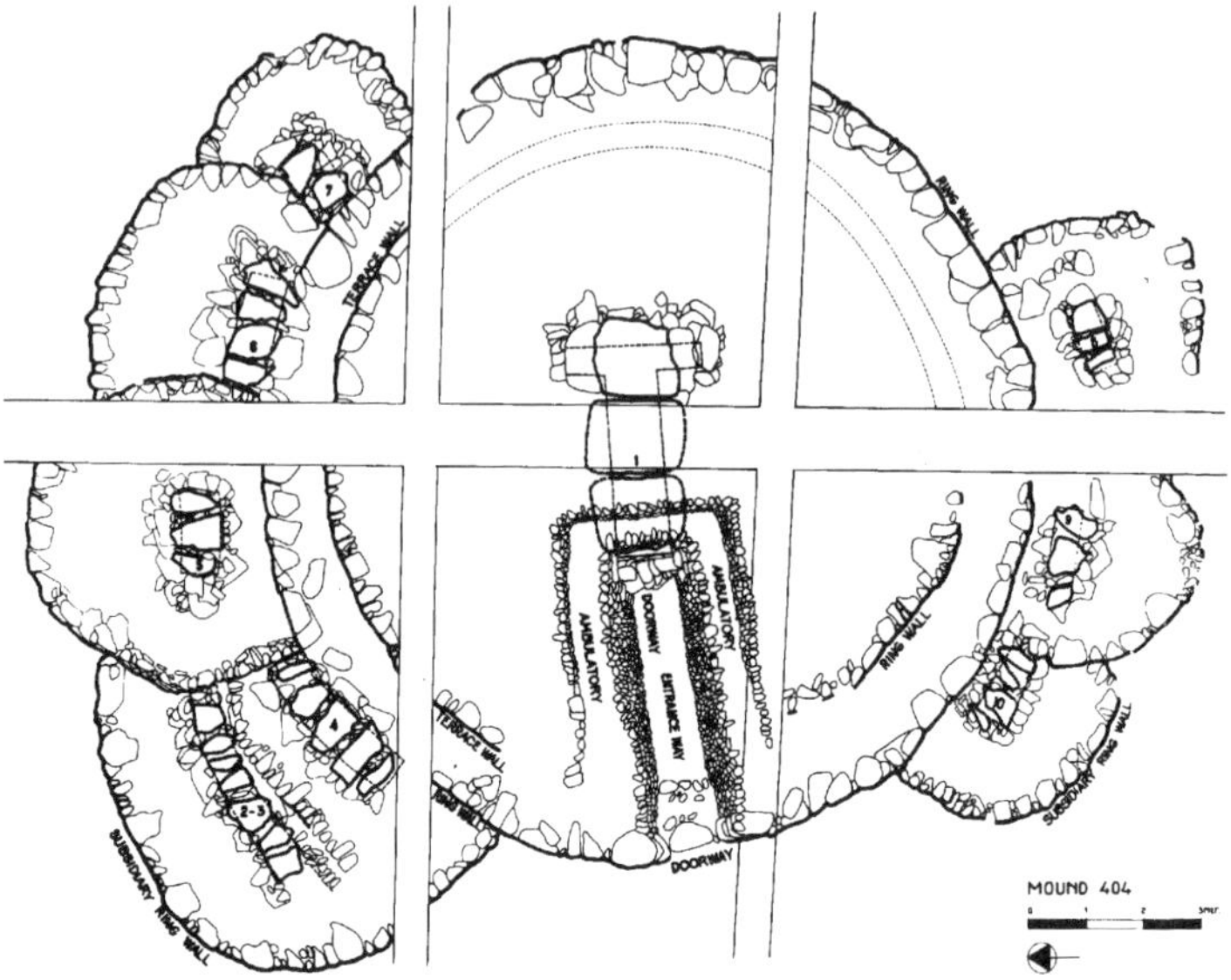

1. *Ground plan*

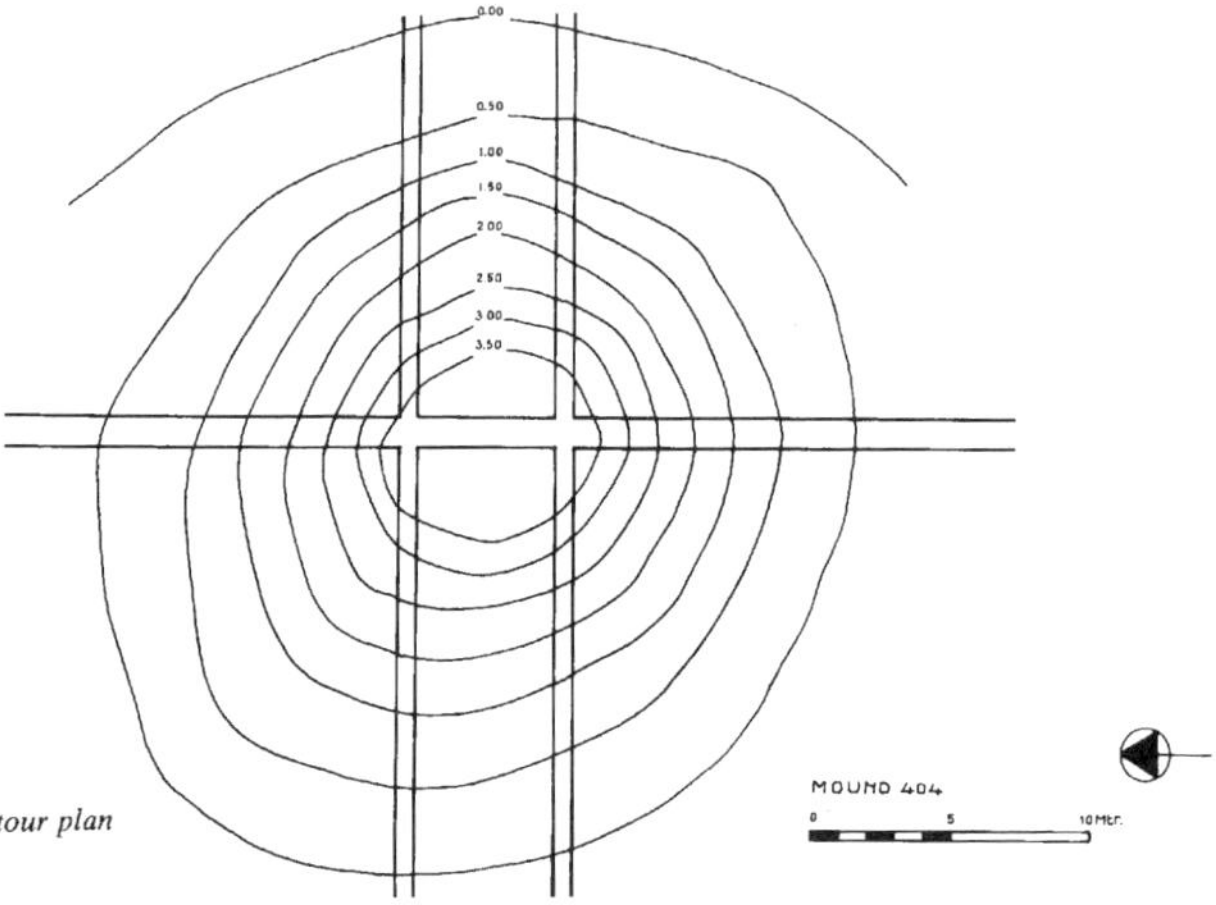

2. *Contour plan*

図44　サール古墳群のS−404 号墳（Ibrahim 1982, p. 136, Fig. 27）

する所に新たな石室を一つ付け加え、孤状の外壁で囲んで封土を詰め、盛る。これを繰り返して、右のサール四〇四号墳や、より多数の追加墓をもつ複合古墳群ができる。墓の追加を検討すると、造られた順番を、完全にではなくとも、ある程度たどることができる。サール四〇四号墳の最後の追加墓の一つ（北西のもの）には三つもの石室があるが、この原則破りが意味することについては、次章第3節で再び触れる。

一九世紀末以来のヨーロッパ人が特に関心をもって発掘したのは、アアリ古墳群であった。それはここにはサール四〇四号墳級か、さらにはそれ以上の規模の大型、超大型古墳、いわゆる「王墓」が集中していたからである。現在では開発によってわずかな数しか残っていないが、本来アアリには一〇〇基前後の「王墓」とその数百倍の普通墓があったと推定される。

後期型古墳の構造は、どれも基本的には同じである。普通墓と比べて、大型、超大型古墳（「王墓」）では、内・外部の施設もより大型で、より大きな石材を入念に加工して用いているほか、以下のような特徴がみとめられる。石室の奥二カ所または奥と手前の四カ所に小部屋が付属すること。二階建ての石室をもつものもあること。石室の入口に墳頂部から達する竪穴式羨道または外壁から達する水平の通路があること。漆喰《しっくい》塗りの仕上げ加工が多用されていること。上下二段式の環状外壁をもつものがあること。さらに墳丘の外周に環状の囲い壁を巡らせるものがあること。

これらは普通墓を単純に大型化、高級化したものであり、被葬者が所属する社会階層の違いと考えられる。石室付属の小部屋の数が多い方が墓として高級であり、四つを設けることは「王墓」だけに許されていたのであろう。また目的はわからないが、二階建ての石室も一部の「王墓」の特権であった。外部から石室に至るアクセスが必要であったのは、被葬者が存命中にほぼ完成されなければならなかったことを示している。石室内に遺体を納めた後、普通墓のように短時間のうちに天井石を載せ、環状外壁を巡らせ、封土を盛るには、「王墓」はあまりにも大きすぎた。

文明期の、つまり後期型古墳の副葬品にはどのようなものがあるのだろうか? 前近代の盗掘者は、土器には関心を持たないのが普通である。そして土器は大抵の墓に納められていた。短頸壺、濾過器付きの短頸壺、無頸壺、そして砲弾形容器など、バハレーン砦第Ⅱ期のバールバール式土器が多いが（図45－2～4）、「王墓」の場合は、遠隔地からもたらされた高級品も珍しくない（図45－1）。バハレーンは今も産油国であるが、この国特有の遺物として、棗椰子の枝を編んで作られた籠に瀝青《ビチュメン》（アスファルト）を塗った容器がある（図45－5）。さらに駝鳥の卵の殻製容器が出土した例がある。殻の一端を切り取って口縁部とし、外面には彩色が施されていることが多い。クロライト製容器も出土するが、数は多くない。灰色の原石を使用したもので、前二千年紀初頭にオマーン半島で製作された「晩式」容器である（図45－6）。「晩式」は「新式」の後身で、小円とその中心を表した「円点文」と単純な刻線文によって飾られる。

こうした容器類はそのものにも価値があったかもしれないが、内容物は来世の死者の必要物資であっただろう。また山羊や羊の骨格の一部が出土する例が多く、屠殺解体し、骨付きで調理されたものが供えられていたことを示している。

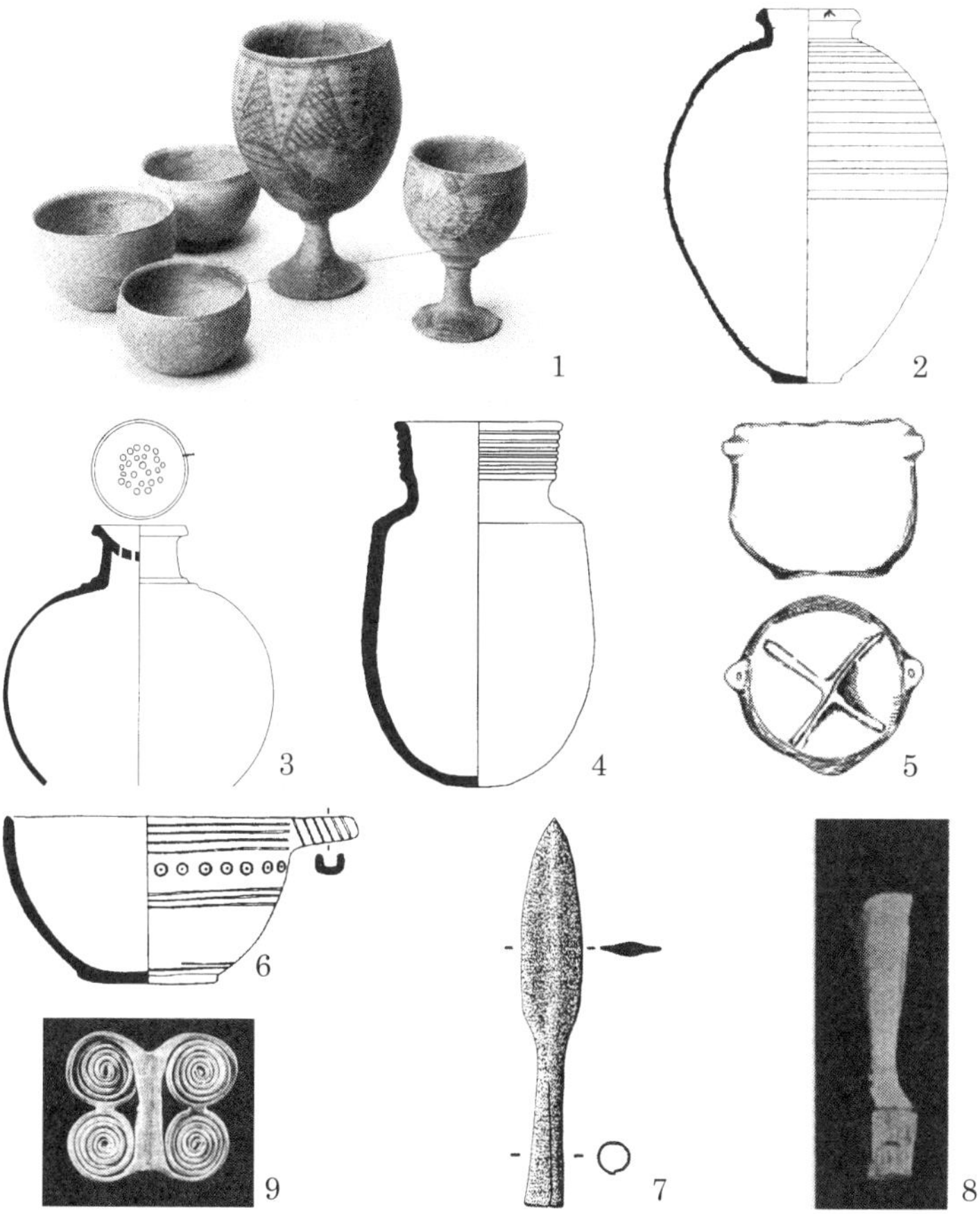

図45　1〜4:アアリの「王墓」出土の土器(Højlund 2007 より)5:サール古墳群出土のビチュメン塗り籠（Ibrahim 1982, p. 153, Fig. 44: 1）6: イーサー・タウン古墳群出土の「晩式」クロライト製容器（Lombard & Kervran eds., p. 26, item 38）7: アル・ハジャル古墳群出土の銅製槍先（Lombard & Kervran eds., p. 29, item 42）8: アアリ古墳群の「J 号墳」出土の象牙製牡牛の脚（Prideaux 1912, p. 75, Fig. 5）9: アアリ（古墳群出土の金製管玉(Lombard & Kervran eds., p. 32, item 49)

銅・青銅製品では、槍先・短剣のような武器（図45－7）、工具、装身具の部品などがしばしば見られる。死者の装身具の一部であろう、瑪瑙《めのう》、腐食加工されたものを含む紅玉髄、ラピスラズリなどのビーズは多くの墓で見られる。またこの文明に特有の石製・貝殻製のスタンプ印章も出土するが、なぜか「王墓」ではほとんど例がない。盗掘者により持ち去られたのか、最初からなかったかは、知る術がない。

「王墓」（J号墳）で出土した珍しいものとして、非常に高度の技術で作られた象牙製品がある（図45－8）。金製品はさらに珍しい。アアリの二一一号墳出土の軍配形の玉（図45－9）は、大半を持ち去った盗掘者が見落としたものである。普通墓でも「王墓」でも、盗掘者が欲しがりそうなものは納められていた。しかし圧倒的多数の普通墓とわずか一〇〇基前後の「王墓」の主たちの間には、歴然たる質の差が横たわっていた。土器のような副葬品でも、「王墓」には地元製のありふれたものではなく、はるばる海を運ばれてきた異国の高級品が選ばれているほどであるから。

4　メソポタミアにとってのディルムン、マガン

第一章第5節で述べたように、湾岸の地名DILMUNは、メソポタミアでは前三〇〇〇年前後の「ウルク文書」に最初に登場するが、その断片的な情報からは、銅をはじめとする遠隔地産物

資の獲得という、きわめて経済的な文脈を読みとることができる。そしてその後約一〇〇〇年を経たバールバール文明の段階でも、メソポタミア側ではディルムンとの交易に関わる文書が相当数遺されていることから、湾岸とメソポタミアとの関係は、依然として経済上の文脈で説明することが可能である。ところがディルムンを舞台とするシュメルの神話『エンキとニンフルサグ』の内容は、そうした具体性を欠くもので、同時代のメソポタミア商人が、交易という駆け引きの場で、丁々発止とやりあっている相手のこととは決して思えない。むしろ遠い過去からの伝承か、同時代であれば、きわめて間接的な好ましいことずくめの情報から、妄想に近い形で作り出されたディルムン像といえる。

『エンキとニンフルサグ』とは以下のような神話である。神エンキとその妻ニンフルサグが住むディルムンは神聖なる土地であったが、水が存在しなかった。妻の求めに応じてエンキは水をもたらしたので、生物の生命活動、繁殖活動が始まった。二柱の神からもさまざまな神が生まれた。それらの神のうち、ニンスィクラ女神は「マガンの主」、エンサグ神は「ディルムンの主」に任ぜられた。

ハリエット・クローフォードは、メソポタミアの文書に現れるディルムン像を、銅、繊維製品、奢侈品などの重要な市場としての「マーケット型」と、水の流れと庭園をイメージさせる、神々の住む聖なる土地という「パラダイス型」に分けている。[*19] この分け方によれば、『エンキとニンフルサグ』は典型的なパラダイス型である。

これら二つの型が生まれたことを、彼女は以下のように説明している。「パラダイス型のディルムンを記した最古の文書は、銅や木材の供給源としてのディルムンを記した文書よりはるかに後世の、前二千年紀初頭のものであるが、神話そのものはそれよりたぶんずっと古い。神話的なディルムン像は前三千年紀の初めに発達したと推定される。この時期はちょうどディルムンと南メソポタミアとの間に直接の接触が乏しい時代であることに注意すべきである[20]」と。

ディルムンが「パラダイス」であるかどうかには、かねてから議論がある。『エンキとニンフルサグ』が「パラダイスを描いたものではないことは明らかであり、水と大地という生物にとりもっとも重要な二大要素との相互作用が織り成す対立と調和とがテーマ[21]」という、より厳密な解釈を採るならば、「パラダイス型」という以上の内容を含んでいるといえるが、それはこの神話が文字によって書き留められた時点ですでに深い意味をもっていたことによる。すなわち、それ以前、おそらく神殿の行事において繰り返し口誦《こうしょう》され伝承される過程で洗練を深め、新たに付加された意味であったのだろう。

クローフォードは、「マーケット型」と「パラダイス型」のディルムン像を、それが成立した時期の違いだと説明しているが、筆者は別の解釈をしている。前二〇〇〇年以降については、「マーケット型」はクウェイトのファイラカ島に関するもの、「パラダイス型」はバハレーン島に関するもので、前者はそこを頻繁に訪れていた商人たちの生々しい体験に基づくもの、後者はそこで彼らがディルムン人から理想郷として聞かされた、本国バハレーン島の情報によるものではないだろうか。そうであれば、パラダイス型の典型である『エンキとニンフルサグ』の成立時期は、ファイラカにディルムンの出先が設置された、前二〇〇〇年頃以後ということになる。この時期になると、メソポタミア人商人は、「ディルムン社」が取り扱う商品のショールームがあるファイラカまで出向けば、必要な遠隔地物資を購入することが容易にできた。これまでも触れてきたように、「原ディルムン」とバールバール文明を意味する「ディルムン（国）」は、たとえ地理的に同じ場所であったとしても、明確に分けられるべきである。原ディルムンとは、初めて湾岸がメソポタミア、イラン高原を含む原エラム文明の大経済圏に取り込まれた、前三〇〇〇年前後のメソポタミア（「ジェムデッド・ナスル期」あるいは「ウルクⅢ期」）の交易相手であり、後のディルムン国は約一〇〇〇年後のバールバール文明のことである。

前章第5節で述べたように、アッカドのサルゴンの孫ナラム・スィーン王が、マガン国の一部を攻略し、支配者を捕獲、物資を略奪したことは史実であろう。しかし彼はディルムンを攻略したとは述べていない。それはアッカド帝国が、当時彼らがディルムンと呼んでいた土地を独立した国家とは認識していなかったからである。マガン国のメソポタミア寄りの一地方を彼は攻撃し、「マガンを攻略した」と述べているのである。当時、マガン国すなわちウンム・ン＝ナール文明は、積極的に湾中部に植民を行なっていたが、この時代の海水面は現在よりも相当高く、クウェイト沖にファイラカ島はまだ存在しないか、少なくとも人の住みうる土地にはなっていなかった。ゆえにそこにはマガンの植民地も存在しない。

「マーケット型」のディルムン像を示す、湾岸交易に関するメソポタミアの経済文書は、「ウルク文書」の記事に見られる「原ディルムン」の時代から数百年の空白を経て、シュメル初期王朝時代の末に再び現れ、バールバール文明の時代に多くなる。前二〇〇〇年より前か後かによって、メソポタミア人の言う「ディルムン」の位置は四〇〇キロメートル違ってくるのだ。

ホルスト・クレンゲルは、対外交易に関係するメソポタミアの経済文書を多数例示している。[*22]この中に、ディルムンとの交易に関係するものが五つ含まれている。(a) 初期王朝時代のラガシュ出土文書(前二三七〇年頃)、(b) ウル第三王朝時代のウル出土文書(前二一一一~前二〇〇三年頃)、(c) イシン・ラルサ時代のウル出土文書(前一九二一年頃)、(d) イシン・ラルサ時代のラルサ出土文書、(e) イシン・ラルサ時代のより後代のウル出土文書である。(d) と (e) はラルサのリーム・スィーン一世の時代(前一八二二~前一七六三年頃)のものである。それらをここで改めて検討してみよう。
(a) には以下のような内容が記されている。ラガシュの支配者ルガルアンダに仕えるウルエンキは、国家に租税として納められた農産物などを受け取った、「これらの品物はラガシュ侯ルガルアンダの所有物。ティルムン国に向けて監督シュブルが商人ウルエンキに与えた」、農産物の見返りは、「商人ウルエンキがティルムンの国からもってきた」多量の銅である。クレンゲルは、この銅をマガン産と考えている。
この文書では「ティルムン(ディルムン)国」と、独立した国家のように記されているが、この時代はまだディルムンは国ではない。おそらくそれはマガン国の植民地が置かれたバハレーン島のことで、バハレーン砦の第I期の集落のことであろう。ここでは銅冶金はすでに行なわれていた。この少し後にアッカドのナラム・スィーン王が攻略したという「マガン」も、経済効果を考えると、この場所あるいはタールート島であった可能性が高い。

（b）には、マカン（マガン）産銅の輸入で活躍している「ウルの海上貿易商人ルエンリラ」なる人物が、ウル王イッビースィーンから、対ディルムン交易の原資として、大量の農産物（織物、羊毛、穀物、ゴマ油、皮革、玉葱）を委託されたことが記されている。ウルの商人たちはメソポタミア産の農産物を携えてディルムンに赴き、マガン産の銅を持ち帰った。この文書はちょうどバハレーン島にバールバール文明（ディルムン国）が成立した時期に記されているが、ファイラカ島にディルムン国の出先機関がすでに置かれていたかどうかは不明である。この「ディルムン」も、バハレーンであった可能性が高い。本章第1節で述べたように、バハレーン砦では、第Ⅰb～第Ⅱc期に、それまでになかったパン焼き用の竈が見られ、輸入小麦を原料とするパン食が行なわれていた。

（c）は、バールバール文明すなわちディルムン国がアラビア湾の海上交易ネットを支配した時代の文書群である。これらの文書の主要な一部（ウルのニンガル女神への奉納文）が、ジェフリー・ビビーによって訳出されている。[*23] それはディルムンからの輸入品のリストであり、以下の品目が含まれる。銅の地金類、青銅塊、紅玉髄製ビーズ、「魚の眼」（真珠?）、白珊瑚《さんご》、象牙製品、亀甲、木製の棒、アンチモニー（目の化粧品）、「マカン葦」の計算盤、その他、種類を特定できない宝石・貴石の類。これらは「ディルムン行き渡航隊より、ニンガル女神に捧げる十分の一税」と記されている。

ファイラカ島にはすでにディルムン国の出先機関があり、メソポタミアとの窓口になっていた。「渡航隊」が出張したディルムンとはこのファイラカ島であり、メソポタミア産の農産物と引き換えに、遠隔地産物資をウルに持ち帰った。銅製品、「マカン葦」はオマーン半島の産物、紅玉髄や象牙はインダス地方から、アンチモニーはコール墨として使用されたもので、中央アジア南部の青銅器文化BMAC（バクトリア・マルギアナ古代文化。MBACとも）からイラン高原を経てもたらされたかもしれない。「魚の眼」が真珠であるならば、それはディルムンの自前の産物であった可能性があるが、異論もある。*24 珊瑚はアラビア湾にも生息するが、湾内は水深が浅く、宝石としての価値をもつ深海の珊瑚は存在しない。可能性があるのはインド洋である。

メソポタミア人が商用で訪れたディルムンすなわちファイラカ島には、メソポタミア人の垂涎《すいぜん》の的であった東方世界の奇貨が、溢れんばかりに集積していたことがわかる。仮にウルの商人たちがファイラカ島以遠に自ら出向き、各地で集荷したのであれば、「ディルムン渡航隊」などとは書かず、訪れた集荷地の名を、真偽とりまぜて列挙したであろう。当時のメソポタミアには、そのような航海技術も地理的知識もあったようには思えない。

（d）は、「銅を買うためのティルムン旅行用に共同出資した元手」としての銅二マヌーの借用について記されたもの。商売の結果がどのようであれ、出資者はその損失を被らないという、元本保証の同意が含まれている。これは上に示したようなものと異なり、私的な投資対象としてティルムンとの交易が行なわれていたことを示している。この場合の「ティルムン」も、ファイラカ島のことである。

最後に、（e）はウルのディルムン貿易商人であるエアナースィル家の文書類多数である。彼もウルからディルムンにしばしば出張して銅を輸入し、メソポタミアの農産物を輸出した。商品の価値は銀に換算して述べられていた。エアナースィルの家はウルの市街地に建っていた。彼らは「バハレン（ディルムン）に定期的に旅して、おそらく王室の代理人としてであろうが、自分の計算で銅を買ったり、ウルの他の商人のために銅を買っていた。（中略）彼はいくつもの時期をその島で送り、おそらく湾のもっと遠いオマーンからくる金属をウルに送る船積みの取り決めを行なっていた」[*25]。「バハレン（ディルムン）」は「バハレーンに首都を置くディルムン国の一部であった、クウェイト沖のファイラカ島」に訂正すべきであろう。

イシン・ラルサ時代の終末以降、しばらくの間、メソポタミア側の文書にディルムンの名が登場することはなくなる。メソポタミア南部が荒廃する時期であり、またインダス河流域においてはインダス（ハラッパー）文明が滅亡する時期である。その後メソポタミアの文書にディルムンの国名が登場するのは、それよりはるか後、新アッシリア帝国のサルゴン二世（在位：前七二一〜前七〇五年）の時代においてである[*26]。

新アッシリアのサルゴン二世も、同名のアッカド王と同様、メソポタミアを統一し、周辺諸国を侵略して空前の大帝国を築いたことで知られるが、そうした業績表の中に、ディルムンとその王名が散見される。それらはいずれも似た内容で、サルゴンが征服した「塩辛い海の岸にあるビート・ヤキン、ディルムン国境まで」の地名を列挙し、「太陽の昇る海のさなか、三〇ベールゥ（一ベールゥは二時間の移動距離）離れた所に、魚のように住んでいる（字義通りには、「彼のキャンプが置かれている」）」、ディルムン王ウペーリ（あるいはアフンダラ）が、私の君主としての権力（あるいはアッシュール、ナブー、［および］マルドゥクの［神力］）を聞き、貢物《みつぎもの》を携えて来訪した」と述べている。

ビート・ヤキンはカルデア人の部族集団で、同時にその支配地である「海国」すなわち当時のメソポタミア最南部を指す。そこから「三〇ベールゥの海のさなか」とは、アラビア湾内の島を指している。しかし、島までの距離を測る出発点である当時の海岸線の位置には諸説あり、また船の進行速度も明らかでないため、計算によって、この時代のディルムンの位置を求めることはできない。

前三二五年の、マケドニアのアレクサンドロス大王麾下《きか》の、クレタ島出身の将軍ネアルコスの航海に関する、フラウィオス・アッリアノスの記述によれば、この頃、湾奥部での土砂の堆積は相当進んでいたという。[*27] 湾の最奥部は、ティグリス、ユーフラテス、カルヘー、カルーンなどの河川が内陸の湖、カタデルビス湖となり、さらにそこからティグリス、ユーフラテスの両河が海に注いでいた。

イシン・ラルサ時代のメソポタミアにとってのディルムン（初期ディルムン）とは、アッカドのサルゴンが征服したと誇っている「海国」のさらに遠方、海上に浮かぶクウェイト沖のファイラカ島のことであった。経済的目的でそこを訪れるメソポタミアの商人は、その地はディルムン国の出先で、本土はより遠方にあるバハレーン諸島であるという情報を、ファイラカで得ていたであろうが、ビジネス上そこを訪問する必要はなかった。

5　ディルムン商人の活動範囲

これまで、メソポタミアとインダスをつなぐ交易文明としてのマガン、ディルムンについて述べてきた。マガン国（ウンム・ン＝ナール文明）は、湾中部に位置するバハレーン島、タールート島に植民を行ない、対メソポタミア交易を有利にしようとしていたが、ディルムン国（バールバール文明）も、遠隔地に自国の商人の居留地を設置した。それは、この文明に特有の円形の印面をもったクロライト製スタンプ印章が、自国の領域を超えて出土している事実から知ることができる。

印章は「アラビア湾式」（古式）と「ディルムン式」（新式）の二種に分けられ、後者は前者が時間を経て変化したものである（図46）。古式はやや腰高で、インダス式の角印に似て背面のつまみは小さく、紐通しの孔と直角方向に一〜二本の線が刻まれる。これに対して、新式はつまみが大きく、通常三本の平行線が刻まれ、四つの円点文（⊙）が配される。印面には動物や人物（神）、椰子の木、舟、さまざまな象徴が刻まれるが、古式の中には、横一行のインダス文字銘が刻まれたものもある。因みに円点文はこの時代におそらくオマーン半島で作られた「晩式」クロライト製容器によく見られる装飾紋様である。

湾岸において、古式はバハレーン砦の第Ⅱa期で見られる。ファイラカでも存在するが、非常

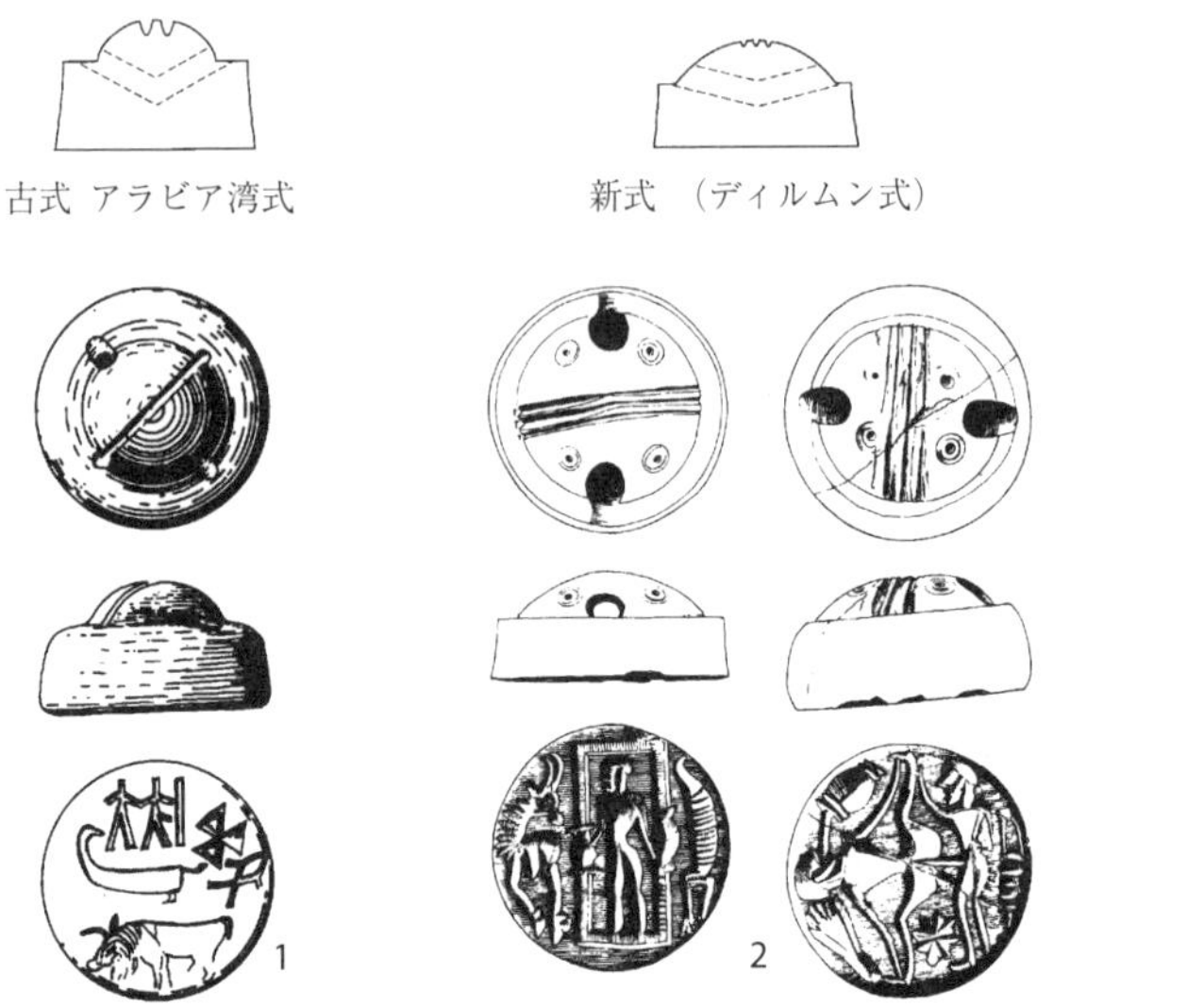

図46　2種の石製円形スタンプ印章　上：断面模式図（Kjælum1994, p. 320, Fig. 1723）下1：ハマド・タウン1757号墳出土（Srivastava 1991, p. 239, Fig. 1）2：バールバール神殿出土（Andersen 1986, p. 176）

に稀である。[*28] 新式はバハレーン砦の第Ⅱb～c期、ファイラカの第1～3A期で見られる。つまりこれらは文明期だけの遺物なのである。両島におけるこれらの印章の現在までの出土総数は、おそらく一〇〇〇点をゆうに超える。

印章とは個人や法人の所有権を明示するもので、現在の我々と同様に、軽々に他人に貸与したり、譲渡・売却したりするものではなかった。使命を終えた印章は、所有者の体とともに墓に納められ、あるいは神殿に奉納されたかもしれないが、都市遺跡で出土する印章の多くは、そこで活動中の所有者によって、いわば「現役」で使用されていたものが、不慮の事故などの原因で放棄され、埋没したものである。

古式印章と新式印章の湾岸域外での

出土例の分布は同じではなく、重なる部分とそうでない部分がある。古式印章の域外での出土例として最初に挙げなければならないのは、イラン、ケルマーンのテペ・ヤヒヤⅣB層期でのものである。ここでは他の種類の印章も出土しているが、新式は知られていない。

次に挙げるのは、インダス文明の諸都市で出土したものである。インダス文明と湾岸の印章を広範囲に検討した小磯学氏は、モヘンジョ・ダロとチャヌフ・ダロ出土の円形スタンプ印章五点を挙げている[*29]（図47）。

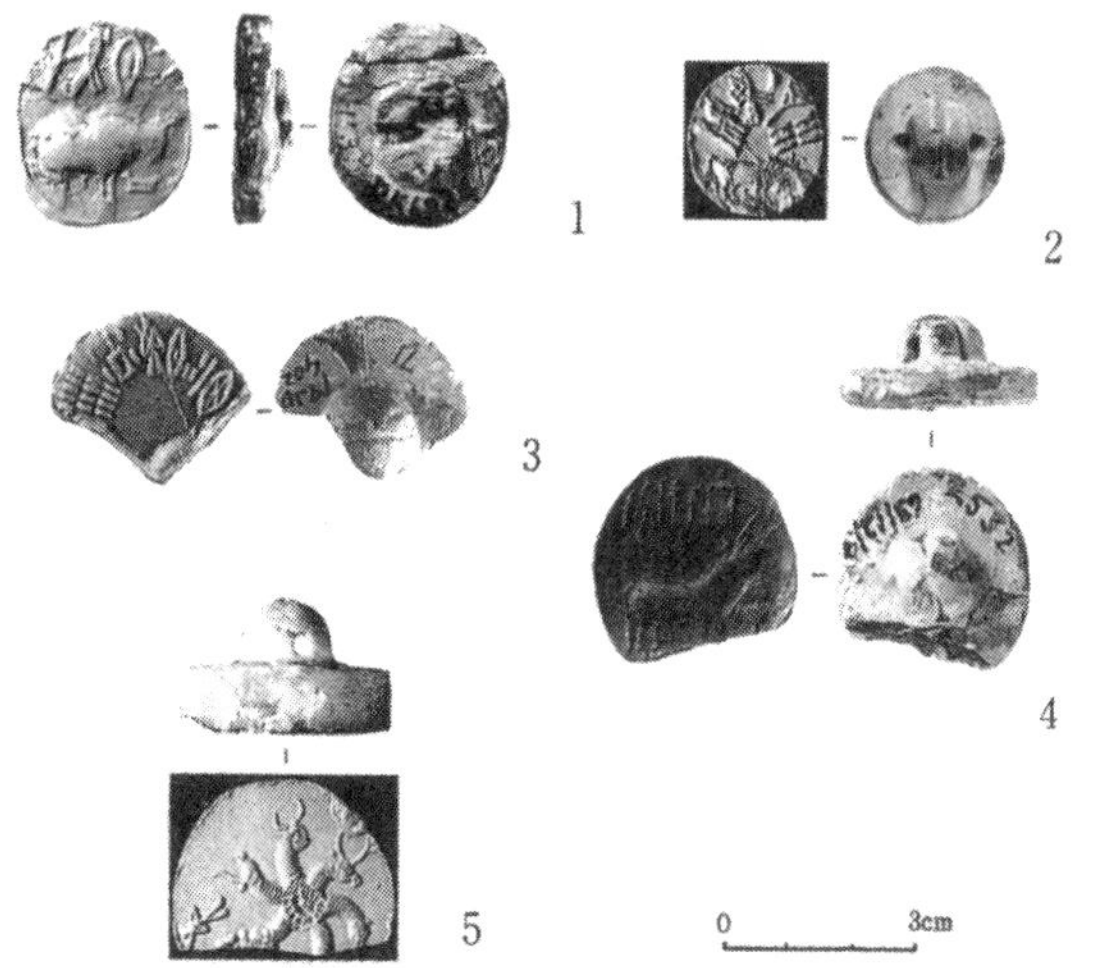
図47　インダス文明の都市で出土したスタンプ印章（小磯2005年、75頁、図8）1～3,5：モヘンジョ・ダロ、4：チャヌフ・ダロ出土

そのうち1～4はアラビア湾式で、文字の配列パターンはインダス的、すなわち「インダス語」を表したものであるという。インダス文字による文書はまだ解読されていないが、インダス文明で使われていた配列のパターンだけはかなり知られているので、新資料が発見されても、その配列がインダス的か、非インダス的かを判別することはできる。これに対して、5は背面の形がインダス式印章のものに似ていることから、ディルムン式で

図48「3種の頭を持つ動物」を表したインド式印章の例。インド考古局蔵（NHK・NHKプロモーション編 2000年、89頁、作品番号340）

なくアラビア湾式に近いが、印面に一角獣を含む六頭の動物の首が中央で束ねられて放射状に表現されているのはきわめて異例である。小磯氏はこれを、ディルムン式印章に見られる、放射状に配された「六頭のレイヨウの頭」と酷似すると述べている。[*30] 確かにこのような放射状配置は独創性豊かで、ディルムン式に影響を与えた可能性はあるが、もう一つ注意しなければならないのは、インダス文明の方形スタンプ印章の一種に見られる「三種の頭をもつ動物」（図48）との関係である。

大きな円い目をもつというよりは、円い目玉だけに単純化された頭部は、インダス文明の「三種の頭をもつ動物」の特徴であり、またバルーチースターン南部を中心とするクッリ式土器（BOG）に描かれた動物の特徴でもある。[*31] クッリ式土器では、顔全体が大きな円い目で表わされる動物像が主文となることが彩文による装飾の特徴で、それまでの小型の連続動物文は副次的な文様帯となってしまう。近藤氏らは、クッリ式土器の文様要素と表現方法が、インダスの「三種の頭をもつ動物」の印章、そしてウル出土の円筒印章と類似することを指摘する。これらに湾岸出土のディルムン式印章の図文が加わることとなる。それは小磯氏が指摘する「六頭のレイヨウの頭」だけにとどまらない。アラビア湾式（古式）にはなく、ディルムン式（新式）の図文に多い特徴であると言える。

図49　スーサ出土のスタンプ印章（Saipel ed. 2000, p. 125, Kat.-Nr. 48）径24mm

図49はフランス隊がスーサで発見したディルムン式のスタンプ印章とその捺《お》し痕である。[*32] 印面の図像は、方形の格子状のものの上に立つ、裸のように見える男が、跳梁《ちょうりょう》する二頭のガゼルを両腕で摑《つか》んで制圧する光景である。餅焼き網のような方形の格子《こうし》、単純な人物像、頭部が目玉だけに単純化された動物像などは、ディルムン式印章の多くに共通するもので、ファイラカおよびバハレーン出土の印章でもいくつか知られるが、[*33] 主たるモチーフはもともと前四千年紀以来のメソポタミアあるいはエラムのものに由来する。

中央に一人の「人物」がすっくと立ち、左右の腕で各一頭、このような野獣、ライオンなどの猛獣、龍などの怪獣を制圧している図は、主人公である人物がもつ常人を超えた強さ、あるいはそういう力をもった超自然の存在＝神の姿である。上エジプト、ゲベル・ル＝アラク出土の、河馬の牙で作られたナイフの柄（前三一五〇年頃）には、「二頭のライオンを両手で制圧するメソポタミアの王のような風体の男」が浮彫彫刻で表わされており、文明直前のエジプトに見られるメソポタミア的要素の一例とされている。エジプトでは王は神の一種であるから、猛獣制圧も不思議で

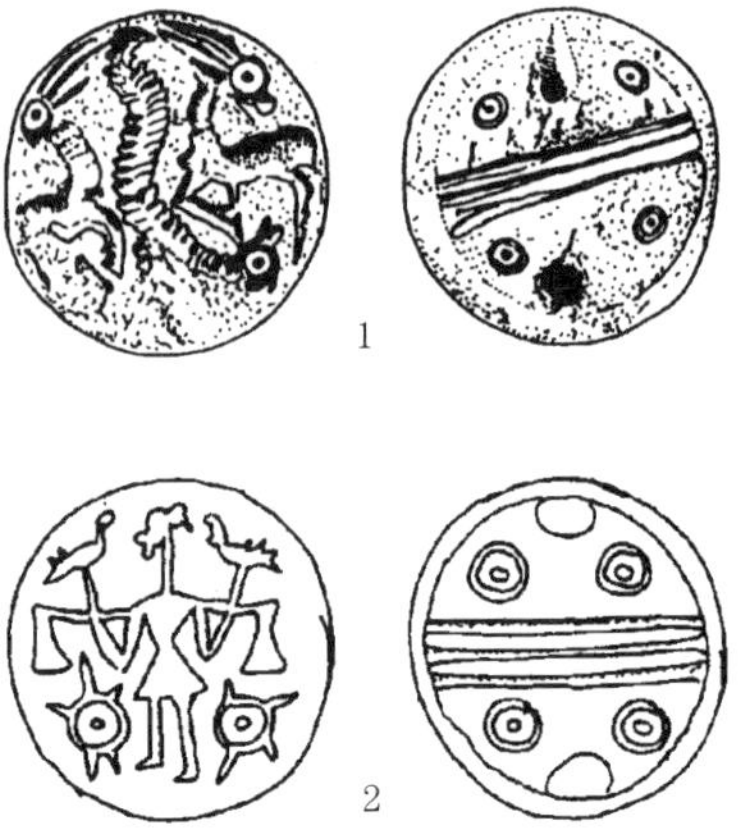

図 50　遠隔地出土のディルムン式印章 1：ロータル出土（Kenoyer 1998, p. 97, Fig. 5.25）2：マズィヤード出土（Cleuziou 1981, p. 285, Fig. 8）

ないのかもしれない。
円形の印面をもつアラビア湾式およびディルムン式印章の成立について、前者においてはインダス文明の角印、後者においてはエラム地方の図像の伝統が影響を及ぼしたと考えられる。スーサでこのスタンプ印章が出土したことから、初期ディルムン人が、エラムのスーサに居住していたことがわかる。

スーサのアクロポリス丘では、エア（＝エンキ）とエンザグの二神のために神殿が建てられ、参道が焼成煉瓦で舗装されたとする文書が出土している。[34] スーサにおけるディルムン人居住者、たぶん商人たちの活動を示す遺物は他にもあるが、ここではディルムン式スタンプ印章が捺された粘土板文書の一例を紹介しよう。

この文書はスーサで書かれたもので、エキバなる人物に一〇ミナの銅を貸し付けた三兄弟（エラムアトゥム、アアッバ、テム・エンザグの息子ミルキ・エル）が、ミルクゥ・ダヌムなる人物による保証を得るために、商用旅行に出発するという内容[35]である。テム・エンザグの名に含まれる神名エンザグ（エンサグ、インザク）とディルムン式印章の捺し痕から、この文書がスーサのディルムン社会のものであったことがわかる。

初期ディルムンの海外拠点とはいかなるものであったか？　それを知るためには、ディルムンと関係する遺物を、前三千年紀後半から前二千年紀初頭の、アラビア湾を中心とする広い領域において、すなわち当時の国際情勢の中で検討する必要がある。インダス文明の主要都市であるモヘンジョ・ダロとチャヌフ・ダロ、そして同文明の外港ロータル（図50－1）、エラムのスーサ、UAEのマズィヤードの墳墓（ハフィート期の墓を再利用）でも（図50―2）、ディルムン式印章が一点出土している。[*36]マズィヤードで埋葬されたディルムン人の居住地は不明だが、墓からさほど遠からぬ場所にあったはずで、また彼らの「勤務地」も近隣にあったであろう。このことは、前代すなわちウンム・ン＝ナール文明の銅鉱山開発が行なわれていた、オマーンのマイサル遺跡群を想起させる。[*37]しかしマズィヤードの墳墓は、本来の出身地はわからないが、ディルムン政府からこの地に派遣され、生涯を終えた人のものである。

　オマーン半島にあったディルムン人の居留地の一つは、前章第4節で触れた、UAEのテル・アブラクである。この遺跡は当時の海岸近くにある集落址で、前三〜前一千年紀の連続した居住が見られるが、前二千年紀には、ワーディー・スーク式土器のほかに、バハレーン砦の第Ⅱ期のものに相当する、バールバール式土器が相当数出土して

図51　テル・アブラク出土のスタンプ印章（Potts 2000, p. 122）

いる。[*38] つまり、土着のワーディー・スーク文化の中に、ディルムン人の居住痕跡が遺されているのである。ここでは、前三千年紀後半のウンム・ン＝ナール期以来、櫛《くし》、簪《かんざし》など多数の象牙製品も出土している。それらの素材はインド象の牙であり、インダスから海路を経てオマーン半島に運ばれたものである。

アブラクでは円形のスタンプ印章も出土している。[*39] 図51－1は古式＝アラビア湾式印章に似ているが、異なる点もある。材質が象牙というのは他に例がないことと、古式印章は背面のつまみに孔とは九〇度のねじれの方向で一～二本の刻線があるのが普通であるのに（図46）、それが見られないことである。この印章の印面には、棗椰子の立木の両側に野生山羊《イベックス》のような弧状の角をもつ動物が向き合い、その下にサソリが描かれている。動物の目玉が強調されていないのは古式に多い表現だが、立木を挟んで向き合う動物というモチーフは新式に多い。したがってこの印章は、ディルムン式の特徴が部分的にすでに現れたアラビア湾式、あるいはアラビア湾式の特徴を色濃く残すディルムン式に近いのかもしれない。古式の年代は、バハレーン砦のⅡａ期に相当するから、この印章は前二〇〇〇年頃の地方作という可能性が高い。図51－2は石製で、大きなつまみは新式＝ディルムン式のものに似ているが、刻線や円点文のような装飾がないので、これも純正品とは言えない。報告者は「マガンの工人による地方作」と推定している。

いずれにしろ、バールバール文明特有の（またはそれに近い）印章がこの地で使われたことは、ウンム・ン＝ナール文明の中枢がバハレーン島に移転した後も、一部はこの地に居残り、あるいは改めてこの地に派遣されて、インダス方面、イラン方面との交易中継地、あるいは内陸での銅の採掘と初期加工、製品の集荷・出荷を差配する任務を、バハレーン島に首都をおくディルムン国政府の指令により果たしていたことがうかがわれる。

ディルムンは南メソポタミアのウルにも居留地を置いていた時期がある。早い時期からC・J・ガッドが述べているように、ウルの発掘では、非メソポタミア的なスタンプ式印章がいくつか出土し、それを当時は「古代インド式」と呼んでいた。[*40] 要するにメソポタミアでは「異物」であり、それには円形・方形のもの、インダス文字・楔形文字銘を刻んだものが含まれる。このような印章類は、現在ではメソポタミアの他の遺跡、イラン西南部でも知られるが、その意義は湾岸の古代文明によって明らかにされる。

研究史的にも重要なウル出土資料に含まれる円形のスタンプ印章には、湾岸における「アラビア湾式」（古式）と「ディルムン式」（新式）が混在することがみてとれる。前者は、バハレーン砦の第Ⅱa期と同時期、すなわち前二一世紀後半頃のものである。また後者はバハレーン砦第Ⅱb〜c期およびファイラカ第1〜3A期と同時期、すなわち前二〇〜前一八世紀のものである。バハレーンでもファイラカでも、「カッシート時代」には、ディルムン式スタンプ印章は知られていない。湾岸の初期ディルムン時代では、古式スタンプ印章は数が少ないが、新式は非常に多い。前者の印面にはインダス文字銘が記されることがあるが、後者には皆無である。そして前者が後者に型式変化したことは誰が見ても明らかである。

C・J・ガッドがウル出土の印章を紹介してから現在までに、長い年月が過ぎ去った。その間、インダス文明の研究、メソポタミア文明の研究も相当に進んだ。そして現在では湾岸文明というものも明らかにされつつある。古式印章に刻まれたもののように、インダス域外でインダス（ハラッパー）文字が存在した理由に関して、アスコ・パルポラとエリザベス・デュアリング・キャスパース[42]の研究では、以下のようなそれぞれ異なる結論が導かれている。

バハレーン砦五二〇区では、インダス文字銘の刻まれた円形スタンプ印章二個と、二つのインダス文字が刻まれた土器片一点が出土した。パルポラ[41]は中東全域で発見されたインダス文字を集成し、インダス域外におけるインダス文字銘の配列パターンがインダス的であるか変則的（非インダス的）であるかを考察した結果、次のような結論に達した。

バハレーンがまだ湾岸における重要な中継拠点となる前の時代に、ハラッパー人たちは相当の人数のグループをなして、自身でメソポタミアまでの全行程を航海していた。バハレーン、ファイラカ、ウル出土の印章に刻まれた、インダス文字銘文の圧倒的多数は非ハラッパー的配列、あるいは曖昧な記号の羅列である。バハレーン出土の印章のインダス文字銘のうち、真性のハラッパー式配列をもつのは二つだけである。それはこの地にハラッパー人が居住していたことを示している。彼らは地元住民に言語的影響も与えたに違いない。中東の対インダス交易者たちが最初に自分たちの円形スタンプ印章を作ったのは、イラン（スーサ）においてであり、それがアラビア湾式印章のモデルとなった。

デュアリング・キャスパースは、インダス文明の域外で発見された、インダス文字銘のある遺物を、インダス文明の地域からメソポタミアや湾岸に到来し、その地に長年住み着いた人々（「新シュメル人」＝土着化したインダス人とその子孫）のものではなく、中央アジア南部の青銅器文化

（ＭＢＡＣ）から到来した人々の遺物であったと主張する。彼女によれば、ＭＢＡＣ人は中央アジアの原郷で「ハラッパー語・文字」を習得していたにちがいないという。当時の国際商用語はシュメル語かアッカド語であり、彼らもそれを受容していたはずであるから、変則的配列のインダス文字が示しているのは、それとインダス語の混成翻訳語の表記であったというのが、結論である。

以上二つの説について詳しく解説するゆとりはないが、筆者の考えは以下のようである。常識的にみて、印章に記されたインダス文字銘は個人（または法人）名の表記である。域外に居住するインダス人が、時間の経過、世代交替とともに、本来のインダス人（メルッハ人）らしい名を捨て、メソポタミア人らしい名前に変化したということは考えにくいことで、むしろ守旧的であったと考えるべきである。名前を変えるほどであれば、インダス文字も捨て、円筒印章に楔形文字でメソポタミア風の名前を刻んだかもしれない。インダス式の角印でなく、円形のスタンプ印章であることは、それが非常にありふれたものであったＭＢＡＣからの発想と考えられる。その意味で、筆者はデュアリング・キャスパース説がやや優位かと考えている。

印章は対象に捺すものであり、捺されたものを見た人に、誰の持ち物かを知らせるものである。相手に読んで即理解してもらうことが大事だ。外国人と接する機会の多い日本人の多くは、表裏に二カ国語（多くは和・英）を印刷した名刺を持つ。裏面の英語式表記を見た英国人は、ローマ字表記の固有名詞を読み、「英国式の名刺だが、英国にはないような名前」と感じるだろう。アラビア湾式印章に記された変則的配列のインダス文字銘は、本来は楔形文字で書かれるべき名前であるが、交渉相手であるインダス人が読んで理解できるように、あえてインダス文字で表記したものではないだろうか？　そうであれば、これらの印章は、インダス人と交渉する機会の多い、非インダス人のものということになる。インダス語として奇妙な配列になるのは当たり前のことだ。彼らはメソポタミア人でもインダス人でもなく、ディルムン人であった。

　いかなる経緯で作られたにせよ、ディルムン国は、他に類例のない独特の円形スタンプ印章をもった商人たちを、メソポタミアとインダスの間の海外各地に派遣した。ウル出土のディルムン式印章は、この地にディルムン人が住んでいたことの証であるが、ディルムン式印章の出土層位からみると、ここの居留地はそれほど長く続かなかったというよりも、途中でその必要がなくなったのではないかと思われる。それは、ファイラカ島にディルムン国自前のショールーム付きの「海外営業本部」のような出先機関が作られたためである。他国に置かせていただいた居留地が、取引において絶対的に不利であるのに対して、ファイラカのＦ６丘に建ち並んだ商館は、「本社」であるバハレーン砦の直轄支配下にあり、そこを訪れる顧客側に対して、ディルムン側は対等かそれ以上の優位に立つことができたはずであるから。

6　ディルムンの神々

ウンム・ン＝ナール文明すなわちマガン国に比べ、バールバール文明すなわちディルムン国に関する情報は、あらゆる点で豊富であり、宗教に関しても例外ではない。現在までに知られるウンム・ン＝ナール文明の建造物の中に、神殿やそれに類する施設は一つもなく、宗教関係の遺物もまったく知られていない。わずかに、シュメルの神話『エンキとニンフルサグ』の中で、「ニンスィクラはマガンの主たれ！」（二七〇行目）と記されているのみである。[*43] それればかりか、マガンがどこにあるか、どのような国であるかも、一切記されていないことが、この神話が作られた時代のメソポタミア人の知識のほどを示している。明らかにディルムンとは異なる扱いである。

これに対して、バハレーン島とファイラカ島では複数の神殿址が発掘され、前節で述べたように、スーサのディルムン人居留地でも神殿が建てられたことを示す文書がある。バハレーンとファイラカでは、神と神殿に関する文書類がいくつか知られているが、それに加えて、メソポタミア出土の文書の中にも、ディルムンの神々に関する記事が見られる。

バールバール神殿と北東神殿

バハレーン本島の北岸近くにあるバールバール村の神殿群は、ディルムン国を代表する神殿遺跡で、デンマーク隊によって、一九五四～六二年に計八次にわたる発掘調査が行なわれた。その概要は広く知られていたが、二〇〇三年に正式報告書が公刊され、[*44] さらに二〇〇四年には同隊による補足発掘調査が実施されたため、[*45] より詳しい内容が知られるようになった。この遺跡の建造物群は五期（Ⅰa、Ⅰb、Ⅱa、Ⅱb、Ⅲ期）に分けられ、それはほぼバハレーン砦の第Ⅱa～c期と並行する。

神殿というものは究極の公共的建造物で、遠くからもそれとわかるように、周囲よりもひときわ高く聳《そび》え立っているのが普通である。そのために基壇を築き、時には複数の基壇を重ねて、その上に祭神を供養するための施設を配置した例もある。発掘後に修復・整備され、現在では観光地として知られるようになった、いわゆるバールバール神殿は、同じ場所で改築が繰り返されたものである。Ⅰ～Ⅱ期には、径六〇～八〇メートルほどの楕円形の基壇の上に一辺三〇メートル前後の方形基壇が載せられたものだが、Ⅲ期には一辺約三九メートルの方形の基壇となる。この改築によって、基壇の高さは増していった。

そしてひときわ高い基壇の上に、供物台など、いかにも神殿らしい施設群が設置されていた。この本殿の外部の東側には、少なくともⅠ～Ⅱ期には、「犠牲獣用」とされる楕円形の囲い地が、そして西側には、基壇上から下り階段によって達する四角い水槽《プール》が「離れ」のように付設されていた。

ちょっとした温泉場の浴場に似たこの水槽は神殿の最重要部分の一つで、発掘時には底から真水が湧き出ていた。地下水を汲み上げるための井戸は別の場所にあるので、それとは異なる用途があったはずである。この施設は「アプスー」というニックネームで呼ばれることがある。後にも幾度か触れるが、アプスー（アッカド語。シュメル語ではアビュズー）とは、メソポタミアでは地下の水神エンキの棲家《すみか》であり、この神殿もそれに関係があると考えられたからである。

バールバール神殿の基壇の上で発見された、神に捧げる供物を載せるための石の台は、二つの半円形を合わせた数字の「3」のような形をしている。つまり二柱（たぶん男女一対）の神のためのものだったのだろう。そして少なくともその一柱は、階段でつながれた地下の水槽と関係があった。補足発掘の成果の一つは、このプールに開口する四つの地下水路の一つが、勾配から判断して、排水ではなく給水のためであったことを証明したことである。[*46] それは多すぎる湧き水を排出するのではなく、少なすぎる湧き水を補うためのものであった。他の三つの水路はどうなのだろうか？　筆者は、それらには排水用と給水用が混在してもおかしくはないと考えている。要は水槽の中の水は高からず低からぬ一定の水面を保つ必要があった。ここは神殿、ことほど左様にデリケートな施設は、地下の水神の棲家に通じる通路と考える以外にない。「アプスー説」は的を射たものであるが、正式報告書では、慎重を期して「水槽」などという味気のない名前で呼んでいる。これに類する施設は、バハレーンにあと三つある。

その一つである「北東神殿」は、バールバール神殿の北東わずか四〇メートルほど離れた場所にあり、石と漆喰の壁で囲われた上下二段の方形基壇から成っている。上の基壇は基部の一辺が二四メートルほどあるが、囲い壁は傾斜がつくため、破壊著しい上面の大きさと、基壇の高さは正確には知られていない。この上の基壇の上面は敷石と漆喰で固められ、供物台を初めとする神殿に特有の施設が設けられていたのだろうが、すでに失われていた。

初期の調査では、上の基壇の中央部付近では敷石が見当たらず、後世の石材盗みによって失われたと考えられたが、補足調査では、この場所であの「アプスー」へ続く階段が発見された。しかしそれはバールバール神殿や、次に述べるアイン・ウンムッ＝スジュール遺跡のように、本殿と外付け階段で結ばれた別棟の「離れ」ではなく、基壇中央部の直下にあった。基壇上面から東へ、幅約一メートルの一一段ほどの階段を下りると、奥行二メートル、幅三メートルほどの長方形の小部屋に達した。部屋の床面には上端の径が約〇・八メートルの穴が開いていた。かつてはここから地下水が湧き上がり、小部屋を満たしていたのだろう。いや小部屋は水で満たされなければならなかったのだ。部屋の南北の壁の床面からそれぞれ高さが一・二メートルの所に、給水用の地下水路の口が発見された。地下深くから湧き出る水が少ない時は、これらの給水路を利用して人工的に必要な水面の高さを維持したのである。

アイン・ウンムッ＝スジュール遺跡

アイン・ウンムッ＝スジュール遺跡はバールバール神殿の西約二キロメートル、ディラーズ村の南に位置し、伝説に包まれた奇妙な地形で知られていた。径四〇メートルほどの窪地の周りを、大小四、五個の砂山が取り囲んでおり、その結果まるで火山の噴火口のような光景となっていたのだ。さらにその内部の斜面や砂山の上には長さ一・五〜三メートルほどの、明らかに建築部材として加工された石塊が数十個、バラバラな状態で転がっていた。

地元の伝説とは以下のようなものである。ウマイヤ朝のカリフ、アブド・ル＝マリク・イブン・マルワーン（在位：六八五〜七〇五年）が、イスラーム以前の多神教に戻ってしまった村人を罰するために軍勢を率いて到来し、村人が使っていたこの国最大の井戸を破壊してしまった。この異様な地形はその痕跡なのだと。

一九五四年の暮れに、ペーテル・V・グロブとジェフリー・ビビーの指揮するデンマークの考古学調査隊が短期間だけここで発掘調査を実施している。これは彼らによるバハレーンでの最初の発掘の一つであったが、当時はこの遺跡が形成された時代についてはまだよく知られていなかった。出土土器の分析から、初期ディルムン時代（バールバール文明）のものであることがわかるのは、以後、バハレーン砦の発掘が進められていく中でのことだった。

一九九一～九六年に、小西正捷《こにしまさとし》氏を隊長とする日本の考古学調査隊が四次にわたる調査を実施した。[*47] バハレーン砦の第Ⅱa～c期に相当する時期に、ここには巨石を積み上げた相当な規模の神殿が存在した。それは少なくとも二つの時期に造営されたが、各時期の本殿に外付けの井戸状遺構が付属した。最初の本殿に付属する井戸状遺構（一号井戸）は地上構築物で、本殿（神殿本体）から下り階段を経て井戸部屋に到達するものであった。砂の堆積により周囲の地面が一メートルほど高まった時、井戸部屋には暗渠《あんきょ》が付設され、それは水位が過度に高くなった際に排水施設として機能した。その後、「一号井戸」と本殿は暴力的に廃絶され、一号井戸はほぼ地下に埋没した。本殿は以前と幾分異なるプランで再建され、かつて一号井戸があった位置のすぐ南の場所に、新たな付属施設として、地下式の「二号井戸」が新設された。

二号井戸も本殿から直角に曲がった下り階段を経て井戸部屋に達する施設で、平面プランは一号井戸と似ているが、一号暗渠に類する給排水施設はなく、井戸部屋の床面に埋設された地下水湧出口の石の形が異なるなど、細部の違いはある。二号井戸と再建された本殿は一定期間使用された後に、これも暴力的に廃絶された。そして神殿本体に備え付けられていたと思われる石の供物台などの祭祀用具が階段内に乱雑に投げ込まれた。

図52　アイン・ウンムッ＝スジュール遺跡　発掘された2つの井戸状遺構

本殿と付属施設としての井戸状遺構という構成は、バールバール神殿のそれと似ており、いずれも地下の水神を祀《まつ》る初期ディルムンの神殿であったことを物語っている。「一号井戸」と「二号井戸」のいずれも、階段と井戸部屋の境目には巨石の長押《なげし》が残っていた（「一号井戸」のものは、再発掘の時には崩落していた）。また本来井戸部屋には屋根がかけられていたものと思われた。階段は少なくとも一回は踊り場を経て直角に曲がっていた。これらの遺構は神殿の重要な部分であり、そこでは太陽光をさえぎった暗黒の中で、選ばれた少数者によって宗教的秘儀が行なわれたであろう。水面は高すぎず低すぎず、一定の高さを保ち、曲がった階段によって、他者の目からは一切見えない状態で、それは挙行されたであろう。

図52は、アイン・ウンムッ＝スジュール遺

跡の二つの井戸状遺構を、気球にぶら下げた小型カメラで捉えたものである。後世のものであることが判明した火山の外輪山のような砂山群はすでに撤去され、その下からこの二つの遺構が露出している。一号も二号も、独立した施設というよりは、高い位置にある本殿から、L字または逆L字状に曲がった階段を下って、小さな正方形の井戸部屋に到達する、神殿の付属施設であることが一目で見て取れる。空から見ればよくわかるが、二つの遺構の途中で断ち切られた階段を延長していくと、両者は鉢合わせしてしまう。すなわち一号と二号は同時には使用されなかったこと、そしてそれぞれが使用された時期には、本殿の形も異なっていたことがわかる。

カリフ、アブド・ル＝マリクによる井戸破壊伝説は面白いが、その時代の痕跡は、ここでは何一つ出土していない。噴火口のような奇妙な地形に、それよりも合理的な説明を加えることはできるだろうか？　石材の散乱は、窪地の内部から引きずり出されたように見え、ある設計に従って並べられたり積まれた痕跡が皆無だった。石の数は、一九五四年には一〇〇個ほどと記録されているが、[*48]一九九一年には多少減っていた。ここでは四〇〇〇年ほど前に建てられ機能していた神殿がその後見捨てられ、廃墟化した後、良質の石材が近隣の住民によって盗み去られたのだと思われる。石材盗みはたぶん断続的に何度も何度も長期にわたって行なわれた。下の方の部材を得るために、盗掘はしだいに深い位置に及んだ。そしてついに地下水位に達した。遺跡の地形は変貌し、この国ではしばしば見られる「アルトワ式自噴泉」が造られた。現在も地元の老人の何人かは、この泉が近隣に農業用水を提供したことを記憶している。掘り上げた砂が「外輪山」となり、持ち去られなかった石材がその上に放置されたままになっていた。低い位置にあったために、二つの井戸状遺構だけが砂山に守られて保存された。弘法大師による泉の湧出と同様に、奇妙な地形はアブド・ル゠マリクという、イスラーム圏では誰でも知っている有名人の所業によるものと説明がなされ、地元の住民は納得した、というよりも、異議を唱える理由も必要もなかった。

バールバール神殿と北東神殿、そして大半が破壊されてしまったアイン・ウンムッ゠スジュールの神殿に共通するのは、一段であれ二段であれ、楕円形であれ方形であれ、周囲より高く聳える基壇式の神殿であり、アプスーと呼ぶに相応《ふさわ》しい施設が内蔵あるいは外付けで付設されていることであった。ゆえにこれらは地下の水神を祀る神殿である。地下の真水の海（アプスー）から水神は姿を現わし、階段を上って基壇上の祭祀場へ進み出る。人々から供養と供物を受け、満足した水神は再び地下の海へ帰っていく。これがこのタイプの神殿で行なわれたことで、実際には神官が演じたであろう。水神には妻なる女神（あるいは女神役の女神官）が、「山」のように高い神殿の寝所で、上り来る夫君を待っていたかもしれない。両者の普段の居所には、地の底と高所という大きな高低差があることも、平坦なバハレーン島では、ドラマティックな演出であった。

サールの神殿

一九九〇年から九九年まで一〇年間、英国の考古学調査隊によって続けられた、バハレーン本島北部にあるサールの都市集落遺跡の発掘調査の中で神殿跡が発見・調査された。[*49] それは集落の中心部に位置し、バールバール神殿などと比べると大いに異なる様相を示す。まずそれは周囲を見下ろす高い基壇ではなく、もともとの地形を整形して造られた、周囲より一〜二メートルだけ高い敷地に建てられている。周囲にひしめく家屋と比べると際立って大きいものの、同じ地上の建物であった。

長方形というよりは、上底が約七メートル、下底が約一二メートル、高さが一七メートル余りの台形で、上底が大通りに面し、そこに出入り口があった。出入り口は集落の大通りに面しており、反対側にはそれに直交する「参道」が延びていた。

他よりも大きい建物であるため、内部には屋根を支える三本の柱が立てられ、複数の供物台があった。最奥部の隅は「L」字状の壁で仕切られた、時には一つ、時には二つの小部屋が設《しつら》えられていた。

この神殿については第五章第3節でも再度触れるが、バールバール神殿やアイン・ウンムッ＝スジュール遺跡の失われた神殿とは別のタイプの神殿であった。そしてそれがサールの都市と住民の守護神の住まいであった。この種の神殿は他にもいくつかある。次に述べるクウェイト、ファイラカ島の神殿もその例である。

ファイラカ島の神殿

ファイラカ島ではF3丘とF6丘で、「神殿」と呼ばれる建物が発掘されている。[*50] F3丘の神殿は本章第2節で図示したが（図42）、一辺一四メートル余りの方形の建物で、第3A期の建物の上に第3B期に建設され、その後二度改築されている。石積みの供物台があるため、「神殿」

とされている。確かに神殿とするに相応しい建物ではあるが、問題もなくはない。

ファイラカにおける3B期は「カッシート時代」であるが、F3丘ではバールバール式土器が依然四〇パーセントの高率で見られ、わずか九パーセントに急落するF6丘とは大きな違いがある（次章第1節参照）。出土土器の内容からみて、F3丘第3B期の神殿を使用した人々は、生活文化の面で前代との連続性が非常に高いといえる。

本章第2節で述べたように、F3丘の神殿では、紅玉髄製の両面式の円形スタンプ印章が出土している。円形ではあるが、様式的にアラビア湾式でもディルムン式でもない。二つの面の楔形文字銘文は以下のように読まれている。[*51]「エガル・グラ《古い神殿》／インザク」、「**PA.NI.PA** 神／種子の専門家／アガルムのインザク神」。

この銘文は、この建物がインザク神殿であった根拠となるだろうか？　ことさら「古い神殿」と表記しているのは、「新しい神殿」と区別しているのであろう。この印章が「法人」としての神殿の公印の一つであったとすると、どのような解釈が成り立つだろうか。この建物がインザクの「古い神殿」であり、この印章がそれに付属していたのであれば、それは建立の当初に作られたのではなく、もう一つ「新しい神殿」がどこかに建立された後に作られ、この「古い神殿」に保管されていたということになる。

しかしここではもう一つの解釈をする方が合理的だと思われる。すなわちこの建物こそ「新しい神殿」なのであり、印章は、少なくとも一時期並立していた「古い神殿」から移管されたのだと。その理由は、この建物が第3B期すなわち前二千年紀後半のカッシート時代に建てられていることである。そして「古い神殿」とは、F6丘でフランス隊が発掘したあの「塔の神殿」ではないだろうか。

メソポタミアの神話で、インザクは「ディルムンの主《しゅ》」である。この島に「出先」である商業都市を新設したディルムンが、同時に自らの守護神殿を建てなかったはずがない。ファイラカにおけるインザク神殿を実見したメソポタミア人が、そこで得たディルムン本国の情報や概念を、『エンキとニンフルサグ』をはじめとする自らの神話に織り込んだと考えるべきなのである。ファイラカに最初に建てられた神殿は、バハレーン島のどこかにあったインザク神殿から分祀したもので、第3B期にF3丘に「新しい神殿」が建てられた後は、「古い神殿」として区別されたのであろう。

この「新しい神殿」は第3B期に建てられたが、やはりインザクの神殿であった可能性がある。それは、次章で述べるように、第3B期以降のF3丘とF6丘の間に、生活文化の違いが見られ、F3丘には第3A期以来のディルムン系住民、F6丘には新たな到来者が居住していたと考えられるからである。

F3丘では、銘文を刻んだバールバール式の土器片二点が出土しており、うち一点の銘文には、「インザク神」の名が記されている。[*52] 報告者であるイェスペル・アイデムによれば、この土器片はF3丘の第2期の層位から出土したもので、前二千年紀初頭のもの、銘文は献辞の可能性があるという。これらのことから、ファイラカ島には、都市建設の当初（前二〇〇〇年頃）より、インザク神殿が置かれていたことがわかる。

Ｆ６丘では、二柱の神名を含む銘文を記した土器片が出土しているが、出土層位は不明。銘文は前二千年紀末〜前一千年紀初頭のアッカド語であるという。[*53] 銘文の一部が判読され、「カ……」および「ニン……」なる二柱の神名を含むものであったことが知られている。しかし、文脈が不明であること、またこの年代が正しければ、既知の建物である「宮殿」および「塔の神殿」よりも新しい時代のものであるから、前二千年紀前半のＦ６丘に神殿が存在した根拠にはならない。

ファイラカ島では、これらのほかにも、一群の楔形文字文書が出土している。ただしまとまった内容のものはなく、いずれも印章、土器、石製容器、粘土板などに刻まれており、ほとんどが破片で出土したために、断片的なものに過ぎない。グラスナーにより解読・公刊された約四〇点[*54]の中に、ファイラカ島に直接関係のある内容を記したものが少数見られる。「古い神殿」の印章の銘文はその一つであるが、他にも「エガル・グラ」、「エンキ」、「インザク」、「インザク神殿」、「インザクの大きな家」などの表記を含むものがある。

そこで「ディルムン」の表記はあるかという疑問が出来するが、確かなものは一つもない。唯一可能性があるとされたのは、Ｆ２丘で出土した石製容器の破片に刻まれた銘文の断片で、四行目で「インザク神（?）」が、二行目で「ディルムンの主（?）」が、復原的に読まれているが、[*55] かなり大胆な推測を含んでおり、疑問が残る。

メソポタミア神話におけるディルムン

バールバール神殿、北東神殿、アイン・ウンムッ＝スジュール遺跡の「失われた神殿」に共通するのは、「プール」または「アプスー」と呼ばれる、井戸あるいは水槽のような地下水の湧き出る付属施設である。北東神殿以外では、本殿の基壇上から外に延びるL字形の階段を降りて到達する。アイン・ウンムッ＝スジュールでは二基が発見されている。これらは水と関係の深い神格を祀った神殿の重要な一部と考えられている。

これに対して、アイン・ウンムッ＝スジュール遺跡の南約一キロメートルに位置するディラーズ神殿、サール都市遺跡の神殿など、バハレーン島における同時代の他の神殿遺跡では、このような施設は発見されていない。ゆえにこれらの神殿は水神とは別の神格を祀った神殿ということになる。そしてファイラカ島でも「アプスー」のような付属施設をもつ神殿は知られていない。

本章第4節で触れたメソポタミア神話『エンキとニンフルサグ』の現存するテキストは、前二千年紀の前半に書かれたものだが、神話そのものの成立年代は不明である。[*56] しかしその内容から、作者がどのような立場の人で、どのような意図をもって、何を素材にしてこのような神話を作り上げていったかについて想像することは興味深いことだ。作者であるメソポタミア人のディルムン観は概ね好意的で、「聖なる土地」として、敬意に満ちた表現がなされている。それは作者の得た知識が本来好意的なもので、理想郷というイメージを伝聞として受け取った、あるいは伝承されたためである。エンキが妻ニンフルサグの求めに応じて真水をもたらす行為は、次に始まる繁殖、神々の創生というテーマへの導入にほかならない。ディルムンの主人公は明らかに二柱の祖神《おやがみ》であるが、彼らの間に、あるいはエンキと娘たちの間に生まれた神々の多くは、さほどの意義を持たないもので、何柱が生まれ、たとえそれがメソポタミアのパンテオンに編入されたとしても、ほとんど何の影響も及ぼさないものばかりである。それらの神格のうち、ニンスィクラ女神は「マガンの主」、エンサグ神（インザク）は「ディルムンの主」たるを命じられている。

多くの古代神話に見られるように、この記述は地域支配権の相互関係を合理的に説明するものである。マガンの守護女神ニンスィクラはディルムンの一対の祖神の娘であり、祖神の下位に置かれている。エンサグ（インザク）も祖神の息子であり、同様に祖神の下位に置かれている。この神が「ディルムンの主」となったという記述は、「ディルムン」なる土地の支配権を祖神から正当に委譲された、あるいは権威づけられたことを示している。

神話の作者は一人や二人ではあるまい。ファイラカを訪れた多数のメソポタミア人の「渡航隊」メンバーたちが現地で得た情報が、やがてディルムンに関する神話となり、ある時点（前二千年紀前半）に古バビロニア語で粘土板に刻み込まれたのである。しかしここでは、この神話の作者を前二〇〇〇年頃ディルムンによって新たにファイラカ島に設置された交易場に商談に出かけたメソポタミア商人の一人に、彼に対する情報提供者を一人のファイラカ在住ディルムン人と仮定し、両者の架空のやり取りの中から、『エンキとニンフルサグ』のような、メソポタミアにおけるディルムン観の成立過程を探りたいと思う。

このメソポタミア人は、商用でウル市の海港から船に乗って、ディルムン国の出先機関があり後世ファイラカと呼ばれる島を訪問することはあるが、ディルムン本土（後世のバハレーン島）へは行ったことがない。ディルムンに関する彼の知識は、ファイラカ島で応対したディルムン人話者へのインタビューによるものである。

それによれば、ディルムン人たちはメソポタミアに近いその島を「アガルム（またはアガル）の地」と呼んでいる。その四〇〇キロメートルほど先にディルムン本土があるとのこと。本土へは、マガンやメルッハなど、さらに遠くの土地からさまざまな物資が集まってくるばかりか、真珠や棗椰子のような自前の産品もある。そこからアガルムまで海上を運ばれてきた物資は、公開の市場でメソポタミアの諸都市やエラムのスーサから来た商人たちに売りさばかれる。メソポタミアから支払われる対価は農産物である。大麦、小麦、玉葱、胡麻油、毛織布……。

ディルムン本土では、遠い昔から水神が信仰されており、その神殿には神の棲家である地下の真水の海へ通じる聖なる施設が付属している。地下の水神はそこを通って高々と聳える神殿に上《のぼ》り、住民たちの供養を受ける。おかげでディルムン本土は豊富な真水に恵まれ、この上なく豊かなのだという。

神話の作者は、古くからのメソポタミアの神話に通暁している。彼はこう理解した。ディルムン本土とは、まさしく理想郷である。そこに真水をもたらした神は、メソポタミア最南部の町エリドゥの守護神エンキ（エア）と同一の神であると。そして彼はディルムン人に問う。「この島（ファイラカ島）はディルムン国の一部であるのに、神殿に祀られているのはインザク（エンサグ）である、何ゆえ水神の神殿がないのか」と。

相手はこう答えた。「ディルムン国本土から派遣された我々はアガルム部族であり、貴殿らが「ディルムン」と呼ぶこの島も、本土では「アガルムの地」という名で呼ばれている。われらアガルム族は父祖の時代から生まれながらの商人で、商船をたくみに操り、各地の珍しい産品を手に入れては、それを求める国々に赴き売却するとともに、新たな商品を手に入れることを生業《なりわい》としている。

ディルムン本土（バハレーン島）に定住する以前、わが祖先は、土着の女神を祀る先住民の土地、現在ではディルムンの国土の一部となっている、マガンという国に住んでいた。マガンの首都兼国際貿易港が海岸近くの小島にあり、内陸では銅山の開発が盛んだった。わがアガルム族の祖先は、遠い昔に海の彼方の土地（イラン）からマガンに移住した民の裔《すえ》で、銅山開発ももともとはわが祖先たちが始めたことだという。首都の港を母港とし、対岸はもとより、遠くメルッハ国（インダス文明）やシュメルの地とも交易を行なっていた。当時、この島（ファイラカ島）はまだ存在しなかった。

数代前に、アガルム族は、部族の守護神インザク（エンサグ）の導きにより、首都を現在の場所（バハレーン島）に移し、多くの者が転居してきた。これが現在のディルムン国である。アガルム族が到来した時、そこには先住民の社会があり、水神を守護神として斎《いつ》き祀《まつ》っていたが、まだ明確な国家というものはなかった。われらアガルム族のインザク神殿が新たに作られたため、現在のディルムン本土には、今やこれら二系統の神を祀った神殿群がある。水神の神殿には周囲より一際高い基壇があり、水神の棲家である地下の海に続く施設を備えている。しかしインザクの神殿には、そのいずれもない。

わが部族は交易活動を続け、やがて新たに陸地化したシュメルに近いこの島に出先機関（海外営業本部）を設置した。ほらそこに見えているインザク神殿もこの時建てられた。我々若手の営業担当者がディルムン本土からこの島へ交代で派遣され、貴殿たちとの商取引を行なうとともに、インザク神を斎き祀っている。駐在員としての任期が終われば、我々は本土に召還されることになっており、任期中の不慮の死の場合にも、遺体は本土に送還され、広大な共同墓地の一角に葬られるのだ」と。

神話の作者はこう考えた。「二つの河に育まれたわれらが故郷には八百万《やおよろず》の神々がおり、それぞれが自らの都市を守護するとともに、世界・宇宙の秩序をなしている。わがエリドゥの神エンキが、海を越えたディルムンの地を昔から支配していたとは驚きだ（とディルムンの水神を勝手にエンキと同一視してしまう）。エンキはさまざまな属性をもつ神だが、かの地では、万物の生命の根源、地下の真水の海（アプスー、アビュズー）の支配者として、崇敬を集めているらしい。他方、ディルムン人との経済的交流によって、インザク神は、メソポタミアでも相当知られるようになってきた。また東の国エラムのスーサでも、そこに住むディルムン人たちによって、同神の神殿が建立されたと聞く。ディルムンの地は、もともとエンキの土地であるが、インザクに導かれたアガルム族が到来することで、現在では繁栄する国家として近隣に名を知られるようになってきた。エンキをかの地の祖神とし、インザクやその他の神々からなる秩序を体系づけることは、歴史と伝統のあるわがメソポタミアの大衆と海外交易に良い効果をもたらすであろう」。

以上のメソポタミア流の神学的創作により、好ましい場所であるディルムンを舞台に、エンキとその妻の間に、ディルムンの主インザクとマガンの主ニンスィクラおよびその他のとるに足りない多数の神々が創出され、秩序を与えられたのである。バハレーン土着の水神に配偶神がいたことは、バールバール神殿の供物台が二基あることから推定される。神話の作者は、ニンフルサグというメソポタミアの豊穣女神を充てているが、それでメソポタミアの大衆が納得すれば誰でもよかった。

ファイラカ島は前二〇〇〇年頃新たに出現した陸地であったと思われる。前三千年紀には、海水面が現在より一・五〜二メートルほども高く、[57]陸地でないか、少なくとも人の住みうる場所ではなかったと考えられる。この島にはディルムンの海外領土以前にさかのぼる遺跡はない。

メソポタミアの神話では、エンキの棲家はエリドゥの神殿＝アプスーである。『エリドゥのエンキ神殿讃歌』によれば、それは「王子様のために建てられた神殿」であり、神々の集会場・宴会場、「王子様の清い水路からもたらされた水」が飲まれる良き場所で、光は決して射し込まないという。[58]

しかしながら、他の多くのメソポタミアの宗教文書同様、エンキの水神としての属性はここでもあまり強くない。水神という属性はもともとエンキにはそれほど重要でなかったが、ディルムンの神話と結びつけることにより、強化された可能性がある。つまり、バハレーン島で祀られていたディルムンの水神をエンキ神と同一視することで、水神としてのエンキの属性は強化され、その棲家は深淵《アプスー》と呼ばれるようになったのであろう。バハレーン島では、神殿付属の水槽または井戸状の施設が四基発見されているにも関わらず、同様のものがメソポタミアでは一例も知られていない。

インザクに関する問題が一つ残されている。アル＝ナーシェフが結論するように、[*59]この神は「棗椰子を司る神」であるかということである。もしそうであれば、インザク神は湾岸を象徴する数少ない種類の農作物に関係し、農民の神という解釈も可能であるが、果たしてそうであろうか？　次章第5節で詳しく述べるが、前世紀に英国人デュランドによってバハレーン島で発見された玄武岩塊「デュランドの石」には「アガルムのインザク神」を含む銘文と棗椰子の枝が一本刻まれていた。インザクとは交易を生業とするディルムン人の神であり、棗椰子の果実も交易品目の一つであった。

図53「シャハダードのスタンダード」部分（Hakemi 1997）

そこで想起されるのは、「シャハダードのスタンダード」の「旗」部分に描かれた図像（図53）である。第二章第3節で触れたように、トランス・エラム文明の首都シャハダード＝アラッタの守護神は、棗椰子と関係のある男神と考えられる。これまで述べてきたように、本書では、ウンム・ン＝ナール文明とは、原エラム文明の海外植民地であったハフィート文化の後身、ウンム・ン＝ナール文化が、前二五〇〇年頃に都市文明化を遂げたもので、やはり原エラム文明の後身であったトランス・エラム文明やインダス文明と近い「親戚」関係にあるものと考えてきた。そしてバールバール文明の成立については、対メソポタミア交易をより合理的なものにするために、ウンム・ン＝ナール文明による湾中部への植民が行なわれ、前二〇五〇年頃、首都中枢部のバハレーン島移転が決行されたことだと考えた。

一般論として、移民というものは自身の守護神なり信仰体系を伴って新天地に赴くのが当たり前と考えられる。カナアンに定住するまでのユダヤ人やアメリカ西部開拓時代のヨーロッパからの移民のように、信仰心はむしろ強化され、それによって逆境に耐えることができる。問題はその先である。移住先にすでに旧来の住民がおり、特に彼らがそこそこのレベルの宗教をすでにもっていた場合は、さまざまなことが起こる。

クウェイトのファイラカ島のインザク神殿は、バハレーン島に本拠地を置くディルムン国の中枢部によって派遣された人々が、「アガルムのインザク神」をバハレーン島から分祀したものであろうから、その前の段階では、同じ神がマガン国の首都ウンム・ン＝ナール島で斎き祀られていた可能性がある。しかし、ウンム・ン＝ナール文明の神殿や宗教的遺物は今まで一例も発見されていない。ウンム・ン＝ナール島とヒーリーで少数知られる墳墓外壁の装飾にしろ、動物や人物を象《かたど》ったものが大半で、超自然の存在（神）を表現または暗示するものはない。トランス・エラム文明の象徴的遺物であった古式クロライト製容器は、ウンム・ン＝ナール文明の遺跡でも少数ながら出土する。それには宗教的意味のある具象的な絵画表現があるが、前三千年紀の末に近づくと、コンパスを用いた二重円点文とせいぜい直線だけから成る単純な「新式」容器が大半となる。ウンム・ン＝ナール文明は、少なくとも現在のわれわれが知る限りでは、宗教的な遺構・

遺物をほとんど遺していないという点で、きわめて異例の古代文明であると言わざるをえない。確かに痕跡は乏しいが、彼らが神を持たなかったという訳ではない。都市遺跡の調査が進めば、必ずや神（々）と人の接点としての施設が明らかになるに違いない。

神殿付属の「アプスー」について

いわゆる「アプスー」について考えてみると面白い。本来メソポタミア人が考えたアプスーとは①地下にある広大無辺の海、「深淵」、②万物の祖の神格としての具現、③神殿にある水槽、の三つである。[*60] これらは元来エンキ（エア）神にまつわる同じ神話的概念から発するもので、①と②はやや概念的であるのに対して、③は、実在したエリドゥのエンキ神殿を指している。

メソポタミアの神話において、アプスーはもともと淡水を象徴する男神、配偶神ティアマトは塩水の女神であるが、その息子エンキは父アプスーを殺し、その上に自らの神殿エ・エングラ（または「海の家」）を建てたとされる。第二章第1節で引用したシュメルの叙事詩『エンメルカルとアラッタの主』では、計六回記されている（五四、五六、五七、八五、八七、八八行）。五四、八五行では、「聖なる〈山〉のようなアプスー」、五六、八七行では「神殿アプスー」と記されている。ここで言う「アプスー」は、高々と聳える神殿であるというだけのことであり、その様態は不明、特に地下の深淵＝「真水の海」との関係は記されていない。

複数の邦訳もあり、広く親しまれている古代メソポタミア文学、『ギルガメシュ叙事詩』の中に、以下のような叙述が見られる。主人公ギルガメシュは生命を更新する水底の草を手に入れるため、「溝［を］開け、重い石を［足に］縛り付けた。それら（＝石）が彼を深［淵《アプスー》］に引き込むと、［そこにかの草があった］」[*61]（二七一～二七三行目）。この表現はいかにも具体的で、地下にある真水の海に、狭い「溝」を通り抜けて降りていく様が示されている。エンキの棲家アプスーすなわち地下にある真水の海は、まさしく神の領域であり、生命の更新という、神の世界ならではのテーマに相応しい。『叙事詩』に描かれたアプスーは、バールバール神殿、北東神殿、アイン・ウンムッ＝スジュール遺跡で発見された計四基の「アプスー」の様態と似ていなくもない。やはり生命の更新を目的とする宗教的秘儀の場であろうか。

　バハレーン島では地下水はきわめて豊富で、近年までアルトワ式自噴泉とそこから始まる暗渠による配水システム（カナート、カレーズ、アフラージュ）が至る所で見られた。ユネスコ世界遺産であるバハレーン砦の近くの砂浜など、この国のいくつかの海岸では、現在も波打ち際で真水が間欠的に数センチメートル湧き上がっており、かつては人の背丈ほども吹き上がることがあったと聞く。さらに、浅い海底に湧き出す真水を革袋で集めたものが、飲用として市場で売られていたという[*62]。土着の神として水神の概念が発達することは、この国ではごく自然なことである。

　メソポタミアに伝えられたディルムンに関する知識が、『エンキとニンフルサグ』や『ギルガメシュ叙事詩』のようなメソポタミア神話に影響を及ぼしたことは十分考えられる。因みに、『叙事詩』の成立時期は、古バビロニア語版の発見によって、古バビロニア時代（前一九五〇～前一五三〇年）まではさかのぼる[*63]。

　バハレーン島のディラーズ神殿、サール集落遺跡内の神殿、ファイラカ島F3丘の神殿は「アプスー」をもたない神殿であり、いずれもインザク神殿であると思われる。メソポタミア、湾岸、スーサ出土の楔形文字文書に登場するディルムンの神は、インザク（エンサグ）とその妻メスキラクであり、[*64]後者はメソポタミアではさまざまな女神と同一視されている。そして湾岸とスーサでは、ディルムンに直接結びつけられる神格はインザクただ一柱である。『エンキとニンフルサグ』はシュメルの神話であり、この一対の祖神はメソポタミアの神と同じ神として扱われている。インザクはディルムンにおいてもメソポタミアにおいても外来者によってもたらされた外来の神であったのではないだろうか。そしてかつてはマガン国においても外来の神であったかもしれない。奇妙な付属施設をもつバハレーン島の神殿群では「メソポタミアの神エアまたはそれに相当する地方神」が祀られていたのであり、[*65]名が知られていないのは、おそらく本来「神」とだけ呼ばれていたからであろう。エア（エンキ）に相当するというのは、メソポタミアの神話作者による意図的な解釈であり、ディルムン側が希望したことではない。

第五章

湾岸文明の衰退

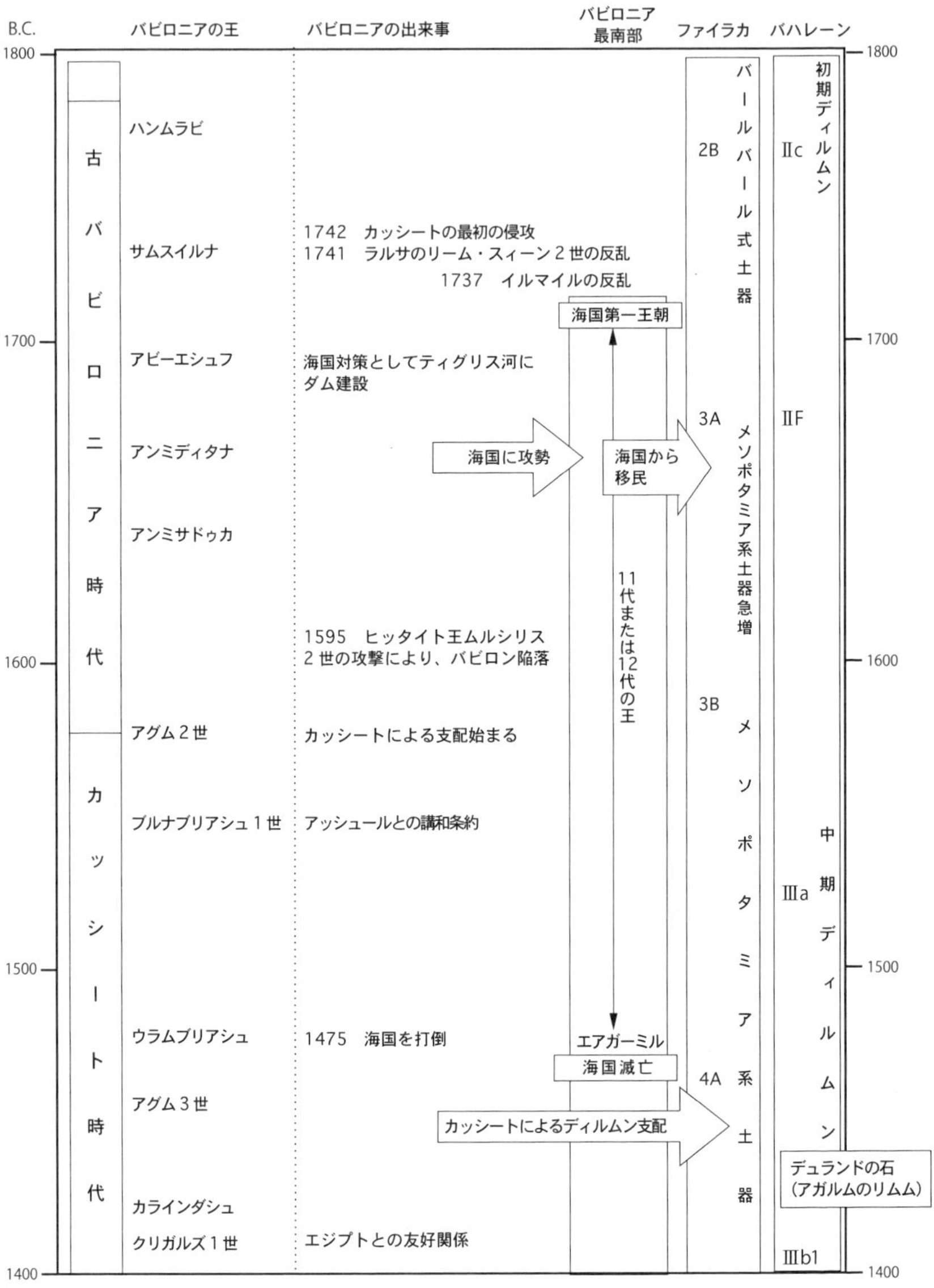
B.C.
バビロニアの王
バビロニアの出来事
バビロニア最南部
ファイラカ
バハレーン
1800
1700
1600
1500
1400
古バビロニア時代
カッシート時代
ハンムラビ
サムスイルナ
アビーエシュフ
アンミディタナ
アンミサドゥカ
アグム２世
ブルナブリアシュ１世
ウラムブリアシュ
アグム３世
カラインダシュ
クリガルズ１世
1742　カッシートの最初の侵攻
1741　ラルサのリーム・スィーン２世の反乱
1737　イルマイルの反乱
海国対策としてティグリス河にダム建設
海国に攻勢
1595　ヒッタイト王ムルシリス２世の攻撃により、バビロン陥落
カッシートによる支配始まる
アッシュールとの講和条約
1475　海国を打倒
エジプトとの友好関係
海国第一王朝
海国から移民
11代または12代の王
エアガーミル
海国滅亡
カッシートによるディルムン支配
2B
3A
3B
4A
バールバール式土器
メソポタミア系土器急増
メソポタミア系土器
ⅡC
ⅡF
Ⅲa
Ⅲb1
初期ディルムン
中期ディルムン
デュランドの石
（アガルムのリムム）

湾岸における第二の古代文明＝バールバール文明は、バハレーン砦第Ⅱ期の末に衰退に向かった。本章では、当時の国際情勢に関する情報と、現在知られている考古学的資料に基づいてその過程を検討し、湾岸文明の凋落《ちょうらく》とはどのようなものであったかを考えたいと思う。

古代文明の成立を知ることは、考古学ではそれほど難しいことではない。それまでなかったような立派な施設や、都市生活にしかあり得ない立派な遺物が発見されることで、それは達成される。では、古代文明の衰退はどのようにすれば解明できるのだろうか。

ウンム・ン＝ナール文明の「衰退」はオマーン半島における局地的現象であり、広い目で見るならば「発展」の一コマと考えた方がよい。これに対してバールバール文明の衰退は、シリア方面からインダス川流域に至る広い範囲での政治的、経済的大変動の一部と考えられる。それは本物の衰退であり、以後しばらくの間、この文明のように国際的な活動が湾岸の人々によってなされる時代は来ない。

1　ファイラカにおける考古学的証拠

バールバール文明すなわちディルムン国の衰退を知るには、同文明の中心であったバハレーン島の諸遺跡、とりわけUNESCO世界遺産バハレーン砦をまずもって検討すべきであるが、ここではその出先が置かれていたクウェイトのファイラカ島を先に検討する。その理由は、バハレーン砦ではちょうどこの時期の居住層に年代上の空白部分があるのに対して、ファイラカでは比較的連続性の高い居住が認められているため、最初にそれを検討し、次にバハレーン島ではなぜ居住時期が断絶してしまったかを考えた方がわかりやすいからである。

ファイラカ島におけるバールバール文明はどのようにして終わり、どのようにして次の段階を迎えたのかを、ここでは主としてバールバール式土器とメソポタミア系土器の出土状況から探ることとしたい。それらはデンマーク隊が実施した五次にわたる発掘で得られ、オーフス先史博物館に持ち帰られた資料に基づいて報告されたものである。[*1] それにより、同島のF3丘とF6丘では、バールバール文明（初期ディルムン時代）の後半期から、この文明衰退後の時期にいたる様相を追跡することができる。

土器（片）というものはどのように大ざっぱにも、またどのように細かくも分類することができる。この時代のファイラカの土器をデンマーク隊は一三三の型式《タイプ》に分けており、うちバールバ

	バールバール式	メソポタミア系	総数
第1期	93%	7%	95
第2A期	99%	1%	132
第2B期	98%	2%	256
第3A期	50%	50%	174
第3B期（F3丘）	40%	60%	237
第3B期（F6丘）	9%	91%	212
第4A期（F3丘）	10%	90%	352
第4A期（F6丘）	1%	99%	471
第4B期	11%	89%	171

表1　ファイラカ島における出土土器片の比率の変遷（Højlund 1987, p. 112, Fig. 460 より）

ール式は六四型式、メソポタミア系が五七型式を占めている。バールバール式の土器も時間とともに形が変化し、古い要素が減少・消滅すると同時に新しい要素が出現・増加するが、メソポタミア系土器の型式はそれ以上に複雑で、また長い研究史のなかでより詳しく知られてもいる。

前章第2節で述べたように、F3丘では第2期に居住が始まり、第3A期まで居住用と思われる家屋群が場所を変えて建てられた。第2期の建物群は発掘区の北側地区にのみ見られるが、第3A期の建物群は南側にのみ見られ、両者はまったく重なるところがない。すなわち、残存する前代の建物の壁を利用して新しい建物群を作るという、当時の西アジアで広く見られる習慣が欠けている。そして第3B期になると、発掘区の中央部に一辺一二〜一四メートルほどの正方形に近いプランの神殿が建立された（前章図42）。

発掘区の南東隅に南北に並ぶ三基の土器焼き用の窯《かま》が発見され、北から一〜三号窯と命名された。出土土器の型式から、一号は第2期、二号は第3A期、三号は第3B期のものであることがわかった。各時期の住居址群は転々とその場所を変えているにもかかわらず、土器を焼く窯の位置は、何故かほとんど変化しない。
第3A期の集落は第2期の集落とは別の場所に作られ、第2期の建物の残存部分を利用していない。第3B期の建物（神殿Ⅰ〜Ⅲ期）も、第3A期の建物とは無関係に建立されている。ところが第4A期の住居址群は発掘区南側の第3A期の住居址群の一部を利用して作られている。第4B期の住居址群は、発掘区の北側、かつての第2期の住居址群の上に、古い壁を利用することなく、別個のプランで建てられている。
次に出土土器について考えてみよう。表からわかるように、第3A期では、それまで大半を占めていたバールバール式土器が半数ほどになり、メソポタミア系土器がほぼ同数を占めるようになる。ファイラカにおけるメソポタミア系土器は事実上の初出であり、このことは、第3A期において大きな社会的変化が起こったことを暗示している。デンマーク隊の発掘報告書によると、第1期、第2期の大きな特徴であったバールバール式土器の断面三角形の口縁部をもった短頸壺が激減し、胎土にも変化が見られる。またメソポタミア系土器はいずれも古バビロニア時代の型式で、植物繊維を多量に含む「G種」の胎土が多用されている。[*2]
しかしバハレーン砦（五二〇地区）ではこれに並行する居住時期は確認されておらず、第Ⅱc期と第Ⅲa期の間は長い空白期となっている。バハレーン島に置かれていた首都で、初期ディルムンの文明が衰退した後にも、ファイラカ島では同文明が存続していたことになるが、土器群の内容が、バールバール式土器一辺倒から、バールバール式とメソポタミア系のちょうど折半へという大きな変化は、ファイラカにおける生活文化の急速なメソポタミア化を示している。この時期にも、ファイラカでは前代同様にディルムン式スタンプ印章が相当数出土しているが、それは初期ディルムンの最後の盛期を示している。ディルムン的な経済活動が続いていた訳であるから、メソポタミア色の濃い外来文化による、この地の暴力的な「征服」とは考えられない。

ファイラカ島の第３Ａ期から第３Ｂ期への変化はそれよりも大きい。第３Ｂ期に、Ｆ６丘の「宮殿」（前章図40）は、プランにほとんど変更を加えることなく、新たな床面を貼って、再使用される。主室に隣接する小部屋はこの時期の収納庫と思われ、多数の完形土器が伏せた状態で壁際に並べられ、積み上げられていた。

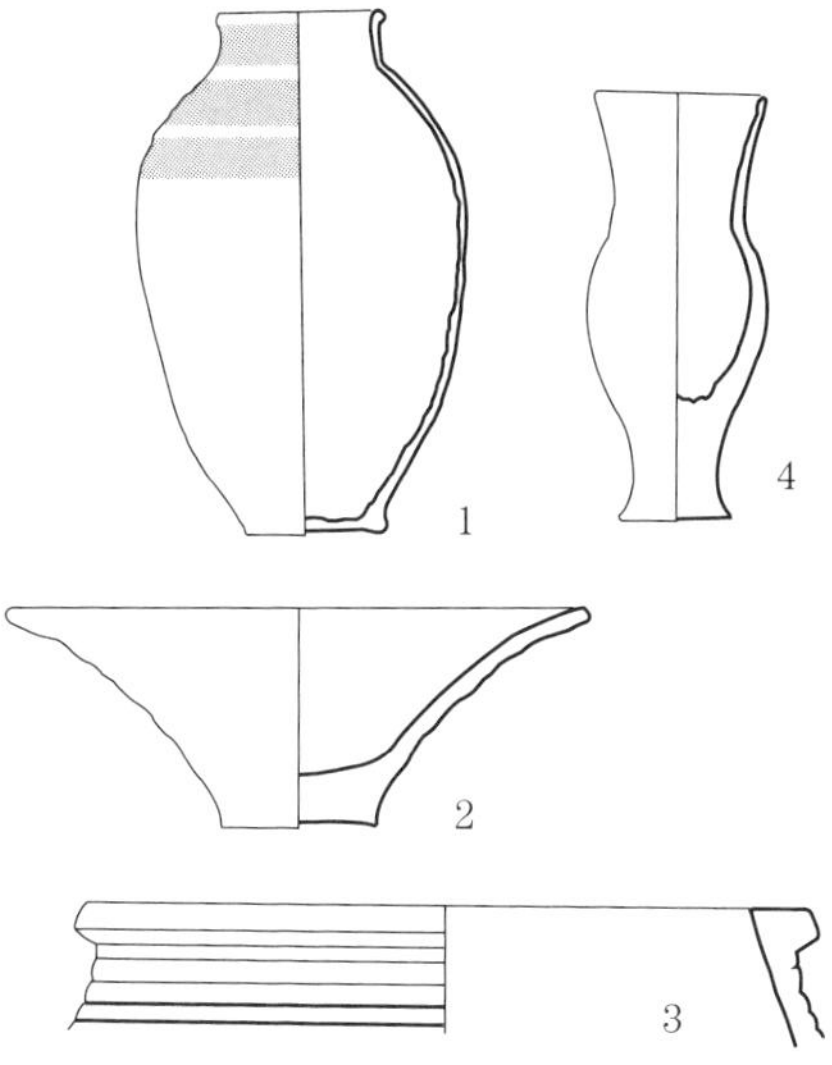

図 54　第4A期で多いメソポタミア系土器（Højlund 1987 より）1: タイプ 57C、2: タイプ 68、3: タイプ 73A、4: タイプ 84.

ファイラカ島のＦ３丘、Ｆ６丘では、第３Ａ期から第３Ｂ期にかけて、バールバール式土器が、Ｆ３丘では四〇％に、Ｆ６丘ではわずか九％に減少する。このことは土器群のメソポタミア化といってよいが、両丘の間で大きな差異があることも事実である。メソポタミア系土器は、古バビロニア時代のものから、初期カッシート時代の型式に変化する。そして続く第４Ａ期、第４Ｂ期においては、メソポタミアにおけるカッシート時代の土器型式が、特徴的なものとして定着する（図54）。バールバール式土器の伝統はすでに過去のものとなったことがわかる。

ファイラカ島のF３丘、F６丘においては、第３A期でメソポタミア系土器が突如として半数を占め、続く第３B期以降も増加を続け、バールバール式を凌駕《りょうが》して大多数を占めるに至った。メソポタミア系土器の型式は、大まかには、第３A期では古バビロニア時代のもの、第３B期以降はカッシート時代のものである。第３A期以降の同島における居住は連続的ということになり、際立った変化として、第３A期におけるメソポタミア系土器の激増と、以降の時期におけるバールバール式土器との漸移的かつ全面的な交替が認められる。

これらのメソポタミア系土器はどこで作られたのだろうか？　すでに述べたように、F３丘で三基の窯が発見されているが、G種の胎土を用いた第３A期のメソポタミア系土器（古バビロニア時代の型式）はここで焼成されず、しかし3号窯でE種の胎土を用いた第３B期のメソポタミア系土器（カッシート時代の型式）が焼成されたことがわかっている。前者はメソポタミア製で、ファイラカ島へ大量に搬入されたが、バハレーン砦へはほとんど搬入されなかった。後者はメソポタミア系だが、ファイラカ製ということになる。そして後に述べるように、同じ型式の土器はバハレーン砦（第Ⅲ期）の土器の主体を占めている。それでは、F３丘とF６丘におけるバールバール式土器とメソポタミア系土器の比率が異なることは、どのように説明できるだろうか？

第３B期のF３丘に建てられた神殿が「古い神殿」であるか、「新しい神殿」であるかはさておき、アガルム部族の守護神であるインザクの神殿であった。すなわちF３丘の神殿は初期ディルムン時代以来の守旧派の住民によって運営され、第3B期になっても旧来の伝統をかろうじて保持していたとするならば、F3丘では、バールバール式土器が第3B期においても依然四〇％を占めていたことの説明になるであろう。これに対して、F6丘では、バールバール式はわずか九％に激減し、メソポタミア系が九一％を占めるに至っている。F6丘の「宮殿」は、まさしくメソポタミア様式の宮殿として、メソポタミアとより密接な関係をもつ住民あるいはメソポタミアからの移住者によって運営されていた可能性がある。ただしそれは両丘の居住が全く同時期に営まれていたとすればの話である。

そうであれば、ファイラカの土器インダストリーの変化は、古バビロニア時代からカッシート時代にかけて、バールバール文明（初期ディルムン）のファイラカ島へメソポタミア系土器をもつ（またはそれを作る陶工を伴った）住民が渡来し、混住が進んでいった様を示していることとなる。そこで再び問題になるのが、この島では未発見の墳墓である。このことについては、本章第3節で述べたい。

2 バハレーンにおける考古学的証拠

これまでクウェイトのファイラカ島での変化を見てきたが、次にバールバール文明すなわちディルムン国の中心であったバハレーン島の諸遺跡、とりわけバハレーン砦の都市遺跡において、第Ⅱ期がどのような終わり方をしているか、また第Ⅲ期がどのような始まり方をしているかを検討してみよう。それはこの遺丘のほぼ中央部に設定された「五一九地区」の発掘からうかがい知ることができる（図55）。

「五一九地区」は六〇×二五メートルの発掘区で、一九五三〜五四年にデンマーク隊による試掘が行なわれ、続いて一九五五年以降、一九六四〜六五年まで一一次に及ぶ発掘調査が実施された。[*3]また八〇年代以降はフランス隊が発掘を継続している。[*4]前章で述べたように、バハレーン砦の編年は海岸に近い「五二〇地区」（一〇〇メートル・トレンチ）において確立されたが、そこでは第Ⅲ期の資料が極端に少なかった。これに対して、「五一九地区」では、第Ⅲ期の大規模な遺構群が見つかり、また前後する時代の遺構群も明らかにされた。

ここでは第Ⅰ期の遺物は若干出土しているが、建築物の遺構は一切発見されていない。また続く第Ⅱa期においても、小規模な建築物が断片的に知られているに過ぎない。ところが第Ⅱb期になると、発掘区の東側の一部に、大規模な建物が造られた。厚さ一・七五メートルもあるS字形の壁が部分的に検出された。

第Ⅱb期から第Ⅱc期にかけて、新たな大規模建物が三棟造られ使用された（Ⅰ〜Ⅲ号建物）。このうち発掘区内では、Ⅰ号建物のみ、全プランが明らかにされた。それは大通りに面し、内部は、中央の広間（通路）を挟んで八つの部屋が整然と並んでいる。床面は砂層の上に漆喰を塗ったもので高さは海抜四・五メートルだった。これらの建物群は、従来は第Ⅲ期（カッシート時代）に新設されたと考えられてきたが、[*5]正式報告書では、第Ⅱ期においてすでに建設され、第Ⅲ期に

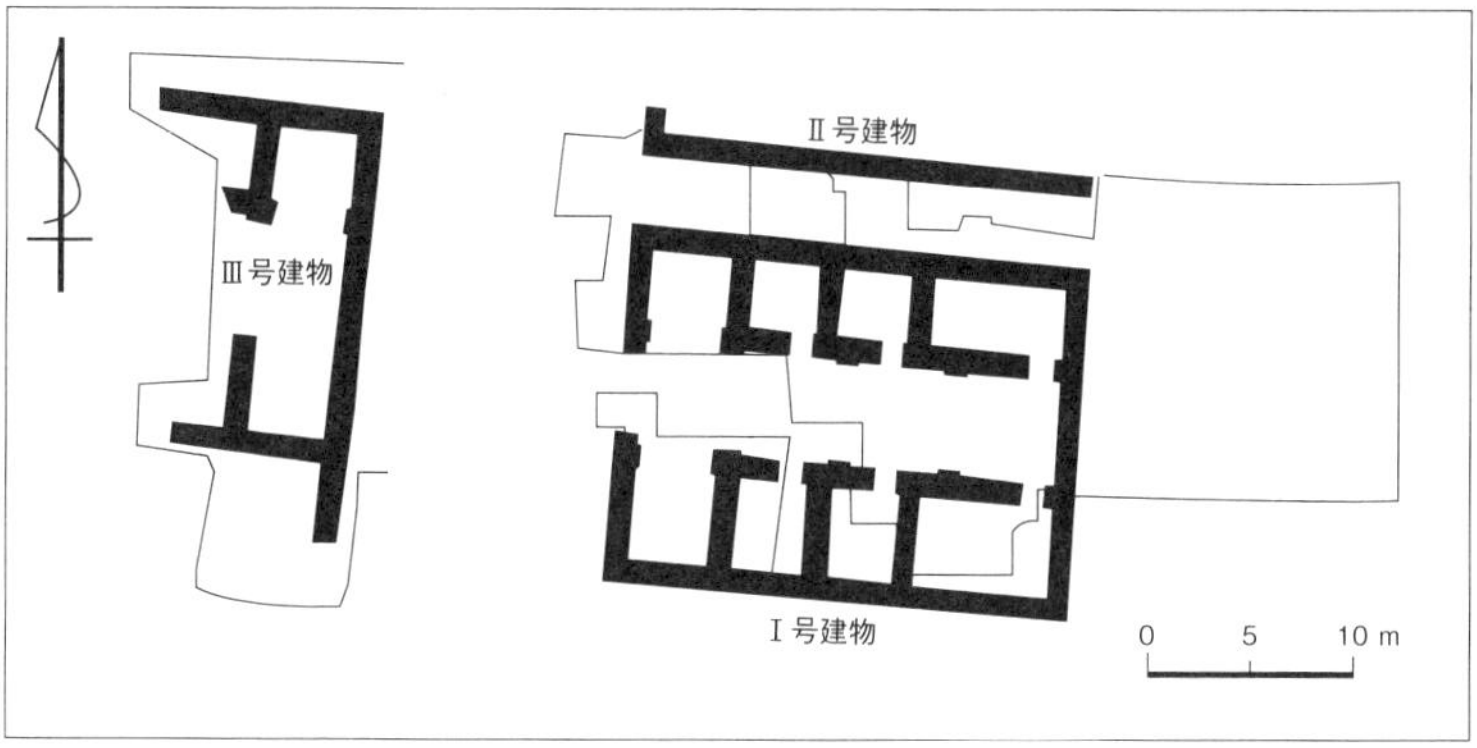

図55 「519地区」で発見された第Ⅱb〜Ⅲ期の建物群（Højlund & Andersen 1997, Plan 2）

再使用されたものと訂正された。[*6]
同一の建物を大きく改変せずに再利用しているにもかかわらず、第Ⅱ期と第Ⅲ期の土器型式には大きな差がある、すなわち両者間に大きな時間的不連続が存在するのである。第Ⅲ期の土器は大半がバールバール式であったが、第Ⅱ期の土器は、メソポタミアのカッシート時代すなわち前二千年紀後半の型式であった。それがファイラカ島とバハレーン島の支配的型式となり、土着のバールバール式土器の伝統を凌駕していくのが、この時代の特徴である。
メソポタミアの古バビロニア時代に並行する居住層は、ファイラカでは第3A期に見られるが、バハレーン砦の「五二〇地区」と「五一九地区」では見られない。同遺跡の西側の「四二〇地区」の発掘でのみわずかに検出されたというが、詳細は未報告である。[*7]かつてフレミング・ホイルンドは、第Ⅱ期をA〜Fの小期に細分したが、[*8]「第ⅡF期」がこの時期に相当する。正式発掘報告[*9]では時期区分に大幅な修正が行なわれ、第ⅡA〜ⅡE期については第Ⅱa〜Ⅱc期と改められたが、「ⅡF期」については言及がない。この時期の土器型式は、第Ⅱc期の伝統上にあると考えられているが、このようにバハレーン砦自身では顕著な居住層がみられず、またバハレーン島で有数の規模をもつ、サールの集落遺跡でも知られていない。[*10]

ところが、後に述べるように、同じバハレーン島内の墓群においては、しだいにこの空白を埋める資料が明らかになってきている。したがってそれと同時代の集落も島内には存在したはずなのだが、従来最重要な都市集落であったバハレーン砦では、都市第Ⅱc期から第Ⅲ期への移行を示す「第ⅡF期」の居住層は依然未確認であり、空白の時代になっている。それでは、この空白期の後に見られる第Ⅲ期の様相とはどのようなものであろうか?

バハレーン砦第Ⅲ期(カッシート時代)の土器

バハレーン砦「五二〇地区」の発掘において、第Ⅲ期はa、b1、b2、cの各小時期に細分されている。「五一九地区」では、そのすべての時期が認められる。まず、第Ⅲa期の層は発掘調査時には認められることなく、続く第Ⅲb1期の層位と区別されていなかったが、出土遺物の分析段階で存在が確認されたため、Ⅰ号建物の一部(第5室)においてのみ、遺物は層位的に分別収集された。それは漆喰塗りの床面直上に堆積する厚さ数センチメートルの層に過ぎず、遺物も決して多くはない。出土土器にはバールバール式とメソポタミア系(初期カッシート時代)の二種があり、灰白色の軟質漆喰に覆われた例はあるが、二次的火熱を受けたものはない。

これに対して、海抜五・〇〇メートルの床面をもつ第Ⅲｂ1期の層は大規模な火災によって廃絶されたものであるため、出土遺物は非常に豊富である。それらの多くは火災による二次的火熱を受け、また崩落した屋根の防水材と思われる瀝青《ビチユメン》で覆われていた。出土土器はほとんどがメソポタミア系で、バールバール式は例外的にしか見られない。それはファイラカ島（F3丘、F6丘）の第3B期および第4A期の土器群と酷似する。

これらの建物は、プランと火災によって生じた炭化物などからみて、倉庫と考えられており、特に炭化した棗椰子《なつめやし》の種が多いことから、収蔵品の一つは棗椰子の果実であったことがわかる。しかし、クリストファー・イーデンスは、出土遺物に行政に関する道具のセット、特に封泥や粘土板文書が含まれることから、この建物が単なる「倉庫」を超えるもの、具体的にはカッシート時代の行政機関であったと推定する。[*11] 確かにその可能性は高く、ファイラカ島のF6丘で長らく使用され続けた公共的建築物、「宮殿」のバハレーン版であるかもしれない。大規模な倉庫というものは、本来的に民間の施設というよりも、神殿や王宮のような公的権力に裏付けられた施設の一部であり、神官や行政官のような公的な立場の者によって管理されるのが常であった。

「五一九地区」の発掘で、第Ⅲｂ2期に相当する土器片は少数出土したが、それに伴う建物の床面は三棟のいずれにおいても発見されなかった。また第Ⅲｃ期でも、第Ⅲｂ1期の床面と第Ⅳ期（後期ディルムン）のいわゆる「宮殿」の床面（海抜五・二〇〜五・四〇メートル）との間の堆積層中に、土器片を含む薄い堆積層が部分的に見られるに過ぎない。

バハレーン砦における第Ⅲ期初めの建物は、第Ⅱ期末の建物をほとんどプランの変更をすることなく再使用しているが、ファイラカにおける第3A期、すなわちメソポタミアにおける古バビロニア時代に相当する時期の居住は見られない。バールバール文化に属する、バハレーン砦第Ⅱ期の終末に新設された建物群は、位置・規模・プランから察して、ディルムン国の首都中枢における公的建築物であるが、空白期の後、第Ⅲa期において再使用されると同時に、メソポタミア系土器の使用が始まり、土着のバールバール式土器と一定期間共存することとなった。

それに続く第Ⅲb1期においては、建物の継続使用がなされると同時に、メソポタミア系土器がほとんどすべてとなり、この地に伝統的であったバールバール式土器はほぼ消滅した。そしてこの時期の居住が大規模な火災によって廃絶された後、第Ⅳ期の「宮殿」が建設されるまでは、それまで都市の中枢にあったと考えられる「五一九地区」においても、さしたる規模の居住は見られない。放射性炭素^{14}Cの測定値によれば、第Ⅲb1期の年代は三一三〇±一一〇年BP、補正値は前一四一〇年である[*12]（BPとはBefore Physicsの略で、一九五〇年を基準とする年代）。大気中の^{14}Cの量は気温とともに変化するので、現在では樹木の年輪幅の変化を用いて補正が行なわれている。この補正値も考古学的データと見事に合致する。

バハレーン砦のメソポタミア系土器は第Ⅰ期には若干存在したが、第Ⅱ期に入ると激減し、その後絶滅したことが知られている。かつて筆者は、バールバール文明の成立を都市周壁が造られた第Ⅱ期に求め、「文明期に入る直前にメソポタミア系土器が多いが、都市文明が成立すると消滅に向かうという奇妙な現象」を指摘したが[*13]、ここでは「初期ディルムン」すなわちバールバール文明の衰退と空白期、そして突然訪れたかに見える第Ⅲ期にメソポタミア系土器が復権し、次にはバールバール式土器と完全に交替するという現象が見られる。この新たな時期は一般的に「中期ディルムン時代」と呼ばれる。

3　空白を埋めるもの

バハレーン砦に居住の空白期《ヒアタス》があるとしても、バハレーン島全体が無人化した訳ではない。近年の発掘調査で、問題の時期における住民の営みが、しだいに明らかになってきた。

サール集落

サールはバハレーン本島の北西部に位置する現在の村名である。考古学の世界では、この村の西側に広がる大古墳群の名前として知られていたが、[*14]一九九〇～九九年に実施された、ロンドン大学バハレーン考古学調査隊の発掘調査は、古墳群の東端にある「初期ディルムン時代」の都市集落の内容を明らかにした。[*15]この遺跡は、バハレーン砦の第Ⅱ期のもので、ここからその終末期の様相を知る手がかりが得られている。つまりバールバール文明はどのような最後を迎えたかという、バハレーン砦では答が得られなかった問題を解く手がかりである。

バハレーン砦の公共的性格に比べ、この集落はより庶民的な町並から成っていたように思える。北西から南東方向にまっすぐ走る幅五～六メートルの大通りの両側に、同じようなプランの小さな民家がひしめき合って、しかし秩序だって建ち並んでいる。大通りに直交して、幅一・五メートル前後の「横町」もあり、町はいくつかのブロックに分けられている。大通りに面して、長辺が一七メートルほどの、ささやかと言ってよい神殿があり、内部には二つの供物台が設《しつら》えられていた。この建築物は周囲の家屋と同じ高さの地面に建ち、また「アプスー」は持たない。

この遺跡では、出土土器の型式がほぼバハレーン砦の第Ⅱ期に相当し、居住は前二〇五〇年頃から前一七五〇年頃まで続いた。層位的には連続する四時期の居住が認められる。それは常に神殿を中心とするもので、第1〜3期に大いに拡張し、第4期で縮小する。

第3期（前一九〇〇年前後）に、サールの集落は最も拡張しただけでなく、時間的にも最も長く安定した繁栄期であった。また第4期（前一八〇〇〜前一七五〇年頃）は、バハレーン砦の第Ⅱc期と「第ⅡF期」の間の空白を埋める時期と考えられている。

バハレーン砦の第Ⅱc期はディルムンの繁栄期が終わりに近づいた時期である。相対的に重要度を増したのが、バハレーン島内ではサールの都市集落、島外ではファイラカであった。このことについて、次節では前二千年紀のメソポタミア情勢と湾岸の関係を考察するが、ここでは文明衰退のもう一つの要因、インダス文明の衰亡について、一言触れておきたい。

インダス文明（ハラッパー文明、メルッハ国）の起源に、イランを舞台とするトランス・エラム文明（アラッタ国）が関与したのではないかと、第二章第2節で述べた。つまりインダス文明、トランス・エラム文明、ウンム・ン＝ナール文明（マガン国）は兄弟か従兄弟といった近い親戚関係にあり、そのことが以後の強い国際的関係の要因であったと考えた訳である。

バールバール文明の成立を、筆者はウンム・ン＝ナール文明の中枢がウンム・ン＝ナール島から湾中部のバハレーン砦へ移転したことによるものと解釈したが、インダス文明に由来する土器やその他の遺物が、新文明でも引き続き見られることから、インダス文明とバールバール文明の関係は、それまでのインダス文明とウンム・ン＝ナール文明の関係と基本的に変わらぬものだったことがわかる。

インダス文明の滅亡時期については、前一九〇〇年頃とする研究者と前一八〇〇年頃とする研究者がいる。それはさておき、同文明の滅亡は突然にではなく、ある時間幅の中で進行し、終末を迎えたとするのが普通であるようだ。近藤英夫氏はそれを前一八〇〇年頃とし、この頃以降、メソポタミアの文書に「メルッハ」に関する記事が途絶えることを指摘する。そしてインダス河口部の地殻変動を原因とする河川の流路変更、それによる主要都市の廃絶もしくはスラム化、耕地における塩害の発生など、複合的な原因による都市文明の崩壊を指摘している。[*16] インダス文明崩壊の真の原因を探ることは本書の目的ではないが、ともかく前一九〇〇〜前一八〇〇年頃にこの東方の大文明は終焉を迎え、地方的な諸文化が伝統の一部を引き継いだ。

ディルムン国にとって、遠縁にあたるインダス文明の崩壊は大きな衝撃であったに違いない。最大の顧客であるメソポタミアに対して、インダス方面の物資を供給することは困難となったはずである。インダス以外の土地の産物、たとえばマガン（地方）の産物である銅製品やクロライト製品（晩式）、海産物などは入手可能であったが、取り扱い品目が大きく減少したことは疑いない。そもそも前二千年紀初頭以後、メソポタミアによるユーフラテス河上流の開発に伴い、地中海東部にあるキュプロス島（アラシア）の銅、シリアとトルコの国境地帯にあるアマヌス山脈の杉材、印章の素材となる赤鉄鉱《ヘマタイト》などの物資がメソポタミアに導入されたために、ディルムンによってアラビア湾方面からもたらされる物資は独占性を失った。

この苦境の中で、バハレーン砦第Ⅱc期の都市は文明中枢としての機能を失ったのである。サールの都市集落では、それまでの群小家屋群の多くが廃絶したが、少数の家屋は隣家を併合するなどして大型化し、繁栄を続けた。それまでの家屋は長方形の壁で囲まれた狭い敷地内の一隅に小さな方形の部屋が一つだけ設えられた、どれも同じように簡素な「ワンルーム」住居であった。数軒を併合して大型化した住居のうち、特に豊かな数軒の住居跡は、発掘者によって「商人の家」と呼ばれている。[*17] スタンプ印章、銅地金、銅製工具、粘土のトークンなどの出土遺物は、庶民の家というよりも、裕福な商工業者の住居兼社屋であったことを物語っている。

この時期すなわちサール集落の後期の様相は、依然存在し続ける神殿と、少数の豪邸に住むエリート事業家たちの町ということになる。しかしこの程度の都市集落が、それまでバハレーン砦が担ってきた役割をすべて受け継いでいたとは考えにくい。一貫して集落の中心にあったとはいえ、サールの神殿は巷《ちまた》の只中にある小規模なもので、同時代のバールバール神殿などに比べれば、ずっと控えめなものであり続けた。サールは経済都市ではありえても、海外領土をも支配するディルムン国家の政治的中枢ではなかった。

奇妙な土器

前章第6節で述べたように、一九九〇年代に、筆者を含む日本の考古学調査隊は、バハレーン本島の北西部、ディラーズ村にある、アイン・ウンムッ＝スジュール遺跡の発掘調査を行なった。この遺跡は初期ディルムン時代の水神を祀《まつ》った神殿だが、それが廃絶された後、風成砂の堆積によって当初より二・五メートルほど高くなった地面の上にささやかな集落が営まれたことが確認された。住民はかつての神殿とは無関係というよりも、その祭神を斎《いつ》き祀らぬ不遜な人々で、神殿の石材を盗み出して、自分たちの住居の部材として利用していた。

調査時にどうしても製作年代がわからない土器がいくつかあった。その一つは、外側に開いた口縁部、断面が「く」の字状をなす胴部が特徴的な小型の鉢だ（図56）。一九五四年に行なわれたデンマーク隊による最初の発掘調査でも、同種のものが出土しているが、[*18] それ以上の検討はされていないようだ。これに類する土器を調べてみると、まずバハレーン砦ではわずか一片だけ出土しており、[*19] 第Ⅱc期のものとされているが記録がやや曖昧であることから、第Ⅱc期より少し後のものである可能性がある。

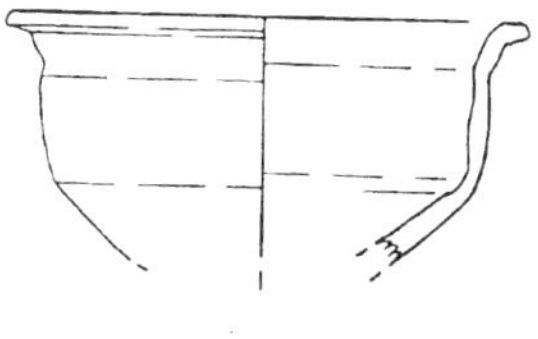

図56　アイン・ウンムッ＝スジュール出土の鉢（Konishi, et al. 1994, p. 29, Fig. 10: 7）口径、15.6 ㎝

この土器に類するものは、サールの集落遺跡でも出土しており、「タイプS49」に分類されている。報告者であるロバート・キリックは、バハレーン砦の「第ⅡF期」のものと考えている。ファイラカでは知られていないことから、バハレーン島に特有の型式であり、かつ初期ディルムンと次の時代をつなぐ時期のものであることがわかる。アイン・ウンムッ＝スジュールの後期集落はこの時代に営まれた。

文明衰退期の墓群

迷子であった我々の土器の仲間は、バハレーン島北部にあるカラーナ1遺跡の墓群でも多数見つかった。ここでは、一九九二、九三年に、ドイツ、ゲッティンゲン大学とバハレーン考古局の合同調査が行なわれた。調査の本来の目的は現在のカラーナ村近郊のヘレニズム（テュロス）時代の墳墓群にあったが、その下層から、予期せずして初期ディルムン時代末期の墓が七八基発見されたのだ。[*20]

これらは従来よく知られる高塚式古墳とは異なり、岩盤に切り込まれた長方形の竪穴を一ないし数個の蓋石で覆った「土壙墓《どこうぼ》」で、前期（六七基）と後期（一一基）の二つのグループに分けられた。前期のものは単葬墓であるが、後期のものは多葬墓で、内部に漆喰塗りが施されたものが出現する。地表の標識があった痕跡は知られていない。報告者であるクリスティアーン・フェルデによれば、カラーナの墓群は「何世紀にもわたり、血縁的集団によって、固有の墓地が使用された」結果であり、単葬から多葬へという埋葬法の変化は、バハレーン砦Ⅱc期以降の時期に起こったという。

後期グループの墓から出土した豊富な土器群の中に、あの小型の鉢は含まれていた。底部は平底もしくは低い輪高台《わこうだい》で、簡単な彩文が施されたものもあった。この種の土器が作られたのは、バールバール文明（初期ディルムン）の伝統が崩れた時代である。単葬の高塚式墳墓という、それまで頑《かたく》なに守られてきた伝統は廃れ、多葬の土壙墓が造られ始めているからである。

しかしこの時代の墓はすべてが地下式墓になった訳でもない。高塚式古墳もまだ存在した。前章第3節で示したサール古墳群の第四〇四号墳は、大規模の古墳の南北に計七基の普通墓が追加されたものだが、たぶん最後の段階で追加された墓の一つ（北西のもの）には、三つの石室があり、うち二つが多葬墓室であった（前章図44）。一つの石室内には漆喰塗りが部分的に残っていた。そこからの出土土器は大半がカッシート式で、それに少数のバールバール式が混じっていた。別の石室ではバールバール式とカッシート式が混在した。[*21] すなわち、バハレーン砦の都市第Ⅱc期から第Ⅲ期が始まる前のあの空白期に、同じ島の墓群では、多葬土壙墓による埋葬と、複数の多葬墓室をもつ高塚式古墳が作られ、一部はバハレーン砦第Ⅲ期（カッシート＝中期ディルムン時代）に並行する時期にも継続使用されていたのだ。

バハレーン砦の空白期

それではバハレーン砦における空白期は何を意味するのだろうか？　ファイラカ島における初期ディルムン時代からカッシート時代にかけての移行は連続性の強いものであったのに対して、バハレーン砦では不連続部分が存在する。ところが、同じ島内にあるカラーナ1遺跡やサール古墳群などでは、部分的にせよ、移行期の様相が見られ、アイン・ウンムッ＝スジュール遺跡やサール集落遺跡でも、この時期の遺物が出土しているのだ。

それまで長らく、そして後世もしばしば、バハレーンおよびアラビア湾の政治的・経済的中心であったバハレーン砦は、この期間、どこにその座を譲ったのであろうか？　当時その可能性があったのは、唯一、クウェイト沖に浮かぶファイラカ島（第3A期）である。本章第2節で述べたように、この島には「宮殿」、「神殿」と呼ばれるものを含む、大規模かつ整然たる公的建築物があり、国際的商業活動の拠点であった実績もある。そして何より、バハレーン砦に見られる空白期がなかった。サールの都市集落が終わりの前の小さな繁栄期を迎えた頃、湾岸で最重要な都市はファイラカ島にあったのだ。

しかしここでも大きな問題が残されている。墳墓の問題である。現在に至るまで、ファイラカ島では、どの時代の墳墓も発見されていない。ファイラカは東西一二キロメートル、南北六キロメートルに過ぎない小島であり、考古学的遺跡の所在は既に徹底的に調査されているから、島内で新たな発見が行なわれる可能性はまずない。

ファイラカ島に墳墓がないことの一つの解釈は、第3A期においても、この島で活動したディルムン人の遺体は、以前と同様、バハレーン島に移送されて埋葬されていたことである。サール古墳群、カラーナ1、アル＝ハジャルなどの共同墓地は、経済活動はファイラカ駐在で行ない、老後はバハレーン本国で過ごして死期を迎えるという、前代同様の風習を示しているのかもしれない。

しかし本章第5節で述べるように、この時期のファイラカは、メソポタミア最南部に住んでいた住民が流入定着し、在来のディルムン人と混住した時代であった可能性がある。そうであれば、彼らは当地で死んでも遺体が帰るべき場所が他になかったはずである。新住民の遺体はどこへ行ったのだろう?

一つ可能性があるとすれば、ファイラカの対岸、クウェイト本土のアッ＝サビーヤ地区である。ここでは近年、クウェイト政府によって大規模な考古学的調査が進められているので、今後、この時期のファイラカ島の住民の墓群が新たに発見されるかもしれない。アッ＝サビーヤ地区はクウェイト湾を挟んでクウェイト市の北側にある。現在この地では石油精製施設の建設をはじめとする巨大な開発プロジェクトが始まっており、施設群の建設に先立つ埋蔵文化財の事前調査が進行している。以前にはほとんど知られていなかった、さまざまな時代の遺跡が多数発見されており、第一章で触れたウバイド系遺跡の発見もその一つであった。中には前二千年紀中頃の、初期カッシート時代並行期の墳墓もある。最も興味深いのは「SMG1号古墳」と呼ばれる多葬墓で、シマール遺跡の墓（前一七〇〇年頃）に酷似するという。[*22] シマールはUAEのラアス・ル＝ハイマ首長国にあり、オマーン半島のワーディー・スーク文化を代表する墳墓群である（第三章第7節を参照のこと）。詳報をまたねばならないが、事実であれば、それはファイラカの第3A期、そしてバハレーン砦の問題の時期、「第ⅡF期」に近い年代のものということになる。

この頃バハレーンでは、カラーナ1遺跡のような共同墓地に密集する地下式の石蓋《せきがいど》土壙《こうぼ》墓があり、同時に高塚式古墳も造営されていたが、前者の存在を現在の地表で確認することは難しい。今後、クウェイト本土でこの時代の墓が発見されるならば、それが高塚式古墳であれカラーナ型の土壙墓であれ、そこには当時の主要都市であったファイラカ島のネクロポリスが存在したことになるだろう。

4　古バビロニア帝国の崩壊とカッシートによるメソポタミア支配

湾岸におけるバールバール文明（初期ディルムン）の終末から、いわゆるカッシート時代（中期ディルムン）までの展開を理解するには、同時代のメソポタミア南部がどのような歴史的状況にあったかを整理しておく必要がある。古バビロニア帝国がどのようにして衰退し、カッシート人によるバビロニア支配が始まったか、バビロニアと周辺国家との和戦両面での関係が、文献史の上でどこまで解明されているかは興味深いことである。何しろ、メソポタミアがクシャミをすると、湾岸が風邪をひくような間柄なのだから。

アモリ（またはアムッル）人によるバビロン第一王朝（古バビロニア）は、法典編纂で名高いハンムラビ（大王、在位：前一七九二〜前一七五〇年）の時代に最強の国家となるが、その後凋落が始まる。ハンムラビの死後跡目《あとめ》を継いだサムスイルナの治世（在位：前一七四九〜前一七一二年）は、当初は順調であったものの、数年を経て内乱の兆しが生じ、あるいは域外勢力との緊張関係が高まっていった。

カッシート（またはカッシュ）人に関する記事は、前一八世紀に初めて現れる。かつて、カッシート人はインド・ヨーロッパ語族とする説が多かったが、最近は支持されていない。[*23] もともと彼らはバビロニア人のもとで農業労働者あるいは私兵として季節労働の職を与えられていたのだという。[*24]

サムスイルナの治世下、前一七四二年に、カッシートの最初のバビロニア侵入が起こった。彼らはディヤラ川の上流から侵攻し、サムスイルナの防衛軍を敗走させ、ティグリス河中流域に定住し、王朝を開いた。続いて前一七四一年にはラルサのリーム・スィーン二世がバビロニア南部の分離を狙って反乱を起こしたが、サムスイルナにより鎮圧された。サムスイルナの治世第一一年目の年名は、「王サムスイルナがアヌとエンリルに導かれ、ウルとウルクの城壁を破壊した年」（ウーリー／モーレー、一九八六年、二四四頁）である。当時は誰でも知っている事件を冠して、特定の年を表現した。バビロンからの独立運動の拠点は、これらの南部の都市群であった。前一七四一年、サムスイルナは東方から機会を窺っていたエラム人を撃退した。前一七三七年には、イルマイルが南部で反乱を起こした。サムスイルナは敗北し、南部の支配権を失った。イルマイルによってバビロニアの支配から脱した南部は「海国（第一）王朝」と呼ばれ、イルマイルから最後の王エアガーミルまで一一代（または一二代）の王名が知られる。カッシートと海国王朝の独立により、サムスイルナの治世後半にバビロンの王朝は弱体化の道をたどった。

次のバビロニア王アビーエシュフ（在位：前一七一一～前一六八四年）は、海国第一王朝の王イルマイルを撃破するためにティグリス河にダムを建設したが、失敗に終わった。文学的文書では、この奇策を「イナンナ女神がティグリス河にダムを設け、青銅の門（？）と銅の鍵を付けた」と表現している。[*25]次の王アンミディタナ（在位：前一六八三～前一六四七年）は海国との戦いに相当の成果を挙げるなど、攻勢に転じたが、続くアンミサドゥカ（在位：前一六四六～前一六二六年）、サムスディタナ（在位：前一六二五～前一五九五年）の時代にはさしたる成果がなく、前一五九五年には、ユーフラテス河を南下してきたヒッタイト王ムルシリス二世の攻撃により、バビロンは陥落した。

ヒッタイト人はバビロンの支配を継続しなかったため、一時期海国王朝が占領したが、すぐにカッシート人の支配するところとなった。前一六～前一五世紀のメソポタミア史料は非常に乏しいため、詳しい歴史は知られていないが、バビロンを支配したことが確実なカッシート王はアグム二世（在位：前一五九〇～前一五三〇年）からとされる。[*26] 彼以前にもカッシート王の名は数人知られるが、バビロンを支配する前の王たちであろう。

アッシリアとバビロニアの間の戦争と講和を列挙した、前一千年紀初めの「並列年表」によると、アグム二世の後継者ブルナブリアシュ一世（在位：前一五三〇～前一五〇〇年頃）は、アッシュール（アッシリアの首都。未発見）との講和条約に署名しており、当時のバビロニアとアッシリアの両国は境を接していたことがわかる。前一四七五年に、カッシートの王弟ウラムブリアシュは海国のエアガーミルを打倒した。のちに彼はバビロニア王となり（在位：前一四七〇～前一四六〇年頃）、メソポタミア南部を再統一した。この頃以降、カッシートの諸王は、「バビロンの王、シュメルとアッカドの王、カッシートの王、カルドゥニアシュの王」を名乗るようになった。[*27] 因みにカルドゥニアシュとはバビロニアの呼び名の一つだから、長い称号ながら、「メソポタミア南部を支配するカッシート王」の意味しかない。ウラムブリアシュの死後、海国は一時期勢力を盛り返すが、アグム三世（在位：前一四六〇～前一四五〇年頃）により完全に鎮圧された。このようにして確立されたカッシートのバビロニア支配は、前一四世紀以降強大化したアッシリアとの度重なる抗争を経て長期に及んだが、前一一五五年に、エラム王シュトルクナッフンテ（在位：前一一九〇〜前一一五五年）によって滅ぼされた。

カッシートは元来独自の高度な文化をもつ民族ではなく、バビロニアを軍事的に支配し始めた後に、同地の伝統文化を吸収し、その擁護者として国際的にも高い地位を占めるに至った。前一五世紀末〜前一四世紀初頭のカッシート王室文書と「アマルナ文書」からは、エジプトとバビロニアの友好的国際関係が樹立され、また内政ではカラインダシュ王（在位：前一四三四〜前一四一八年）やクリガルズ一世（在位：前一四一四〜前一四〇〇年）の治世下、シュメル文化の復興事業が興されたことが知られている。[*28]「アマルナ文書」とは、エジプト、テル・エル＝アマルナの発掘で出土した、ヒッタイトから送られた楔形文字粘土板文書群のことである。

古バビロニアの衰退期には、特に南部の分離独立という動きがあり、また域外からの侵略という脅威が常に存在した。カッシート支配下のバビロニアでも、海国の鎮圧には相当に手を焼いたことが知られる。「海国」とはいかなるもので、どのような役割を果たしてきたのであろうか？「海国」の正確な位置・範囲は知られていない。海岸線の変化に定説がなく、また関係する遺跡や遺物の情報がまったく知られていないからである。おそらく現在の「マーシ・アラブ」（メソポタミア最南部の沼沢地に住むアラブ人）のそれと似た生活が古来営まれていたものと想像される。第三章第5節で引用した、アッカドのサルゴン王（在位：前二三三四〜前二二七九年）の言葉を、もう一度検討してみよう。

征服したとする土地を「上方」から「下方」に向かって順次列挙しているとすれば、当時の海国はメソポタミアからみた最下方（最南部）、ディルムンよりも手前という位置にある。しかしそれが当時国家の体をなしていたとする証拠はなく、おそらく地域名以上のものではない。このことは同時代のディルムンについても同様で、やがてディルムンがバハレーンに首都をおく海上交易国家となったと同様にして、海国でもバビロンに対抗するほどの権力が育っていったのだろう。

海国第一王朝は三つの史料にわずかな情報を遺している。[*29] バビロンの王名表A、B、および先に述べたアッシュールの「並列年表」である。それによって、この王朝はバビロニア王サムスイルナの治世中に起こったことと、初代のイルマイルから最後のエアガーミルまでの一一代の王名が知られている。王名表Aだけが、各治世の年数を示しているが、あまりにも長いものがあり、また「並列年表」には他に記載されない不完全な王名が一つ加わっているので、そのまま認めるわけにはいかない。海国第一王朝の王名は、以下の通りである。[*30]

前一七三五年頃　イルマイル
　　　　　　　　イッティ・イリニビ
前一六五〇年頃　ダミクイリシュー
　　　　　　　　イシュクイバル
　　　　　　　　スシ

前一五九五年頃　グルキシャル
ペシュガルダラマシュ
アダラカラマ
アクルラナ
メラムクルクラ
前一四七五年頃　エアガーミル

最初の王、イルマイルは、サムスイルナおよび次のバビロン王アビーエシュフ（在位：前一七一一〜前一六八四年）とも治世が重なる。またバビロンのアンミディタナ（在位：前一六八三〜前一六四七年）と海国のダミクイリシューも重なる。[*31]

シリアのテル・マルディーフ遺跡（エブラ王国の故地）出土の、シュメル初期王朝時代の地名表を研究したダグラス・フレインによると、アダブより上流の南メソポタミアの地名群の中に「サラグム」と表記される都市がある（一六七行目）が、これはウル第三王朝時代の史料では、シャッラークムの名で多くの記述がある著名な都市のこと。サムスイルナの治世の初期、前一七四一年に、南部独立の反乱を起こしたリーム・スィーン二世は、この都市でシュメルの王たるを宣した。その後、シャッラークムは海国王朝のイルマイルの首都となり、南部独立軍の拠点として機能した。[*32]

シャッラークムの位置は、当時存在したイットゥルンガル川に沿って、アダブよりやや上流、おそらくニップルの東にあたると思われるが、正確な位置はわからない。マイケル・ロウフは北緯三二度一〇分、東経四五度二六分の辺りと推定する。[*33] 第一章第3節、第4章第四節でも触れたが、当時の海岸線は正確には知られていない。シュメル都市であるウルやエリドゥは現在の海岸からは約二〇〇キロメートル内陸にあり、その間に「遺跡湖」が遺されている。[*34] また海国王朝の鎮圧に際して、サムスイルナがウルとウルクの城壁破壊を行なっていることを考慮するならば、海国王朝の支配領域はほぼシュメルの全範囲に近い時期があったと思われる。

イルマイルの時代のシャッラークムは、バビロンから見れば反乱軍の拠点であるが、海国から見ればバビロンの圧制から自国を防衛する前線拠点であった。ハンムラビ王が築いた古バビロニア帝国は、その後北部をカッシートの王国、南部を海国王朝によってもぎ取られ、バビロン市とその周辺だけを支配するまでに縮小した。そしてそこにヒッタイトによる一撃が加えられたのだ。

南メソポタミアにおける対立の図式は、カッシート対海国王朝というものに変わった。そして前一四七五年に、カッシート王弟ウラムブリアシュによって海国王朝が打倒された後は、バビロニアはアッシリアとの同盟、エジプトとの友好関係を樹立し、国内では建設事業を推進した。

5　初期ディルムンの衰退

こうしたバビロニア史の一般的情勢を背景として、湾岸の考古学的成果を海国王朝の興亡によって説明しようという近年の動向がある。ハリエット・クローフォードは、初期ディルムンの凋落を、当時の国際的な経済不況によるものとし、それは前一八世紀のある段階で、劇的にではなく、徐々に衰退へと向かったと述べている。[*35] バハレーン砦における居住層の断絶、バールバール神殿の廃絶、サール集落遺跡における多数の住居の廃絶が認められるからである。サールの場合、数なす小規模住居群の多くは廃絶されたが、集落内の神殿は継続し、少数の富者の住居が営まれていることから、以前とは形を変えた延命（繁栄の継続）が試みられていることがわかる。

そもそもディルムン国（バールバール文明）は、その前身であるマガン国（ウンム・ン＝ナール文明）の役割を引き継ぎ、メソポタミアとインダスにおける二つの大農耕文明の間で、イランの陸上交易文明とリンクしつつ、商業的利益を上げることを最大任務とする海上交易文明であった。前二千年紀初頭におけるメソポタミア南部の衰退、インダス文明の衰亡が、ディルムンの衰退を引き起こす契機となったのである。

緩やかに進行する衰退の中で、サールの集落では小さな繁栄が一時の間続いていたが、ディルムンの首都と交易活動の中心はファイラカ島に移っていたであろう。この頃でも、バハレーンとスーサとの交易関係は依然続いていた。バハレーンがファイラカの支配下にあり、インダス文明が消滅し、メソポタミア南部が政情不安となった時期のディルムンは、エラムのスーサを最大の交易相手としたであろう。本章第1節で示したように、ファイラカ島出土土器に見られるメソポタミア系土器の急増は、メソポタミア最南部に位置する海国第一王朝が、同島を支配するに至ったことを物語っている。前節で述べたように、海国は当時における南メソポタミア最南部の分離独立運動ともいうべきものであり、したがって生活文化もメソポタミア風のものだったろう。ファイラカの第3A期とは、バールバール文化の伝統をもつディルムン人の世界に、メソポタミア型の文化を携えた海国人が加わり、混住を始めた時代であった。

海国王朝が消滅した前一四七五年から、エラム王シュトルクナッフンテがバビロニアを攻略した前一一五五年までの三二〇年間、カッシートの支配するバビロニアとディルムン（中期ディルムン）は直接国境を接していた、あるいは前者が後者を併呑《へいどん》した訳であるが、本章第1〜3節で述べたように、この時期、もともとのディルムンの地、バハレーンとファイラカの考古学的資料は、一定の繁栄期を示している。

本章第2節で述べたように、バハレーン砦五一九地区におけるデンマーク隊の発掘では、第Ⅱc期以降の空白期の後、第Ⅲ期すなわちカッシート時代の居住層が形成されたことがわかる。この発掘区で発見された大規模な三棟の倉庫の一つから、第Ⅲb1期の土器に伴って、楔形文字史料が出土している。それは粘土板とその破片九点、円筒印章捺痕一点、記銘ある土器片一点である。粘土板はほとんどが小さな行政文書で、[*36] その一つにはカッシート王カスティリアリシュー（四世）の名前が記されている。[*37]

さらに一九九五〜九六年にフランス隊が行なった発掘では、同時代の粘土板文書が五〇点余り出土した[*38]（未報告）。きわめて多いとはいえないものの、ある程度まとまった数の文書の出土自体、この場所に行政府とその公的な文書庫が存在したことの証である。

その一つには、「アイアルの月／第一九日／アグムの治世第四年目」という記年銘が含まれるが、アグムとは海国を完全制覇したカッシート王アグム三世のことである。

さらに、一九七九年にバハレーン砦の北東端に位置するテュロス時代の砦（旧「イスラーム砦」）を発掘したフランス隊のモニーク・ケルヴランらは、東塔で後世再利用された石材の断片に楔形文字銘文を発見した（図57）。この砦は一九五五年にデンマーク隊が発見し、発掘当初にはイスラーム時代のものとされていたが、その後の再調査で、建設が前三世紀にさかのぼるものであることが証明された。[*39] テュロス（ティルアナ、ティルアノイとも）はバハレーン本島のヘレニズム時代の呼称で、ギリシア語風ではあるが、ディルムンのアッカド語読み、ティルムンに由来する。現在のバハレーンでは、やや英語風に「タイロス」と発音することが多い。因みにバハレーン国際空港があるムハッラク島は、テュロス時代には「アラドス」と呼ばれていた。現在も「アラド」なる村があり、住民は「アラディー」を自称する。

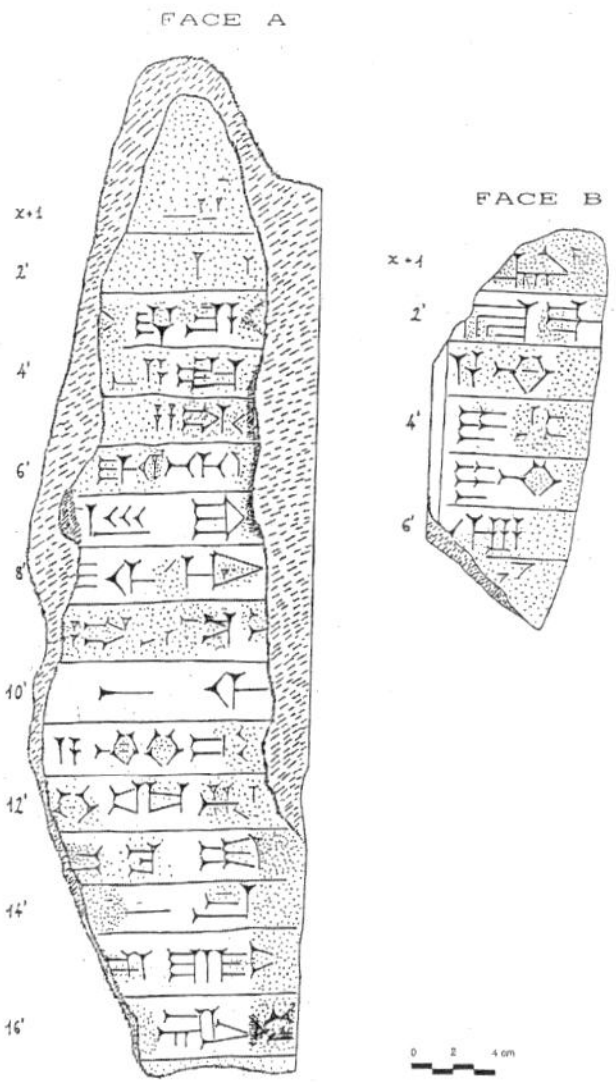

図57　バハレーン砦、テュロス時代の砦で出土した碑文（Kervran et al. 2005, p. 75, Fig. 31）

さてこの石材断片は、現存部分が高さ四一、幅一三、厚さ三一センチメートルで、A、B二つの面に各一六行、六行の、楔形文字によるアッカド語の銘文がある。銘文は横書き、残存部は縦長の破片であるため、内容は判然としないが、例えば定礎碑文のような王室関係の碑文であったとされている。A面三行目にカッシート王ブルナブリアシュ二世の名の一部が認められ、本来バハレーン砦第Ⅲ期の公的建物にあったものと考えられている。

「アマルナ文書」がまさにその好例なのだが、粘土板文書というものは、遠方で記されたものがはるばる運ばれてきて、とんでもなく離れた場所で発見される可能性がある。また王名が記されていたとしても、「〇〇王の治世〇年」のような記年銘の場合は、必ずしもその王と直接関係があるものとは言えないが、本来容易に動かすことのできない石碑あるいは建築部材の銘文ということになると、それほど遠方からもたらされたものであるはずはなく、その場所かごく近くに、名を記された王と深い関係のある公的建物が存在した可能性を示唆している。たとえそれが記年銘であったとしても、建物を建てたのは、その王（この場合はブルナブリアシュ二世）自身か、彼を支配者として仰ぐ立場の者にちがいない。

バハレーン砦の第Ⅲ期とは、アグム三世（在位：前一四六〇～前一四五〇年頃）、ブルナブリアシュ二世（在位：前一三五九～前一三三三年）、カスティリアリシュ四世（在位：前一二三二～前一二二五年）らの時代であり、まさしくカッシートの行政府がこの地に存在した時代ということができる。以前海国王朝が支配した土地をすでに併呑したカッシート人は、ディルムンの地をも支配し、バハレーン砦に行政府を設置したのだ。デンマーク隊が「五一九地区」で発見した「倉庫」群はその一部であった。バハレーン砦第Ⅱ期はディルムン国（初期ディルムン）、続く空白期は、海国第一王朝の住民がクウェイトのファイラカ島に移住してきて本拠を置いた時代、そして第Ⅲ期は海国王朝を打倒したカッシート王朝の支配がファイラカからバハレーンにまで及んだ時代ということができる。

最後に挙げるこの時代の重要史料は、前章で触れた「デュランドの石」である（図58）。この古代遺物は、それまで未確定であったディルムンの位置をバハレーン島とするH・C・ローリンソン説の根拠となったことで知られる。[*40]

それは、一八七九年、バハレーン本島のビラード・ル＝カディームにあったマドラサ・ダウードなる建物で、英国人エドワード・L・デュランド大佐（大英帝国ペルシア湾弁務官）によって発見され、英国に運ばれたが、一九四〇〜四一年のロンドン大空襲以後所在不明となっている。長さ二フィート一インチの靴形の石であるが、用途が何であったかは明らかでない。K・ブッツは「献納物の台座」と考えている。[*41] それはともかく、この石はリムムという名の支配者（王）の宮殿にあったものに違いない。

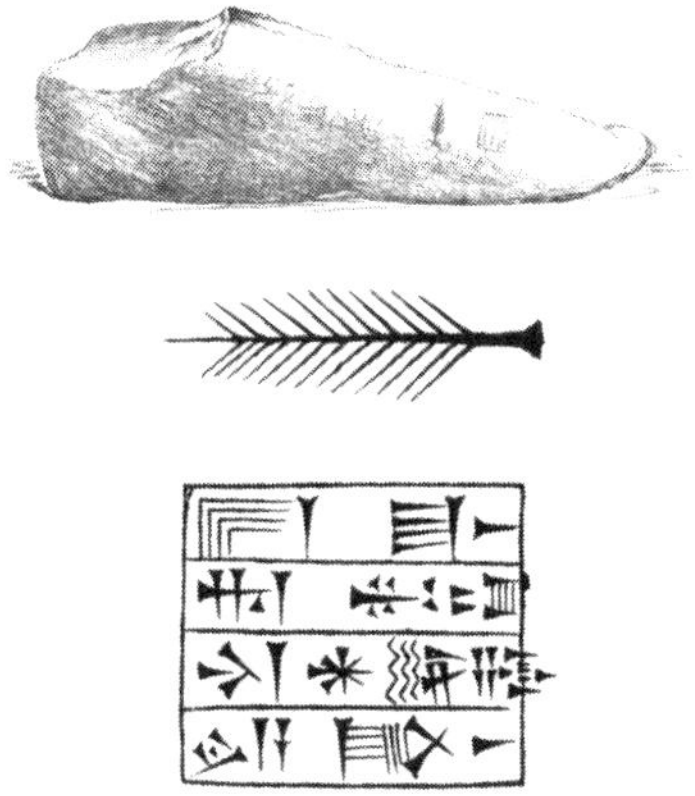
図58 「デュランドの石」とその石に記された椰子の枝、楔形文字銘文（Durand 1880 P.193より）

方形枠内に罫線を引き、四行にわたる銘文が刻まれ、枠外に椰子の枝が表されている。楔形文字の書体その他から、この史料はカッシート時代（中期ディルムン）のものとするのが定説である。銘文の読み方は、現在でもローリンソンの時代と基本的に変わっておらず、「アガルのインザク神の僕《しもべ》であるリムムの宮殿」である。[*42]
アガル（またはアガルム）に類する湾岸の地名

として、後世のイカロス、ゲッラ、ハガル、ハジャルなどがある。

リムムなる支配者については、彼がどのような支配者であったか、彼の宮殿がこの石の発見地であるバハレーンにあったのかどうかも知られていない。当時のファイラカとバハレーンは、メソポタミアのカッシート王朝がバハレーン島に派遣した代官または総督によって治められていたはずで、テュロス時代の砦で出土した碑文は、バハレーン砦（第Ⅲ期）に、彼の行政府が存在したことを示唆している。

いくつかの解釈が成り立つが、その鍵となるのは、「アガル（ム）のインザク神」である。ハーレド・アル＝ナーシェフは、アガル（ム）は地名の可能性が高いと述べている。[*43] 純粋に特定の土地を示す名称であるとすれば、それはクウェイトのファイラカ島であり、リムムはかの島の宮殿にいた可能性が高く、「デュランドの石」も元来はそこに置かれていたことになる。当時はファイラカもカッシートの支配下にあり、そこでは、F6丘の公的建造物群がその行政府であった。リムムの宮殿は、どこにあったのだろうか？　そしてそこに置かれていた「石」は、いつ何の目的でバハレーン島に移されたのだろうか？

「アガルム」と「インザク神」は切り離すことのできない一連の表現であると思われる。かつて筆者は、ファイラカ出土のクロライト製容器の銘文を根拠に、「アガルムのインザク」と「ディルムンのインザク」という二様の表現があるのではないかと考えたが、第四章第6節で述べたように、後者については信頼性が薄く、他に例もないことから、現在では「アガルムの」でない「〇〇のインザク」は存在しないと思っている。

そこでアガルムをもう一度検討してみよう。前章第5節で述べたように、前二〇〇〇年頃のディルムンによるファイラカ進出は、海水面の低下によって新たに陸地化した無人島に対して行なわれたと考えられる。彼らがこの島を「アガルム」と呼んだとすれば、それは歴史的な地名ではない。むしろアガルムは本来部族名で、彼らが活動の拠点としたファイラカもそう呼ばれたと解釈する方が合理的である。リムムはアガルム部族の指導者、部族の守護神はインザク（エンサグ）であった。

「石」が四〇〇キロメートル動かされたのでないと仮定するなら、リムムの宮殿はバハレーン島にあったはずである。従来の首都であるバハレーン砦（第Ⅲ期）には、メソポタミアから派遣されたカッシートの代官あるいは総督が宮殿を構えていた。現在でも七〇〇平方キロメートルほどに過ぎないバハレーン島に二人の統治者はありえないから、リムムとは旧ディルムン国支配者が所属していたアガルム部族出身の支配者であり、この時代には土着の伝統的支配者としてメソポタミアのカッシート政権に臣従し、任命権者からバハレーン島の統治を委ねられていたものと考えられる。バハレーン砦の行政府こそ、リムムの宮殿であった。

このように、カッシートによる旧ディルムン領の支配を、単純に「植民地化」と呼ぶには多少のためらいがある。植民地という言葉は歴史上さまざまな時代・地域で使われるが、その意味は相当に広いからである。マガンによるバハレーンへの植民は妥当な表現だろう。バハレーン砦に首都を置いた初期ディルムンが、ファイラカに出先機関を新設したことは、一部では「植民」とも呼ばれているが[*44]適切とは思えない。また海国第一王朝がファイラカを支配したこと、そして海国を制覇したカッシートがファイラカとバハレーンを支配したことをも植民と呼ぶことには逡巡がある。

初期ディルムンがファイラカに設置した出先機関の場合は、バハレーン砦を首都とする湾岸支配国家の、対外交易に特化された都市機能を分有していた。世代を重ねる住民の定住はなく、したがって墓もなかった。それはバハレーン砦の第Ⅱ期の時代、前二〇〇〇年頃に設置されたが、その少し前から、そしてその後も短い期間だけ、メソポタミアのウルにディルムン人商人の居留地が置かれており、それが前身となったと思われる。公刊されたファイラカ出土の円形スタンプ印章三六七個のうち、古式すなわちアラビア湾式はわずか一点であり、[*45]ほかはいずれも新式すなわちディルムン式である。ところがウル出土の「古代インド式」には相当数の古式印章が含まれるから、対メソポタミア交易を効果的に行なうために、ディルムンはまず、最大の顧客たるメソポタミアのウルに営業所としての居留地を設け、その後、自国にとっての有利さを求めて、ウルとバハレーンの中間に新しくできた土地ファイラカ島に、大規模な設備投資と人材派遣を行ない、海外営業本部としたのである。ファイラカ出土の古式印章が非常に少ないのは、この時間差によるものである。

前章第5節で述べたように、ディルムンはインダス文明の外港があったロータル、テル・アブラクやマズィヤードなどを含むオマーン半島のいくつかの場所、そして「スッカルマハ（大宰相）時代」（前二千年紀前半）のエラムの中心的都市スーサにも出先機関を置いていた。ウル、ロータル、スーサにおけるそうした出先は、「植民地」ではなく「居留地」と呼ぶことがふさわしい。いずれも政治経済上ディルムン以上の力をもつ別の文明社会の中に作られた、「中華街」や「インド人街」のような存在であっただろうが、もともとマガン国の領土であったオマーン半島の場合はやや異なる。オマーン半島のテル・アブラクやマズィヤードなどに存在したディルムン人社会である。これらは、ディルムンが自国内に設置した業務拠点で、「中央」が要員を派遣したり、在来の住民を採用したであろう。

カッシートによる旧ディルムン領の支配は、一定の限定をした上で、「植民地化」と呼ぶことができる。カッシート王クリガルズ一世は、前一四〇〇年頃、現バグダード西郊に首都ドゥール・クリガルズ（現アカルクーフ）を建設したとされるが、以前の中心がどこにあったか、以後、この都が常に中心的役割を果たしたかどうかは知られていない。そしてまた、メソポタミア本土における この時代の史料はきわめて乏しく、特に湾岸の支配または植民について書かれたものは一つも知られていないため、詳しくはわからないが、ファイラカとバハレーンでわずかながら知られる史料および考古学的証拠によって、これらの地には、バビロニアときわめて密接な関係にある行政府が設置され、土着の支配者の家系に属する者がその長に任命されたことが想像される。

それは前三七年にローマ元老院から王権を認められた、ヘロデ王朝によるユダヤ属州の支配に似ているかもしれない。メソポタミアは伝統的に陸上の農耕民による国家であり、海洋社会からなる海外植民地を経営した経験がなかった。ディルムンのような海上交易を生業とするハリージーの社会を支配するには、アガルム族のような旧来の支配者を承認し、実際の統治を委ねることが合理的だったということであろうか。

おわりに

アラビア湾岸における古代文明は本質的に非農耕文明であった。近接する地域で興った古代文明のうち、メソポタミア文明とインダス文明は人類史を代表する農耕文明であったが、イラン高原最古の文明は非農耕文明であり、その遺伝子を引き継ぐ湾岸の古代文明も非農耕文明であった。農耕文明のみをどのように掘り下げても、得られる結果には限界があり、文明興亡のダイナミズムを描くことは難しい。最古の文明である古代メソポタミア文明は、揺籃の地であり発展の舞台となった現在のイラクに、農産物以外の必要物資がほとんど存在しないという、エジプトやインダス、中国で興った他の古代文明には見られない特異な自然環境を背景としている。この特徴こそ、古代文明の探究者にとっては、非常に有利な手がかりとなる。

遠隔地にある必要物資の獲得は、メソポタミア文明にとって最重要課題であり、この課題があったからこそ、最古の文明は興り、文明であり続けた。古代エジプト文明の場合は、ほとんどすべての必要物資はナイル河の流域に存在し、そのため自己完結性の高い文明が生まれた。その最重要課題は「上下エジプトの統一」であった。

メソポタミア文明にとって、必要物資の源泉である東方のイラン高原との関係は最も重要であったが、そこは彼らの意識の中では「域外」であり、少なくとも初期には、必要な物資はそれを保有する相手から購入すべきものと考え、その対価としての農産物を大量に生産し続けた。東方以外に、初期のメソポタミア文明は、アラビア湾の彼方からも多くの物資を購入していた。

メソポタミアが、物資獲得のために積極的な動きを始めたのは、ウルク期のことである。ウルクのワールド・システムはそのための自前のネットワークであったが、それはあくまで、メソポタミア域内とその縁辺部に建設されたウルク都市群であり、農耕社会による物資獲得網を限界まで広げて組織化してみせたが、それだけでは遠隔地産物資が消費地に安定供給される訳もない。このネットにリンクする、さらに外側のネットワークが形成されていたのである。本書では、メソポタミアの域外、具体的にはイラン高原の陸上ネットワークと、アラビア湾の海上ネットワークの成り立ちを辿ってみた。

まず前四千年紀末のメソポタミアへは、「原エラム文明」すなわちイラン高原の陸上交易ネットワークと、「原ディルムン」すなわちアラビア湾の海上交易ネットワークによって、遠隔地産の必要物資が供給されていた。ところが面白いことに、陸海の二つのネットワークは、それらの源流に近い所で、早い時期からリンクしていた。

リンクするのも道理である。「ディルムン」がメソポタミアに海路で供給していた銅製品は、オマーン半島産であり、その開発は原エラム文明によって始められたと考えられるからだ。具体的にはケルマーンのテペ・ヤヒヤにあった原エラムの交易都市が実際に技術者やその他の要員を移住させて、鉱山の開発から採掘、加工、メソポタミアへの輸出までを行なわせた。「ハフィート文化」は彼らがオマーン半島に播《ま》いた種であり、数百年にわたってイラン側との関係を持続した結果、湾岸最古の文明という花を咲かせることになる。

一方、イラン高原の原エラム文明とシュメル初期王朝時代のメソポタミアの諸都市には、キシュのエンメバラゲスィなどのように、紳士的な売り買いとは異なる暴力的な方法で、購入先であったエラムのスーサを襲って略奪するような支配者たちもいた。彼らは、「売り手市場」の傾向のあるスーサの市場を略奪し、懲らしめようとしたのであり、交易そのものをやめさせようとした訳ではない。相手もさる者で、首都スーサをメソポタミアに明け渡さざるを得なくなると、メソポタミアから遠く離れたケルマーンのシャハダードに新首都を設置し、従来のイラン高原の物資獲得・輸送ネットワークの機能温存を図った。これがトランス・エラム文明である。メソポタミアの諸都市に、イラン高原とそれ以遠の物資は供給され続けた。

前二六〇〇年頃、インダス文明（ハラッパー文明）が成立したことは、人類史上大きな事件であるが、成立間もないトランス・エラム文明はそれに深く関与していたと思われる。インダス文明の都市というものは、最初から整然たる都市計画に基づいて作られており、都市など見たこともない人が独創的に作り上げることなど不可能なのだ。都市設計について長い経験と技術をもった外来者が、地元民を指揮監督したに違いない。それがトランス・エラム人であった。最初の都市モヘンジョ・ダロがあるスィンド地方は、現在でも河水と沃土に恵まれた、現パキスタンの穀倉地帯である。延々と広がる大農耕地帯は、大乾燥地帯であるイラン高原の住民にとって、垂涎《すいぜん》の的だったろう。それまでの彼らの憧れの地、メソポタミアに代わるものであった。

テペ・ヤヒヤにあった原エラム文明の都市がオマーン半島に播いた種、ハフィート文化の後身、ウンム・ン＝ナール文化が前二五〇〇年頃に文明期を迎えたことに、トランス・エラム文明とインダス文明は深く関与していた。ウンム・ン＝ナール文明の成立とは、インダスからメソポタミアを東西の終着駅とする海上交易ネットワークが完成したことを意味する。そしてそれはイラン高原の陸上ネットワークともリンクしていた。

海上のネットワークが大きな役割を担っていることは、この時代以降、アラビア湾をめぐる地域の物流の大きな特徴で、現在もそれは変わっていない。海上交易路の開発はハフィート期にさかのぼるが、陸海の交易路が相互補完しつつ、メソポタミア、イラン、中央アジア、インダス、アラビア半島を含む広い領域を合理的にカバーするまでに改良されたのである。

この図式が作られる過程で、大事な役割を果たしたのは、原エラム文明とその後身であるトランス・エラム文明というイラン高原の交易文明だった。インダス文明やウンム・ン＝ナール文明の成立は、彼らによる域外での積極的な活動の結果である。

彼らの足跡はケルマーン産の原石をテペ・ヤヒヤで加工した古式クロライト製容器である。その広い分布圏は、サーサーン朝時代の切子ガラスの容器や、古代から現代まで続くペルシア絨毯《じゅうたん》のそれに似ている。もともとは安い材料に熟練の技術を加えて、高価な商品に仕上げて世に送り出し、国際的にヒットさせるのは、イランの伝統なのだろうか。

オマーン半島のウンム・ン＝ナール文明が、兄弟か従兄弟ほどの親戚であるインダス文明と当初から交流を持っていたことはきわめて自然であり、両者一体となって、湾奥部のメソポタミア文明に、必要物資を供給したものと考えられる。インダス文明の成立によって、インダス川上流域・中央アジア方面の物資は、五河《パンジアーブ》地方にある都市ハラッパーから、川と海の道を経て、ウンム・ン＝ナール島に運ばれることも可能となった。

ウンム・ン＝ナール文明はメソポタミアではマガンという国名で呼ばれていた。内陸の鉱山で採掘される銅の鉱石や地金、成品は、最重要な自前の産物として、インダス川流域やイラン東南部から到来した産物とともに、メソポタミアやスーサに輸出されていた。その経路は、ウンム・ン＝ナール島にある首都の国際港から、アラビア半島本土の海岸線に沿って湾奥部へ向かうもので、バハレーン島とタールート島を含む中継地・植民地が置かれた。特にバハレーン島は水が豊富で植生が豊かなため、オマーン半島の住民が相当数移住したことが、ウンム・ン＝ナール式墳墓やウンム・ン＝ナール式彩文土器の存在からうかがわれる。

前三千年紀の末、ウンム・ン＝ナール文明の中枢部は、ウンム・ン＝ナール島からバハレーン砦へ移転した。バハレーン島は従来メソポタミアが「ディルムン」と呼んでいた地域の一部で、そこにはバールバール式土器をもつ先住民がいた。彼らは豊かな環境の中で、非常にささやかな農耕と漁労を基盤とする地域社会を営み、地下の水神を祀っていた。オマーン半島から渡来した新住民は交易の民でアガル（ム）族と自称し、部族の守護神インザクを祀り、バハレーン島在来の人々と混住した。こうして形成されたのがバールバール文明で、バハレーン砦に首都を置き、メソポタミア人からはディルムンという国名で呼ばれた。

ディルムン国は、かつてのマガン国と同様の海上交易を生業とし、一層の利便をはかるために、成立直後にクウェイトのファイラカ島に「海外営業本部」を置いた。この島は、海面の低下によって前二〇〇〇年頃新たに出現した無人島で、バハレーンのディルムン国本土から、対外交易の専門家が交代で派遣されたため、その地名もアガルムと呼ばれることとなった。赴任者のために宿舎や神殿、事務所等が建てられ、部族の守護神インザクが斎《いつ》き祀《まつ》られた。メソポタミアやスーサでは、この島をもディルムンの名で呼び、商人たちが海を越えて物資買い付けに来訪した。

メソポタミアが必要とする遠隔地産物資が容易に入手できる豊かな市場を実際に訪れ、それ以上に豊かな自然環境のディルムン本土の伝聞情報を得て帰国した商人たちの知識から、メソポタミアではディルムンを舞台とする神話『エンキとニンフルサグ』が創作された。理想郷であるディルムン本土の水神は、エリドゥの守護神エンキと同一である、それを祖神《おやがみ》としてさまざまな神々が生まれた、インザクは「ディルムンの主」、ニンスィクラは「マガンの主」という役割を与えられたとして、湾岸の神々の関係は合理的に説明されることとなった。メソポタミアの神話でエンキの水神としての属性が強まるのは、ディルムンの水神との習合《しゅうごう》によるものかもしれない。

バールバール文明すなわちディルムン国は、前一八世紀に衰亡する。バハレーン砦は第Ⅱ期以後に居住の断絶があり、首都機能を失う。これに対して、ファイラカ島（F3丘、F6丘）ではその後も居住が継続するが、文化的内容はしだいにメソポタミア化していく。このメソポタミア化の原因は新住民の到来であり、彼らはメソポタミア最南部にあった「海国」の人々であった可能性が高い。こうした現象は、前二〇世紀から徐々に進行したインダス文明の衰亡、メソポタミア南部における政情不安等を原因としており、湾岸の交易ネットワークは、その影響を受けて衰亡を余儀なくされた。

衰亡の過程は急激なものとは考えられていない。バハレーン島では、バハレーン砦にあったディルムン国の首都が断絶し、サールの都市集落でも多くの家屋が廃絶されるが、後者では小規模な「繁栄」が見られ、対外交易活動は続いていた。またカラーナ1遺跡、アイン・ウンムッ＝スジュール遺跡、サール古墳群などでは、バハレーン砦では明らかでない、初期ディルムンの終末期の様相を示す情報が、しだいに得られるようになってきている。

この時代以降の、バビロニアと周辺の勢力との政治的情勢は、湾岸に大きな影響を及ぼした。古バビロニア帝国は、アッシリアとの抗争、海国王朝の分離独立、ヒッタイトによるバビロン攻略などを原因として弱体化し、前一六世紀になると、カッシート王朝の支配が始まった。

前一四七五年に海国王朝が滅び、カッシートによる長期政権が出現したことにより、ファイラカとバハレーンには、メソポタミアの直接的な影響が及んだ。それはメソポタミアによる両島の「植民地化」と言えるが、この時代の史料である「デュランドの石」の銘文に登場する支配者リムムは、メソポタミアのカッシート王朝から派遣された代官・総督というよりも、従来のディルムン国の支配的部族アガルムの者と自ら名乗っている。彼はバハレーン砦の政庁にあって、メソポタミアにいるカッシート王に忠勤を誓い、アラビア湾岸を舞台とする交易業務に指導的役割を果たしていた。ファイラカ島でも、類似する土着の指導者がメソポタミアの承認のもとに、F6

丘の政庁で執務をしていたであろう。

巻頭で述べたように、筆者は、将来は湾自身を中心に、それをぐるりと取り囲んでいる陸地を併せたものを、歴史的な世界として捉えることが必要だと考えている。しかし現在の我々がもっているアラビア側とイラン側の海岸部の知識に大きな差があるため、それを達成することはまだできないが、いずれその日は来るに違いない。


一九九一年一月一七日に「湾岸戦争」が勃発した。その二週間ほど後、筆者は相棒のA君と二人で、湾中部のアラブ国家カタルの首都ドーハから、対岸のイランのバンダル・レンゲ港へ、イランの貨客船で移動していた。カタル半島の西海岸で古代の墓群を発掘調査し、首都に戻ってレポートを作成していたところ、アメリカを中心とする多国籍軍によるイラク空爆が始まり、日本国外務省による退避勧奨は勧告に変わったのである。民間航空機の発着はすでに停止しており、また陸路で地続きのUAEに移動しようにも、我々は自動車を保有しておらず、日本大使館による入国査証の手配にも時間がかかるということだった。そこでカタル政府考古局の勧めもあり、当時は入国査証が要らなかったイランに、海路で移動したのだ。

ほぼ一昼夜の船旅から、筆者は多くのことを学んだ。午後三時頃出港した船はイルカの群れに見送られ、当時はカタルの「最高峰」であったドーハ・シェラトン・ホテルのピラミッドに似た姿が日没まで水平線上に見えていた。星がほとんど見えない暗夜の中、クリノメーターを覗くと、船は東北東へ進んでいる。上空を飛行中の軍用機はどこの国のものだろうか？　我々以外の乗客はすべてカタルでの仕事を終えたイラン人出稼ぎ者であった。夜半を過ぎ、漆黒の闇の中、ささやかな灯が漏れるだけの艦艇のようなものが何度か見え隠れしたが、イラン海軍だろうか。甲板《デッキ》上のイラン人乗客が巨大なラジカセのスピーカーに耳を当てている。尋ねると、「ドーハ空爆のニュース」とのこと、イラクのスカッドミサイルが射程距離を越えて初めてカタル半島まで到達したらしいが、飛距離を延ばすために弾頭なしで飛ばしたのかもしれない。

遠いイラク（メソポタミア）、激戦中のクウェイト、先ほどまでいたアラビア半島の湾岸部、我々を待っているイランの湾岸部、洋上ではこれらのどこへも容易に行けそうに思えた。人が動き、物が動く。湾はまさしくハリージーたちの「我らの海」と実感した。

「湾をぐるり」という見方は、本書が対象とする古い時代ではまだ不十分だが、後の時代の歴史研究では当たり前のことになっている。サーサーン朝は湾をイランシャハルつまりイラン人の領土の一部と考えた。イスラーム時代の地理学者たちは、湾岸に点在する主要な港湾都市についてさまざまな記述をしており、「我らの海」つまり「回教徒《ムスリム》みんなの海」の一つという意識が普通であったようだ。一六世紀以降、ポルトガル、オランダ、トルコ、英国、米国が湾を活動範囲に含めたが、これらの外部勢力は別として、土着の人々はアラビア側であるかイラン側であるかはあまり意識せずに交互に移民を繰り返し、ハリージーの社会を形成してきた。第二次大戦の後、湾岸に複数の近代国家が作られた時、国境が画定され、たまたまそこに住んでいた人々の所属先としての国籍が決まった。「近代」の基準では陸上の国家しか見ることができない。しかし当地の歴史の大半は、「我らの海《マーレ・ノストルム》」の視点をもって研究する方がよいのだと、筆者は感じている。

本書は長年筆者が考え続けてきたことに区切りをつけるために著わしたものです。筆者が湾岸の古代文明に関心を抱くようになって三〇年余り、学べば学ぶほど奥の深い世界であることを実感し、その面白さを多くの人と分かち合いたいと思っていました。そこへ筑摩書房の田中尚史氏から本書執筆のお誘いがありました。「選書」は、書き手も読み手も息切れがしない、ほどよいサイズです。今思えば、本書の最初の原稿は生硬に過ぎ、そのまま世に問うには無理がありましたが、田中氏との率直なやり取りの結果、多少は読みやすくなったかと自負しています。

湾岸の古代にも、石器時代からイスラーム化直前までさまざまな時代があり、それぞれ個別の面白さはあります。しかし湾岸が真の主役を演じた時代はマガンとディルムンの時代に尽きます。筆者はこの最良のテーマを読者諸賢と共有し、これからも自由に研究を続けたいと思います。

二〇一四年度から、「科学研究費補助金」の交付を得て、筆者は数人の同志とともにバハレーン島のワーディー・アッ＝サイル古墳群を発掘しています。初期型古墳が密集するこの遺跡の調査が進行すれば、初期ディルムンの起源が明らかになるかもしれません。クウェイト方面から吹く北風バーラフの中、当分冬場は「ディルムン暮らし」です。古代遺跡と超高層ビルが共存し、アラブ諸国、インド亜大陸、イラン、アフリカなどの出身者でにぎわう今日の湾岸を見ると、歴史上のどの時代にも、その雰囲気は似たようなものだったのではないかと感じてしまいます。本書によって、湾岸とその過去に関心をもっていただければ幸いです。

二〇一五年一二月

筆者

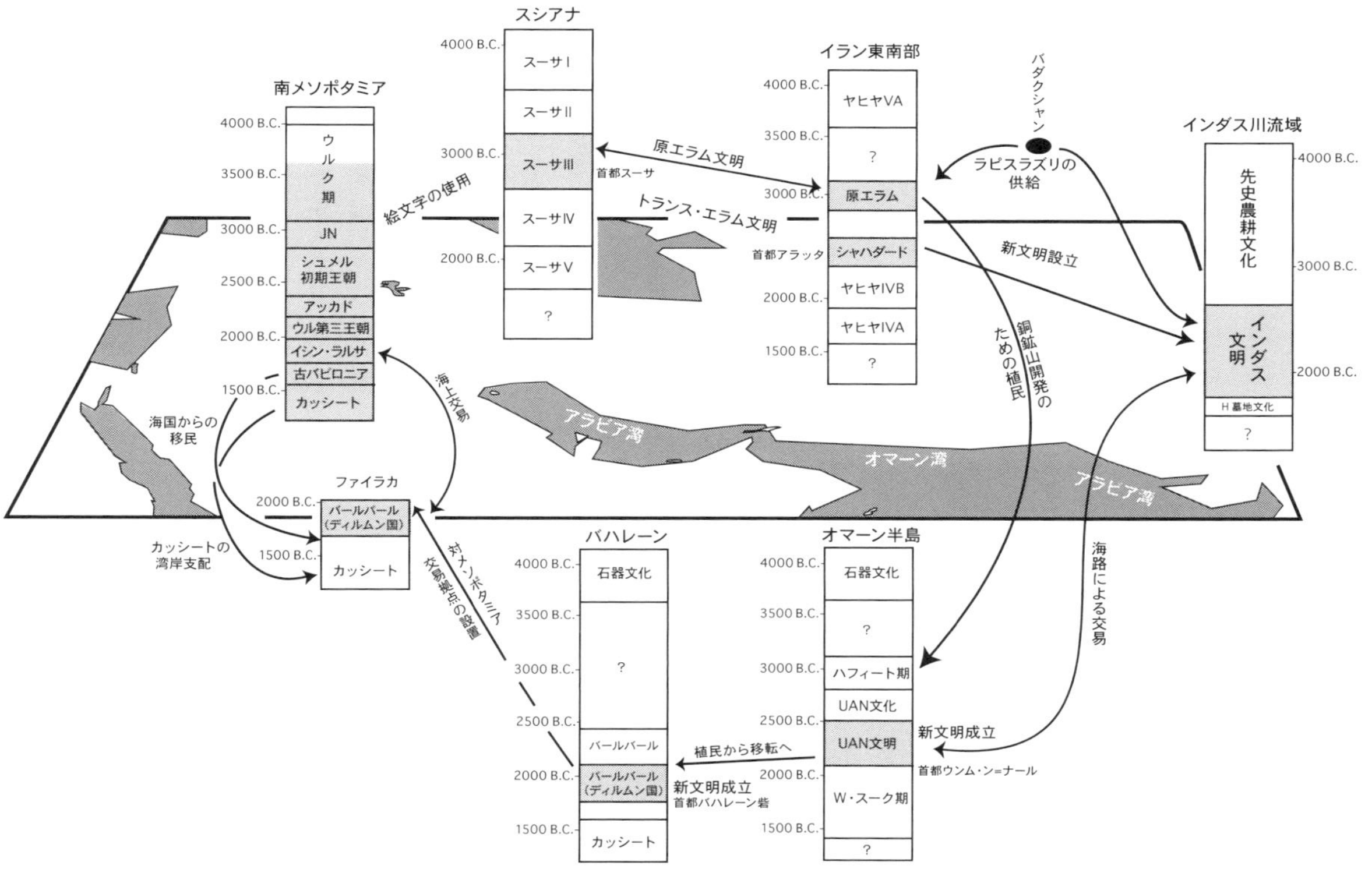

南メソポタミア
4000 B.C.
3500 B.C.
3000 B.C.
2500 B.C.
2000 B.C.
1500 B.C.
ウルク期
JN
シュメル初期王朝
アッカド
ウル第三王朝
イシン・ラルサ
古バビロニア
カッシート
絵文字の使用
スシアナ
スーサI
スーサII
スーサIII
首都スーサ
スーサIV
スーサV
?
原エラム文明
トランス・エラム文明
イラン東南部
ヤヒヤVA
?
原エラム
首都アラッタ
シャハダード
ヤヒヤIVB
ヤヒヤIVA
?
バダクシャン
ラピスラズリの供給
新文明設立
銅鉱山開発のための植民
インダス川流域
先史農耕文化
インダス文明
H墓地文化
?
海国からの移民
カッシートの湾岸支配
海上交易
ファイラカ
バールバール（ディルムン国）
カッシート
アラビア湾
オマーン湾
アラビア湾
対メソポタミア交易拠点の設置
バハレーン
石器文化
?
バールバール
バールバール（ディルムン国）
カッシート
新文明成立
首都バハレーン砦
植民から移転へ
オマーン半島
石器文化
?
ハフィート期
UAN文化
UAN文明
W・スーク期
?
新文明成立
首都ウンム・ン=ナール
海路による交易

12　Højlund　&　Andersen　1994,　p.　174,　Højlund & Andersen 1997, p. 61
13　後藤 2002 年,　p. 16
14　Ibrahim 1982,　Mughal 1983
15　Killick & Moon 2005
16　近藤 2000 年, p. 19
17　London-Bahrain Archaeological Expedition 1995
18　Andersen & Højlund 2003b
19　Højlund & Andersen 1994, p.165, Fig. 685
20　Velde 1998
21　Mughal 1983, pp. 401-404
22　Al-Dweish 2007
23　Jakobson 1991, p. 261
24　Stein 1997
25　Frayne 1992, p. 118
26　マッキーン 1976 年,　p. 125
27　Jakobson 1991, p. 262
28　Stein 1997, p. 271
29　Rowton 1970
30　マッキーン 1976 年,　pp. vii-viii
31　Rowton 1970, p. 211
32　Frayne 1992, pp. 32, 234 & 235
33　Roaf 1990, p. 232
34　織田 1984 年 a、b
35　Crawford 1996, 1998
36　Eidem 1997
37　Al-Nashef 1986, p. 354, Eiden 1997, p. 80
38　André-Salvini 2000
39　Kervran et al. 2005
40　Durand 1880, Rawlinson 1880
41　Butz 1983, p. 117
42　Al-Nashef 1986, p. 354
43　Al-Nashef 1986, p. 340
44　たとえば Crawford 1996, p. 14
45　Kjærum 1983, p. 119, No. 279

13　Frifelt 1995, p. 188
14　NHK・NHK プロモーション編 2000 年, p. 159, 作品番号 7450
15　Højlund & Andersen 1994, p. 380, Fig. 1871 他
16　The Bahrain National Museum 2000, p. 78, Killick & Moon 2005, p. 165
17　Larsen 1983, p. 45
18　Zarins et al. 1984
19　Crawford 1998
20　ibid. p. 3
21　五味訳・解説 1979 年,　pp. 15-16
22　クレンゲル 1983 年
23　Bibby 1970, p. 205、ビビー 1975 年, pp. 196-197
24　Howard-Carter 1986
25　ウーリー／モーレー 1986 年,　pp. 259-260
26　Oppenheim 1954, Bibby 1970, pp. 57-62, Potts 1990b, pp. 333-338
27　フラウィオス・アッリアノス 1996 年, pp. 40-41
28　Kjærum 1983, p. 119: 279, p. 131: 319
29　小磯 2005 年,　p. 75, 図 8
30　小磯 2005 年,　p. 84, 註 14
31　近藤・上杉・小茄子川 2007 年
32　Seipel ed. 2000, p. 124
33　Kjærum 1983, pp. 92-93, Al-Sindi 1999, p. 81-91
34　Vallat 1983
35　Lambert 1976
36　Cleuziou 1981, p. 285
37　Weisgerber 1983, p. 273, Fig. 2
38　Potts 1990a, pp. 61 & 62
39　Potts 2000, p. 122
40　Gad 1932
41　Parpola 1994
42　During Caspers 1998
43　五味訳・解説 1979 年,　p. 22
44　Andersen & Højlund 2003a
45　Højlund et al. 2005
46　Højlund et al. 2005, pp. 105-106
47　Konishi et al. 1994, 1995. Gotoh
48　ビビー 1975 年,　p. 68
49　Crawford et al. 1997
50　Højlund 1987
51　Glassner 1984, p. 33
52　Glassner 1984, pp. 43, 40, Eidem 1987, p. 179-180
53　Eidem 1987, p. 180
54　Glassner 1984
55　*ibid.* p. 43
56　五味訳・解説 1979 年,　p. 15
57　Dalongeville & Sanlaville 1987
58　Kramer & Maier 1989, pp. 94-95
59　Al-Nashef 1986, pp. 348-349
60　Civil et al. ed. 1968
61　月本訳 1996 年,　p. 154
62　ベルグレイヴ 2006 年,　p. 85
63　月本訳 1996 年,　p. 286
64　Al-Nashef 1986
65　Crawford, Killick & Moon 1997, p. 14

第五章

1　Højlund 1987
2　Højlund 1987, pp. 119-121
3　Højlund & Andersen 1994
4　Lombard 1994
5　Bibby 1970, p. 361 ff.
6　Højlund & Andersen 1997, p. 9
7　Højlund & Andersen 1994, p. 129
8　Højlund 1986
9　Højlund & Andersen 1994
10　Killick & Moon 2005, p. 236
11　Edens 1986, p. 197

16　堀・石田 1986 年
17　堀 2008 年, p. 122
18　Hakemi 1997
19　Potts, T. 1994, pp. 145−147, Pigott & Lechtman 2003, p. 294, Fig. 2
20　Wheeler 1968, p. 75、後藤 1999 年 b, pp. 75−76
21　Hakemi 1997, p. 649
22　Collon 1998, pp. 33 & 34

第三章

1　Weisgerber 1983
2　Cleuziou 1989, pp.74−78
3　Frifelt 1971, During Caspers 1971
4　Frifelt 1991, 1995
5　Cleuziou 1989, p. 71
6　Cleuziou 1989
7　Potts 1990a, 1991
8　Al-Tikriti 1985
9　Weisgerber 1983
10　Frifelt 1975, p. 69
11　Benton 1996
12　Méry 2000
13　Frifelt 1991, p. 69
14　*ibid.* p. 85
15　Frifelt 1990
16　Vogt 1985
17　Al-Tikriti 1989, Phillips 2007
18　Potts 1990a, 1991
19　Benton 1996
20　Stein 1937, de Cardi 1970
21　de Cardi 1970, p. 297
22　Potts 2005, p. 76
23　Potts 1999, p. 103
24　Vogt 1985, p. 30
25　Benton 1996, p. 102
26　Al-Tikriti 1989, p. 94
27　Tosi 1983, p. 136
28　During Caspers 1970
29　Stein 1928
30　Frifelt 1991, p. 96
31　Frifelt 1995, p. 165
32　Wheeler 1968, p. 74, Fig. 12; 12
33　Cleuziou 1989, p. 74
34　Weisgerber 1983
35　Rice 1984, p. 78
36　後藤 1997 年,　pp. 105−117
37　たとえば Englund 1983, p. 87 ほか
38　Potts 1990a, pp. 136−137
39　以上 Glassner 1989
40　Potts 1986
41　杉訳・解説 1978 年,　pp. 243−244
42　Glassner 1989, p. 182, Alster 1983, p. 51
43　Højlund & Andersen 1994
44　Srivastava 1991
45　Cleuziou, 1989
46　de Cardi 1976, Vogt & Franke-Vogt eds. 1987

第四章

1　Højlund 1987
2　Kjælum 1986, p. 79
3　Calvet & Pic 1990
4　Højlund 1987, p. 171
5　*ibid.* p. 106
6　Bibby 1970, p. 153、ビビー 1975 年,　p. 142
7　Calvet 1984
8　Kjærum 1986 他
9　鈴木 1964 年,　p. 97
10　Calvet 1984
11　Hurtel & Tallon 1990
12　Weisgerber 1983, p. 275, Fig. 3

註

第一章

1　Masry 1974, de Cardi ed. 1978
2　Frifelt 1989, Carter et al. 1999, Carter 2002
3　Burkholder 1972
4　Oates 1976
5　Roaf 1974, 1976
6　Oates 1978
7　Inizan 1980
8　Boucharlat et al. 1991, Haerinck 1991, Uerpmann & Uerpmann 1996 など
9　Carter et al. 1999
10　Oates et al. 1977
11　Masry 1974, p. 123
12　Potts 2005, p. 71
13　池ノ上 1987 年，p. 50
14　Burkholder & Golding 1971, Burkholder 1972
15　Algaze 1989, 1993
16　Finkbeiner & Röllig eds. 1986
17　Wilson 1986
18　Rice 1984, pp. 129–131, Moorey 1998
19　Damerow & Englund 1989, Potts 1999, p. 1
20　Lees & Falcon 1952、織田 1984 年 a, p. 33
21　Potts 1999, p. 46
22　Amiet 1992, p. 80
23　Potts 1999, p. 71
24　Carter 1980
25　Amiet 1979
26　Edzard 1967, Potts 1999, p. 87
27　板倉 1985 年，p. 161
28　月本訳 1996 年，p. 298
29　Sumner 1986, p. 207
30　*ibid.* p. 206
31　Carter 1996
32　Sumner 2003, pp. 54–55
33　Sumner 1986, p. 206
34　Potts 1986, p. 124, 1990a, pp. 62–63
35　Potter ed. 2009
36　Frifelt 1971, During Caspers 1971
37　Damerow & Englund 1989, Potts 1999, p. 1
38　Méry 2000
39　Lombard & Kervran eds. 1989, p. 163
40　Englund 1983, Nissen 1986
41　Stieglitz 1985
42　Crawford 1998, p. 4
43　後藤 1999 年 b
44　Carter 2002
45　Højlund and Andersen 1994, p. 127, Fig. 378
46　Højlund and Andersen 1994, p. 127, Fig. 378

第二章

1　後藤 1999 年 a
2　たとえば Porada 1993, pl. 21
3　Cohen 1973, p. 28, fn. 7
4　Majidzadeh 1976
5　Handsman 1972
6　Lamberg-Karlovsky & Tosi 1973
7　Hakemi 1997
8　伊藤 1974 年, p. 81
9　Andrews 1990, p. 41
10　Amiet 1986
11　Amiet 1993
12　de Miroschedji 1973
13　Kohl 1974
14　Zarins 1978
15　Bibby 1973, pp. 31–35

1993 *Bahrain National Museum*. London.
Vogt, Burkhard.
1985 "The Umm an-Nar Tomb A at Hili North: A preliminary report on three seasons of excavation, 1982–1984." *AUAE* 4, pp. 20–37.
Vogt, Burkhard & Ute Franke-Vogt eds.
1987 *Shimal 1985/1986: Excavations of the German Archaeological Mission in Ras al-Khaimah, U.E.E.: A Preliminary Report*. Berliner Beitrage zum Vorderen Orient, 2, Berlin.
Weisgerber, Gerd.
1983 "Copper Production during the Third Millennium BC in Oman and the Question of Makan." *JOS* 6: 2, pp. 269–276.
Wheeler, Mortimer.
1968 *The Indus Civilization* (3rd ed.). Cambridge, London, New York, Melbourne.
Wilson, Karen L.
1986 "Nippur: The Definition of a Mesopotamian Ǧamdat Naṣr Assemblage." Finkbeiner & Röllig eds., pp. 57–89.
Zarins, Juris.
1978 "Steatite Vessels in the Riyadh Museum". *Atlal* 2, pp. 65–93.
Zarins, Juris et al.
1984 "Excavations at Dhahran South: The Tumuli Field (208–91), 1403 A. H. 1983: A Preliminary Report." *Atlal* 8, pp. 25–172.

1984 *Failaka: Fouilles françaises 1983. TMO* 9.
Al-Sindi, Khaled M.
1999 *Dilmun Seals*, Pt. 1. Bahrain National Museum.
Srivastava, K. M.
1991 *Madinat Hamad: Burial Mounds, 1984–85*. Bahrain National Museum.
Stein, Diana L.
1997 "Kassites." Meyers ed., Vol. 3, pp. 271–275.
Stein, Sir. Mark Aurel.
1928 *Innermost Asia: Detailed Report of Explorations in Central Asia, Kansu and Eastern Iran* (4 vols.). Oxford.
1937 *Archaeological Reconnaissance in Northwestern India and Southeastern Iran.* London.
Stieglitz, Robert R.
1985 "Notes on Riverine-Maritime Trade at Ebla." Raban ed., pp. 7–10.
Sumner, William M.
1986 "Proto-Elamite Civilization in Fars." Finkbeiner and Röllig ed. 1986, pp. 199–211.
2003 *Early Urban Life in the Land of Anshan: Excavations at Tal-e Malyan in the Highlands of Iran. University Museum Monograph 117.* University of Pennsylvania Museum of Archaeology and Anthropology, Philadelphia.
Al-Tikriti, Walid Yasin
1985 "The Archaeological Investigations on Ghanadha Island 1982–1984: Further Evidence for the Coastal Umm an-Nar Culture." *AUAE* 4, pp. 9–18, pls. 1–20.
1989 "Umm An-Nar Culture in the Northern Emirates: third millennium BC tombs at Ajman." *AUAE* 5, pp. 89–99, pls. 35–58.
Tosi, Maurizio.
1983 "Excavations at Shahr-I Sokhta 1969–1970." Tosi ed., pp. 73–125.
Tosi, Maurizio ed.
1983 *Prehistoric Sīstān* 1. IsMEO, Rome.
Uerpmann, M. & H.-P. Uerpmann.
1996 "Ubaid pottery in the eastern Gulf: new evidence from Umm al-Qaiwain (U.A.E.)." *AAE* 7: 2, pp. 125–139.
Vallat, François.
1983 "Le diew Enzak: une divinité dilmunite venérée à Suse". Potts, Daniel T. ed. pp. 93–100.
Velde, Christian.
1998 "The Dilmun Cemetery at Karanah 1 and the change of burial customs in late City II." *ABIEL* II: Arabia and its Neighbours, pp.245–261.
Vine, Peter. et al. eds.

1999 *The Archaeology of Elam: Formation of an Ancient Iranian State*. Cambridge University Press, Cambridge.

2000 Ancient Magan: The Secrets of Tell Abraq.

2001a "Phase IVC2." Lamberg-Karlovsky ed., pp. 1–54.

2001b "Phase IVB5." Lamberg-Karlovsky ed., pp. 105–143.

2005 "In the beginning: Marhashi and the origins of Magan's ceramic industry in the third millennium BC." *AAE* 16: 1, pp. 67–78.

Potts, Daniel T. ed.

1983 *Dilmun: New Studies in the Archaeology and Early History of Bahrain*. Berliner Beiträge zum Vorderen Orient 2. Berlin..

Potts, Timothy F.

1994 *Mesopotamia and the East: An Archaeological and Historical Study of Foreign Relations 3400–2000 BC*. Oxford.

Potts, Timothy F. et al. ed.

2003 *Culture through Objects: Ancient Near Eastern Studies in Honour of P. R. S. Moorey*. Griffith Institute, Oxford.

Prideaux, F. B.

1912 "The Sepulchral Tumuli of Bahrain." *Annual Report 1908–9*, Archaeological Survey of India, pp. 10–78.

Raban, Avner ed.

1885 Harbour Archaeology. *BAR International Series* 257.

Rawlinson, Sir Henry C.

1880 "Notes on Capt. Durand's Report upon the Islands of Bahrein." *Journal of the Royal Geographical Society*, Vol. 12. (Reprinted in Rice 1984, pp. 15–28).

Rice, Michael ed.

1984 *Dilmun Discovered*. London & New York.

Roaf, Michael

1974 "Excavations at Al Markh, Bahrain: A Fish Midden of the Fourth Millennium B.C". *Paléorient* 2, pp. 499–501.

1976 "Excavations at Al Markh, Bahrain". *PSAS* 6, pp. 144–160.

1990 *Cultural Atlas of Mesopotamia and the Ancient Near East*. Facts on File, New York & Oxford.

Rowton, M. B.

1970 "Ancient Western Asia." Edwards et al. ed. 1970, pp. 193–239.

Saipel, Wilfried ed.

2000 *7000 Jahre persische Kunst: Meisterwerke aus dem Iranischen Nationalmuseum in Teheran*. Kunsthistorisches Museum, Vien.

Salles Jean-François ed.

lips et al. ed., pp. 189–206.
Mughal, Mohammad R.
1983 *The Dilmun Burial Complex at Sar: the 1980–82 Excavations in Bahrain*. Ministry of Information, Bahrain.
Al-Nashef, Khaled.
1986 "The Deities of Dilmun." Al-Khalifa & Rice ed., pp. 340–366.
Nissen, Hans J.
1986 "The occurrence of Dilmun in the oldest texts of Mesopotamia." Al-Khalifa & Rice ed., pp. 335–339.
Nissen, Hans J. et al.
1993 *Archaic Bookkeeping: Early Writing and Techniques of Economic Administration in the Ancient Near East*. Univ. of Chicago Press, Chicago & London.
Oates, Joan
1976 "Prehistory in Northeastern Arabia". *Antiquity* 50, pp. 20–31.
1978 "Ubaid Mesopotamia and its Relation to Gulf Countries." de Cardi ed., pp. 39–52.
Oates, Joan et al.
1977 "Seafaring merchants of Ur?" *Antiquity* 51, pp. 221–234.
Oppenheim, A. L.
1954 The Seafaring Merchants of Ur." *JAOS* 74, pp. 6–17.
Parpola, Asko.
1994 "Harappan inscriptions." Højlund & Andersen, pp. 304–315.
Phillips, Carl.
2007 "The third-millennium tombs and settlement at Mowaihat in the Emirate of Ajman, U.A.E." *AAE* 18: 1, pp. 1–7.
Pigott, Vincent C. & Heather Lechtman.
2003 "Chalcolithic copper-base metallurgy on the Iranian plateau: a new look at old evidence from Tal-I Iblis." Potts, Roaf & Stein ed., pp. 291–312.
Porada, Edith.
1993 "Seals and Related Objects from Early Mesopotamia and Iran." Curtis ed., pp. 44–53.
Potter, Lawrence, G. ed.
2009 *The Persian Gulf in History*. Palgrave Macmilian, New York.
Potts, Daniel T.
1986 "Booty of Magan." *Oriens Antiquus* XXV, pp. 271–285.
1990a *A Prehistoric Mound in the Emirate of Umm al-Qaiwain, U.A.E.: Excavations at Tell Abraq in 1989*. Munksgaard, Copenhagen.
1990b *The Arabian Gulf in Antiquity*, I. Oxford.
1991 *Further Excavations at Tell Abraq: The 1990 Season*. Munksgaard, Copenhagen.

1973. The British Academy, London.
Lamberg-Karlovsky, C. C. & Daniel T. Potts.
2001 *Excavations at Tepe Yahya, Iran, 1967–1975: The Third Millennium. American School of Prehistoric Research Bulletin* 45.
Lamberg-Karlovsky, C. C. & Mauricio Tosi.
1973 "Shahr-i Sohkta and Tepe Yahya: Tracks on the Earliest History of the Iranian Plateau." *East and West* 23, pp. 21–57.
Lambert, M.
1976 "Tablette de Suse avec cachet du Golfe." *Revue Assyriologie* 70, pp. 71–72.
Larsen, C. E.
1983 *Life and Land Use on the Bahrain Islands*. Chicago.
Lees, G. M. & N. L. Falcon
1952 "The Geographical History of the Mesopotamian Plains." *Geographical Journal*, 118 , pt. 1, pp. 24–39.
Lombard, Pierre.
1994 "The French Archaeological Mission at Qal'at al-Bahrain, 1989–1994: some results on Late Dilmun and later periods." *Dilmun* 16, pp. 26–42.
Lombard, Pierre & Monik Kervran eds.
1989 Bahrain National Museum Archaeological Collections: A Selection of Pre-Islamic Antiquities. Directorate of Museum and Heritage, Bahrain.
London-Bahrain Archaeological Expedition.
1995 *Ancient Saar: Uncovering Bahrain's Past*. North Star Publishing, London,
Majidzadeh, Yusef.
1976 "The Land of Aratta." *JNES* 35, 105–13.
Masry, Abdullah H.
1974 *Prehistory in Northeastern Arabia: The Problem of Interregional Interaction*. Coconut Beach.
Méry, Sophie.
2000 *Les céramiques d'Oman et l'Asie moyenne: Une archéologie des échanges à l'Âge du Bronze*. Éditions du CNRS. Paris.
Meyers, Eric M. ed.
1997 *The Oxford Encyclopedia of Archaeology in the Near East*. Oxford Univ. Press, New York & Oxford.
de Miroschedji, Pierre.
1973 "Vases et objets en stéatite susiens de Musée du Louvre." *Chahiers de la délégation archéologique française en Iran* 3, pp. 9–79.
Moorey, P. R. S.
1998 "Did Easterners sail round Arabia to Egypt in the Fourth Millennium B.C.?". Phil-

1990 "Le métal en provenance du Tell F6: Description des objets et analyses," Calvet & Gachet ed. 1990, pp. 149–154.

Ibrahim, Moawiyah.

1982 *Excavations of the Arab Expedition at Sār el-Jisr, Bahrain*. Ministry of Information, Bahrain.

Inizan, Marie-Louise.

1980 "Premiers résultats des fouilles préhistoriques de la région de Khor." Tixier ed, pp. 51–97.

Jakobson, V. A.

1991 "Mesopotamia in the Sixteenth to Eleventh Centuries B.C." Diakonoff ed., pp. 261–265.

Kenoyer, J. Mark.

1998 *Ancient Cities of the Indus Valley Civilization*. Oxford.

Kervran, Monique, Fredrik Hiebert & Axelle Rougeulle.

2005 Qal'at al-Bahrain: A trading and Military Outpost, 3rd millennium B.C.–17th century A.D.

Al-Khalifa, Shaika Haya & Michael Rice ed.

1986 *Bahrain through the Ages: The Archaeology*. Min. of Information, Bahrain.

Killick, Robert & Jane Moon.

2005 *The Early Dilmun Settlement at Saar*. London-Bahrain Archaeological Expedition. Archaeology International, Ludlow.

Kjærum, Poul.

1983 *Failaka/Dilmun: The Second Millennium Settlements, Vol 1: 1, The Stamp and Cylinder Seals. JASP* XVII:1.

1986 "Architecture and Settlement Patterns in 2nd Mill. Failaka." *PSAS* 16, pp. 77–88.

1994 "Stamp-seals, seal impressions and seal blanks." Højlund & Andersen, pp. 319–350.

Kohl, Philippe L.

1974 *Seeds of Upheaval: The Production of Chlorite at Tepe Yahya and an Analysis of Commodity Production and Trade in Southwest Asia in the Mid-third Millennium*. Ph. D. Dissertation Submitted to the University of Wisconsin-Madison. Ann Arbor.

Konishi, Masatoshi et al.

1994 'Ain Umm es-Sujur: an Interim Report 1993/4. Rikkyo Univ., Tokyo.

1995 'Ain Umm es-Sujur: an Interim Report 1994/5. Rikkyo Univ., Tokyo.

Kramer, Samuel N. & John Maier.

1989 *Myths of Enki: The Crafty God*. Oxford University Press.

Lamberg-Karlovsky, C. C.

1973. *Urban Interaction on the Iranian Plateau: Excavations at Tepe Yahya 1967–*

1984 "Inscriptions cuneiforms de Failaka." Salles ed., pp. 31–50.

1989 "Mesopotamian Textual Evidence on Magan/Meluhha in the Late 3rd Millennium B.C." Costa & Tosi eds., pp. 181–191.

Gotoh, Takeshi.

"A Lost Temple of Dilmun ?: Excavations at cAin Umm es-Sujur, Bahrain by the Japanese Archaeological Team." *Twenty Years of Bahrain Archaeology* (1986–2006). In print.

Hadau, Majed Mohasan.

1989 "Taghrīr aulī can al-tanghīb fī al-madfan N fī Hīlī." AUAE 5 (*Arabic part*), pp. 55–70.

Haerinck, E.

1991 "Heading for the Straits of Hormuz: an cUbaid site in the Emirate of Ajman (U.A.E.)." *AAE* 2: 2, pp. 84–90.

Hakemi, Ali.

1997 *Shahdad: Archaeological Excavations of a Bronze Age Center in Iran*. IsMEO, Rome.

Handsman, J.

1972 "Elamites, Achaemenians and Anshan." *Iran* 10, pp. 101–125.

Härtel, H. ed.

1981 *South Asian Archaeology* 1979. Berlin.

Henrickson, Elizabeth F. & Ingolf Thuesen eds.

1989 *Upon This Foundation: The cUbaid Reconsidered*. Museum Tusculanum Press, University of Copenhagen, Copenhagen.

Højlund, Flemming.

1986 "The Chronology of City II an III at Qal'at al-Bahrain." Al-Khalifa and Rice eds., pp. 217–224.

1987 *The Bronze Age Pottery , Failaka/Dilmun: The Second Millennium Settlements*, 2. *JASP* 13: 2, Højbjerg and Kuwait.

2007 *The Burial Mounds of Bahrain*. Jutland Archaeological Society Publications Vol. 58. Moesgård.

Højlund, Flemming et al.

2005 "New excavations at the Barbar Temple, Bahrain." *AAE* 16: 2, pp. 105–128.

Højlund, Flemming & H. Hellmuth Andersen.

1994 *Qala'at al-Bahrain 1, The Northern City Wall and the Islamic Fortress*. *JASP* 30: 1.

1997 *Qala'at al-Bahrain 2: The Central Monumental Buildings*. *JASP* 30: 2.

Howard-Carter, Theresa.

1986 "Eyestones and Pearls." Al-Khalifa & Rice ed., pp. 305–310.

Hurtel, Loïc & Françoise Tallon.

1971 "New Archaeological Evidence for Maritime Trade in the Persian Gulf during the Late Protoliterate Period." *EW* 21, pp. 21–55.
1998 "The MBAC and the Harappan Script." Bongard-Levin et al. ed., pp. 40–58.
Al-Dweish, Sultan Mutlek.
2007 "Al-Sabiyah and Um-Jidr Sites: Common Features". *International Conference: Twenty Years of Bahrain Archaeology (1986–2006)*; Brochure & Abstracts.
Edens, Christopher.
1986 "Bahrain and the Arabian Gulf During the second millennium B.C.: urban crisis and colonialism." *Bahrain through the Ages: Archaeology*, pp. 195–216.
Edwards, I. E. S, C. J. Gadd & N. G. L. Hammond ed.
1970 *The Cambridge Ancient History* (3rd edition). Cambridge Univ. Press, London.
Edzard, Dietz-Otto.
1967 "The Early Dynastic period". Bottéro et al. ed., pp. 52–90.
Eidem, Jesper.
1987 "The inscribed pottery". Højlund, Flemming 1987, pp. 179–180.
1997 "Cuneiform inscriptions". Højlund & Andersen, pp. 76–80.
Englund, Robert
1983 "Exotic Fruits". Potts, Daniel T. ed. 1983, pp. 87–89.
Finkbeiner, U. & W. Röllig eds.
1986 *Ǧamdat Naṣr-Period or Regional Style?: Papers given at a symposium held in Tübingen, November 1983*. Beihefte zum Tübinger Atlas des Vorderen Orients, Reihe B (Geisteswissenschaften), 62. Wiesbaden.
Frayne, Douglas R.
1992 *The Early Dynastic List of Geographical Names*. American Oriental Society, New Haven.
Frifelt, Karen.
1971 "Jemdet Nasr graves in the Oman". *Kuml* 1970, pp. 355–383.
1975 "A possible Link between the Jemdet Nasr and the Umm an-Nar Graves of Oman". JOS 1, pp. 57–80.
1989 "cUbaid in the Gulf Area." Henrickson & Thuesen eds., pp. 404–415.
1990 "A third millennium kiln from the Oman Peninsula." *AAE* 1: 1 (1990), pp. 4–15.
1991 *The Island of Umm an-Nar Vol. 1: Third Millennium Graves*. *JASP* XXVI: 1.
1995 *The Island of Umm an-Nar Vol. 2: The Third Millennium Settlement*. *JASP* XXVI: 2.
Gad, C. J.
1932 "Seals of Ancient Indian Style Found at Ur". *Proceedings of the British Academy* 8, pp.
Glassner, Jean-Jacques.

1981 "Oman Peninsula in the Early Second Millennium B.C." Härtel ed., pp. 279–293.
1989 "Excavations at Hili 8: a preliminary report on the 4th to 7th campaigns." *AUAE* 5, pp. 61–87.

Cohen, Sol.
1973 *Enmerkar and the Lord of Aratta*. Ph.D. Dissertation submitted to Univ. of Pennsylvania, Ann Arbor.

Collon, Dominique.
1998 "Lapis lazuli from the East: A Stamp Seal in the British Museum." Bongard-Levin. et al. ed., pp. 31–39.

Costa, Paulo & Mauricio Tosi eds.
1989 *Oman Studies: Papers on the Archaeology and History of Oman*. Rome.

Crawford, Harriet.
1996 "Dilmun, victim of world economic recession." *PSAS* 26, pp. 13–22.
1998 *Dilmun and its Neighbours*. Cambridge Univ. Press.

Crawford, Harriet & Michael Rice ed.
2000 *Traces of Paradise: The Archaeology of Bahrain, 2500 BC–300 AD*. The Dilmun Committee, London.

Crawford, Harriet, Robert Killick & Jane Moon.
1997 *The Dilmun Temple at Saar*. Kegan Paul International, London & New York.

Curtis, John ed.
1993 *Early Mesopotamia and Iran: Contact and Conflict 3500–1600*. London.

Dalongeville, Rémy & Paul Sanlaville.
1987 "Confrontation des datations isotopiques avec les données géomorphologiques et archéologiques à propos des variations relatives du niveau marin sur la rive arabe du Golfe Persique." *Chronologies du Proshe Orient pt. ii. BAR International Series 379* (ii), pp. 567–583.

Damerow, P. & R. K. Englund.
1989 *The Proto-Elamite Texts from Tepe Yahya*. Bulletin of American School of Prehistoric Research 39. Cambridge, MA.

Diakonoff I. M. ed. (translated by A. Kirjanov)
1991 *Early Antiquity*. Univ. of Chicago Press, Chicago & London.

Durand, E. L. (with Notes by H. C. Rawlinson)
1880 "Extracts from Report on the Islands and Antiquities of Bahrein". J*ournal of the Royal Asiatic Society* (New Series), XII (Part II), pp. 189–227 (Reprinted in Rice 1983, pp. 15–28).

During Caspers, Elisabeth C. L.
1970 "A Note on the Carved Stone Vases and Incised Grayware." In de Cardi, pp. 319–325.

1971 "A Surface Survey of the Ubaid Sites in the Eastern Province of Saudi Arabia" (summary) *Artibus Asiae* 33.4, pp. 294–5.

Butz, Kilian.

1983 "Zwei kleine Inschriften zur Geschichte Dilmuns." Potts, Daniel T. ed. 1983, pp. 117–125.

Calvet, d'Yve.

1984 "La fouille de l'Age du Bronze, G3." Salles ed. 1984, pp. 51–72.

Calvet, d'Yves & Jacqueline Gachet ed.

1990 *Failaka: Fouilles françaises 1986–1988. TMO* 18.

Calvet, Yves & Marielle Pic.

1990 "Un temple-tour de l'age du bronze a Failaka". Calvet & Gachet ed., pp. 103–122.

de Cardi, Beatrice.

1970 *Excavations at Bampur, a Third Millennium Settlement in Persian Baluchistan, 1966. Anthropological Paperrs of the American Museum of Natural History*, Vol. 51: 3.

1976 "Ras al-Khaimah: Further Archaeological Discoveries." *Antiquity* 50, pp. 216–222.

de Cardi, Beatrice ed.

1978 *Qatar Archaeological Report, excavations 1973*. Oxford University Press, Oxford.

Carter, Elizabeth.

1980 "Excavations in the Ville Royale I at Susa: The Third Millennium B.C. Occupation". *Cahiers de la délégation archéologique française en Iran* 11, pp. 7–134.

1996 *Excavations at Anshan (Tal-e Malyan): The Middle Elamite Period. University Museum Monograph* 82. The University Museum of Archaeology and Anthropology. Philadelphia.

Carter, Robert.

2002 "Ubaid-period boat remains from As-Sabiyah: excavations by the British Archaeological Expedition to Kuwait". *PSAS* 32, pp. 13–30.

Carter, R., H. Crawford, S. Mellalieu & D. Barrett.

1999 "The Kuwait-British Archaeological Expedition to as-Sabiyah: Report on the first season's work". *Iraq* 61, pp. 43–58.

Caubet, Annie & Marthe Burnus-Taylor.

1991 *The Louvre: Near Eastern Antiquities*. London.

Civil, M. et al. ed.

1968 *The Assyrian Dictionary of the Oriental Institute of the University of Chicago*. Chicago and Glückstadt

Cleuziou, Serge.

1976/7 *French Archaeological Mission: 1st Campaign December 1976/February 1977. AUAE* 1.

Amiet, Pierre.
1979 "Archaeological Discontinuity and Ethnic Duality in Elam." *Antiquity* 53, pp. 195–204.
1986 "Antiquités trans-élamites," *Revue d'Assyriologie et d'Archéologie orientale* 80, pp. 97–104.
1992 "Sur l'histoire Elamite," *Iranica Antiqua* 27, pp. 75–94.
1993 "The Period of Irano-Mesopotamian Contacts 3500–1600 BC." Curtis ed., pp. 23–30.
Andersen, H. Hellmuth.
1986 "The Barbar Temple: stratigraphy, architecture and interpretation." Al-Khalifa & Rice eds., pp. 166–177.
Andersen, H. Hellmuth & Flemming Højlund.
2003a *The Barbar Temples*, Vol. 1.
2003b "The Well at Umm as-Sujur" (Appendix 5) *The Barbar Temples*, Vol. 2, pp. 35–45.
André-Salvini.
2000 "The Cuneiform Tablets of Qal'at al-Bahrain." Crawford & Rice eds., pp. 112–114.
Andrews, Carol.
1990 *Ancient Egyptian Jewellery*. British Museum Press.
The Bahrain National Museum.
2000 *Traces of Paradise: The Archaeology of Bahrain 2500 BC–300 AD*. London.
Benton J. N.
1996 *Excavations at Al Sufouh: A Third Millennium Site in the Emirate of Dubai. ABIEL* I: *New Research on the Arabian Peninsula.*
Bibby, T. Geoffrey.
1970 *Looking for Dilmun*. Collins, London.
1973 *Preliminary Survey in East Arabia 1968. Jutland Archaeological Society Publications* 12.
Bongard-Levin, G. et al. ed.
1998 *Ancient Civilizations from Scythia to Siberia. An International Journal of Comparative Studies in History and Archaeology*, 5:1. E. J. Brill, Leiden.
Bottéro, Jean, E. Cassin and J. Vercoutter ed.
1967 *The Near East: The Early Civilizations*. New York.
Boucharlat, R. et al.
1991 "Note on an Ubaid-pottery site in the Emirate of Umm al-Qaiwain." *AAE* 2:2, pp. 65–71.
Burkholder, Grace.
1972 "Ubaid Sites and Pottery in Saudi Arabia." *Archaeology* 25, pp. 264–269.
Burkholder, G. and M. Golding.

−144
1999年a「古代文明と環境――イラン高原・アラビア湾岸における非農耕文明」『環境と歴史』（石弘之他編、新世社）pp. 27-50
1999年b「遺物の中の異物――インダス文明の遺物から」『考古学雑誌』（日本考古学会）84巻4号、pp. 70−88
2002年「アラビア湾岸出土のメソポタミア系土器」『西アジア考古学』(日本西アジア考古学会)第3号、pp.7−19
五味亨 訳・解説
1979年「エンキとニンフルサグ」『筑摩世界文學大系1：古代オリエント集』（筑摩書房）pp. 15−22
杉 勇 訳・解説
1978年「サルゴン伝説」『筑摩世界文學大系1：古代オリエント集』（筑摩書房）pp. 243−244
鈴木八司
1964年「ペルシャ湾の遺跡をたどる――しのばれる東西文化の交流」『朝日ジャーナル』8月2日号、pp. 95−100
世田谷美術館・NHK・NHKプロモーション編
2000年『世界四大文明 メソポタミア文明展』
月本昭男訳
1996年『ギルガメシュ叙事詩』（岩波書店）
ビビー、ジョフレー（矢島文夫・二見史郎訳）
1975年『未知の古代文明ディルムン――アラビア湾にエデンの園を求めて』（平凡社）
堀晄
2008年『古代インド文明の謎』（吉川弘文館）
堀晄・石田恵子
1986年『ラピスラズリの路』（古代オリエント博物館）
ベルグレイヴ、チャールズ・ドウリンプル（二海志摩訳）
2006年『ペルシア湾の真珠――近代バーレーンの人と文化』（雄山閣出版）
マッキーン、J・G（岩永博訳）
1976年『バビロン』（法政大学出版局）
Algaze, Guilermo
1989 "The Urk Expansion, Cross-cultural Exchange in Early Mesopotamian Civilization". *Current Anthropology* 30: 571−608.
1993 *The Urk World System: the dynamics of early Mesopotamian civilization.* The University of Chicago, Chicago.
Alster, Bendt.
1983 "Dilmun, Bahrain, and the Alleged Paradise in Sumerian Myth and Literature." Potts, Daniel T. ed. 1983, pp. 39-74.

参考文献リスト

定期刊行物略号

AAE　　*Arabian Archaeology and Epigraphy*
AUAE　　*Archaeology in the United Arab Emirates*
JAOS　　*Journal of the American Oriental Society*
JASP　　*Jutland Archaeological Society Publications*
JOS　　*Journal of Oman Studies*
TMO　　*Travaux de la maison de l' Orient*

フラウィオス・アッリアノス（大牟田章訳・解説）
1996年『アレクサンドロス東征記およびインド誌』（東海大学出版会）
板倉勝正
1985年「シュメール都市」『オリエント史講座』（學生社）第2巻、pp. 158−165
伊藤義教
1974年『古代ペルシア』（岩波書店）
池ノ上宏
1987年『アラビアの真珠採り』（イケテック）
ウーリー、L ＆ P・R・S・モーレー（森岡妙子訳）
1986年『カルデア人のウル』（みすず書房）
NHK・NHKプロモーション編
2000年『世界四大文明　インダス文明展』
織田武雄
1984年a「オリエントの自然風土」『オリエント史講座』（學生社）第1巻、pp. 25−52
1984年b「ナイル河とチグリス・ユーフラテス河」『オリエント史講座』（學生社）第1巻、pp. 158−183
クレンゲル、ホルスト（江上波夫・五味亨訳）
1983年『古代オリエント商人の世界』（山川出版社）
小磯学
2005年「インダス文明の交易活動における印章」『西アジア考古学』（日本西アジア考古学会）第6号、pp. 67−86
近藤英夫
2000年「インダス文明とは何か」『四大文明　インダス』（日本放送出版協会）
近藤英夫・上杉彰紀・小茄子川歩
2007年「クッリ式土器とその意義——岡山市立オリエント美術館所蔵資料の紹介を兼ねて」『岡山市立オリエント美術館研究紀要』第21号、pp. 15−50
後藤健
1997年「アラビア湾における古代文明の成立」『東京国立博物館紀要』第32号、pp. 11

後藤健（ごとう・たけし）

一九五〇年生まれ。東京教育大学卒業、同大学院修士課程修了、筑波大学大学院博士課程中退。古代オリエント博物館研究員、東京国立博物館研究員、同西アジア・エジプト室長、同上席研究員を務め、二〇一一年定年退職。現在同館特任研究員。西アジア考古学専攻、東海大学博士（文学）。中東各地で考古学調査に従事。著書に『NHKスペシャル四大文明［エジプト］』（共編著）などがある。

筑摩選書　0124

メソポタミアとインダスのあいだ　知《し》られざる海洋《かいよう》の古《こ》代文明《だいぶんめい》

二〇一五年一二月一五日　初版第一刷発行

著者　後藤健《ごとうたけし》
発行者　山野浩一
発行所　株式会社筑摩書房
東京都台東区蔵前二-五-三　郵便番号　一一一-八七五五
振替　〇〇一六〇-八-四一二三
装幀者　神田昇和
印刷 製本　中央精版印刷株式会社

乱丁・落丁本の場合は左記宛にご送付ください。

送料小社負担でお取り替えいたします。

ご注文、お問い合わせも左記へお願いいたします。

筑摩書房サービスセンター
さいたま市北区櫛引町二-六〇四　〒三三一-八五〇七　電話　〇四八-六五一-〇〇五三

 ISBN978-4-480-01632-4 C0322

筑摩選書 0001

武道的思考

内田 樹

武道は学ぶ人を深い困惑のうちに叩きこむ。あらゆる術は「謎」をはらむがゆえに生産的なのである。今こそわれわれが武道に参照すべき「よく生きる」ためのヒント。

筑摩選書 0002

江戸絵画の不都合な真実

狩野博幸

近世絵画にはまだまだ謎が潜んでいる。若冲、芦雪、写楽など、作品を虚心に見つめ、文献資料を丹念に読み解くことで、これまで見逃されてきた〝真実〟を掘り起こす。

筑摩選書 0003

荘子と遊ぶ

禅的思考の源流へ

玄侑宗久

『荘子』はすこぶる面白い。読んでいると「常識」という桎梏から解放される。それは「心の自由」のための哲学だ。魅力的な言語世界を味わいながら、現代的な解釈を試みる。

筑摩選書 0005

不均衡進化論

古澤 滿

DNAが自己複製する際に見せる奇妙な不均衡。そこから生物進化の驚くべきしくみが見えてきた！　カンブリア爆発の謎から進化加速の可能性にまで迫る新理論。

筑摩選書 0006

我的日本語

The World in Japanese

リービ英雄

日本語を一行でも書けば、誰もがその歴史を体現する。異言語との往還からみえる日本語の本質とは。日本語を母語とせずに日本語で創作を続ける著者の自伝的日本語論。

筑摩選書 0007

日本人の信仰心

前田英樹

日本人は無宗教だと言われる。だが、列島の文化・民俗には古来、純粋で普遍的な信仰の命が見てとれる。大和心の古層を掘りおこし、「日本」を根底からとらえなおす。

筑摩選書 0008

視覚はよみがえる

三次元のクオリア

S・バリー

宇丹貴代実 訳

回復しないとされた立体視力が四八歳で奇跡的に戻った時、風景も音楽も思考も三次元で現れた――。神経生物学者が自身の体験をもとに、脳の神秘と視覚の真実に迫る。

筑摩選書 0011

現代思想のコミュニケーション的転回

高田明典

現代思想は「四つの転回」でわかる！　「モノ」から「コミュニケーション」へ、「わたし」から「みんな」へと至った現代思想の達成と使い方を提示する。

筑摩選書 0012

フルトヴェングラー

奥波一秀

二十世紀を代表する巨匠、フルトヴェングラー。変動してゆく政治の相や同時代の人物たちとの関係を通し、音楽家の再定位と思想の再解釈に挑んだ著者渾身の作品。

筑摩選書 0013

甲骨文字小字典

落合淳思

漢字の源流「甲骨文字」のうち、現代日本語の基礎となっている教育漢字中の三百余字を収録。最新の研究でその成り立ちと意味の古層を探る。漢字文化を愛する人の必携書。

筑摩選書 0014

瞬間を生きる哲学

〈今ここ〉に佇む技法

古東哲明

私たちは、いつも先のことばかり考えて生きている。だが、本当に大切なのは、今この瞬間の充溢なのではないだろうか。刹那に存在のかがやきを見出す哲学。

筑摩選書 0015

宇宙誕生

原初の光を探して

M・チャウン

水谷淳 訳

二〇世紀末、人類はついに宇宙誕生の証、ビッグバンの残光を発見した。劇的な発見からもたらされた驚くべき宇宙の真実とは――。宇宙のしくみと存在の謎に迫る。

筑摩選書
0018

内臓の発見
西洋美術における身体とイメージ

小池寿子

中世後期、千年の時を超えて解剖学が復活した。人体内部という世界の発見は、人間精神に何をもたらしたか。身体をめぐって理性と狂気が交錯する時代を逍遥する。

筑摩選書
0020

利他的な遺伝子
ヒトにモラルはあるか

柳澤嘉一郎

遺伝子は本当に「利己的」なのか。他人のために生命さえ投げ出すような利他的な行動や感情は、なぜ生まれるのか。ヒトという生きものの本質に迫る進化エッセイ。

筑摩選書
0023

天皇陵古墳への招待

森 浩一

いまだ発掘が許されない天皇陵古墳。本書では、天皇陵古墳をめぐる考古学の歩みを振り返りつつ、古墳の地理的位置・形状、文献資料を駆使し総合的に考察する。

筑摩選書
0024

脳の風景
「かたち」を読む脳科学

藤田一郎

宇宙でもっとも複雑な構造物、脳。顕微鏡を通して内部を見ると、そこには驚くべき風景が拡がっている！ 脳の実体をビジュアルに紹介し、形態から脳の不思議に迫る。

筑摩選書
0027

「窓」の思想史
日本とヨーロッパの建築表象論

浜本隆志

建築物に欠かせない「窓」。それはまた、歴史・文化的にきわめて興味深い表象でもある。そこに込められた意味を日本とヨーロッパの比較から探るひとつの思想史。

筑摩選書
0028

日米「核密約」の全貌

太田昌克

日米核密約……。長らくその真相は闇に包まれてきた。それはなぜ、いかにして取り結ばれたのか。日米双方の関係者百人以上に取材し、その全貌を明らかにする。

筑摩選書 0029

農村青年社事件
昭和アナキストの見た幻

保阪正康

不況にあえぐ昭和12年、突如全国で撒かれた号外新聞。そこには暴動・テロなどの見出しがあった。昭和最大規模のアナキスト弾圧事件の真相と人々の素顔に迫る。

筑摩選書 0032

水を守りに、森へ
地下水の持続可能性を求めて

山田 健

日本が水の豊かな国というのは幻想にすぎない。水を養うはずの森がいま危機的状況にある。一体何が起こっているのか。百年先を見すえて挑む森林再生プロジェクト。

筑摩選書 0034

反原発の思想史
冷戦からフクシマへ

絓 秀実

中ソ論争から「68年」やエコロジー、サブカルチャーを経てフクシマへ。複雑に交差する反核運動や「原子力の平和利用」などの論点から、3・11が顕在化させた現代史を描く。

筑摩選書 0035

生老病死の図像学
仏教説話画を読む

加須屋誠

仏教の教理を絵で伝える説話画をイコノロジーの手法で読み解くと、中世日本人の死生観が浮かび上がる。生活史・民俗史をも視野に入れた日本美術史の画期的論考。

筑摩選書 0036

伊勢神宮と古代王権
神宮・斎宮・天皇がおりなした六百年

榎村寛之

神宮をめぐり、交錯する天皇家と地域勢力の野望。王権は何を夢見、神宮は何を期待したのか？ 王権の変遷に翻弄され変容していった伊勢神宮という存在の謎に迫る。

筑摩選書 0038

救いとは何か

森岡正博
山折哲雄

この時代の生と死について、救いについて、人間の幸福について、信仰をもつ宗教学者と、宗教をもたない哲学者が鋭く言葉を交わした、比類なき思考の記録。

筑摩選書 0039

長崎奉行

等身大の官僚群像

鈴木康子

江戸から遠く離れ、国内で唯一海外に開かれた町、長崎を統べる長崎奉行。彼らはどのような官僚人生を生きたのか。豊富な史料をもとに、その悲喜交々を描き出す。

筑摩選書 0040

100のモノが語る世界の歴史1

文明の誕生

N・マクレガー

東郷えりか 訳

大英博物館が所蔵する古今東西の名品を精選。遺されたモノに刻まれた人類の記憶を読み解き、今日までの文明の歩みを辿る。新たな世界史へ挑む壮大なプロジェクト。

筑摩選書 0041

100のモノが語る世界の歴史2

帝国の興亡

N・マクレガー

東郷えりか 訳

紀元前後、人類は帝国の時代を迎える。多くの文明が姿を消し、遺された物だけが声なき者らの声を伝える――。大英博物館とBBCによる世界史プロジェクト第2巻。

筑摩選書 0042

100のモノが語る世界の歴史3

近代への道

N・マクレガー

東郷えりか 訳

すべての大陸が出会い、発展と数々の悲劇の末にわれわれ人類がたどりついた「近代」とは何だったのか――。大英博物館とBBCによる世界史プロジェクト完結篇。

筑摩選書 0050

敗戦と戦後のあいだで

遅れて帰りし者たち

五十嵐惠邦

戦争体験をかかえて戦後を生きるとはどういうことか。五味川純平、石原吉郎、横井庄一、小野田寛郎、中村輝夫……。彼らの足跡から戦後日本社会の条件を考察する。

筑摩選書 0051

フランス革命の志士たち

革命家とは何者か

安達正勝

理想主義者、日和見、煽動者、実務家、英雄――真に世界を変えるのはどんな人物か。フランス革命の志士の生き様から、混迷と変革の時代をいかに生きるかを考える。

筑摩選書 0052

ノーベル経済学賞の40年(上)

20世紀経済思想史入門

T・カリアー
小坂恵理 訳

ミクロにマクロ、ゲーム理論に行動経済学。多彩な受賞者の業績と人柄から、今日のわれわれが直面している問題が見えてくる。経済思想を一望できる格好の入門書。

筑摩選書 0053

ノーベル経済学賞の40年(下)

20世紀経済思想史入門

T・カリアー
小坂恵理 訳

経済学は科学か。彼らは何を発見し、社会にどんな功績を果たしたのか。経済学賞の歴史をたどり、経済学と人類の未来を考える。経済の本質をつかむための必読書。

筑摩選書 0058

シベリア鉄道紀行史

アジアとヨーロッパを結ぶ旅

和田博文

ロシアの極東開発の重点を担ったシベリア鉄道。近代史に翻弄されたこの鉄路を旅した日本人の記述から、西欧へのツーリズムと大国ロシアのイメージの変遷を追う。

筑摩選書 0060

近代という教養

文学が背負った課題

石原千秋

日本の文学にとって近代とは何だったのか? 文学が背負わされた重い課題を捉えなおし、現在にも生きる「教養」の源泉を、時代との格闘の跡にたどる。

筑摩選書 0062

中国の強国構想

日清戦争後から現代まで

劉傑

日清戦争の敗北とともに湧き起こった中国の強国化への意志。鍵となる考え方を読み解きながら、その国家構想の変遷を追い、中国問題の根底にある論理をあぶり出す。

筑摩選書 0063

戦争学原論

石津朋之

人類の歴史と共にある戦争。この社会的事象を捉えるにはどのようなアプローチを取ればよいのか。タブーを超え、日本における「戦争学」の誕生をもたらす試論の登場。

筑摩選書
0066

江戸の風評被害

鈴木浩三

市場経済が発達した江戸期、損得に関わる風説やうわさは瞬く間に広がって人々の行動に影響を与え、政治経済を動かした。群集心理から江戸の社会システムを読む。

筑摩選書
0067

ヨーロッパ文明の正体
何が資本主義を駆動させたか

下田淳

なぜヨーロッパが資本主義システムを駆動させ、暴走させるに至ったのか。その歴史的必然と条件とは何か。近代を方向づけたヨーロッパ文明なるものの根幹に迫る。

筑摩選書
0068

「魂」の思想史
近代の異端者とともに

酒井健

合理主義や功利主義に彩られた近代。時代の趨勢に反し、魂の声に魅き込まれた人々がいる。彼らの思索の跡は我々に何を語るのか。生の息吹に溢れる異色の思想史。

筑摩選書
0069

数学の想像力
正しさの深層に何があるのか

加藤文元

緻密で美しい論理を求めた哲学者、数学者たちは、真理の深淵を覗き見てしまった。彼らを戦慄させた正しさのパラドクスとは。数学の人間らしさとその可能性に迫る。

筑摩選書
0070

社会心理学講義
〈閉ざされた社会〉と〈開かれた社会〉

小坂井敏晶

社会心理学とはどのような学問なのか。本書では、社会を支える「同一性と変化」の原理を軸にこの学の発想と意義を伝える。人間理解への示唆に満ちた渾身の講義。

筑摩選書
0071

一神教の起源
旧約聖書の「神」はどこから来たのか

山我哲雄

ヤハウェのみを神とし、他の神を否定する唯一神観。この観念が、古代イスラエルにおいていかにして生じたのかを、信仰上の「革命」として鮮やかに描き出す。

筑摩選書 0073

世界恐慌（上）経済を破綻させた4人の中央銀行総裁

L・アハメド
吉田利子 訳

財政再建か、景気刺激か――。1930年代、中央銀行総裁たちの決断が世界経済を奈落に突き落とした。彼らは何をし、いかに間違ったのか？　ピュリッツァー賞受賞作。

筑摩選書 0074

世界恐慌（下）経済を破綻させた4人の中央銀行総裁

L・アハメド
吉田利子 訳

問題はデフレか、バブルか――。株価大暴落に始まった大恐慌はなぜあれほど苛酷になったか。グローバル経済黎明期の悲劇から今日の金融システムの根幹を問い直す。

筑摩選書 0075

SL機関士の太平洋戦争

椎橋俊之

人員・物資不足、迫り来る戦火――過酷な戦時輸送の重責を、若い機関士たちはいかに使命感に駆られ果たしたか。機関士OBの貴重な証言に基づくノンフィクション。

筑摩選書 0082

江戸の朱子学

土田健次郎

江戸時代において朱子学が果たした機能とは何だったのか。この学の骨格から近代化の問題まで、思想界に与えたインパクトを再検討し、従来的イメージを刷新する。

筑摩選書 0083

〈生きた化石〉生命40億年史

R・フォーティ
矢野真千子 訳

五度の大量絶滅危機を乗り越え、何億年という時を生き延びた「生きた化石」の驚異の進化・生存とは。絶滅と存続の命運を分けたカギに迫る生命40億年の物語。

筑摩選書 0084

死と復活「狂気の母」の図像から読むキリスト教

池上英洋

「狂気の母」という凄惨な図像に読み取れる死と再生の思想。それがなぜ育まれ、絵画、史料、聖書でどのように描かれたか、キリスト教文化の深層に迫る。

筑摩選書
0089

漢字の成り立ち
『説文解字』から最先端の研究まで

落合淳思

正しい字源を探るための方法とは何か。『説文解字』から白川静までの字源研究を批判的に継承した上で到達した最先端の成果を平易に紹介する。新世代の入門書。

筑摩選書
0093

キリストの顔
イメージ人類学序説

水野千依

見てはならないとされる神の肖像は、なぜ、いかにして描かれえたか。キリストの顔をめぐるイメージの地層を掘り起こし、「聖なるもの」が生み出される過程に迫る。

筑摩選書
0094

幕末維新の漢詩
志士たちの人生を読む

林田愼之助

幕末維新期とは、日本の漢詩史上、言志の詩風が確立した時代である。これまで顧みられることの少なかった志士たちの漢詩を読み解き、彼らの人生の真実に迫る。

筑摩選書
0095

境界の現象学
始原の海から流体の存在論へ

河野哲也

境界とは何を隔て、われわれに何を強いるのか。皮膚・家・国家――幾層もの境界を徹底的に問い直し、3・11後の世界の新しいつながり方を提示する、哲学の挑戦。

筑摩選書
0099

明治の「性典」を作った男
謎の医学者・千葉繁を追う

赤川 学

『解体新書』の生殖器版とも言い得る『造化機論』四部作。明治期の一大ベストセラーとなったこの訳書を手掛けた謎の医学者・千葉繁の生涯とその時代を描く。

筑摩選書
0102

ノイマン・ゲーデル・チューリング

高橋昌一郎

20世紀最高の知性と呼ばれた天才たち。同時代を生きた三人はいかに関わり、何を成し遂げ、今日の世界に何を遺したか。彼ら自身の言葉からその思想の本質に迫る。

筑摩選書 0103

マルクスを読みなおす

徳川家広

世界的に貧富の差が広がり、再び注目を集める巨人・マルクス。だが実際、その理論に有効性はあるのか。歴史的視座の下、新たに思想家像を描き出す意欲作。

筑摩選書 0104

映画とは何か
フランス映画思想史

三浦哲哉

映画を見て感動するわれわれのまなざしとは何なのか。本書はフランス映画における〈自動性の美学〉にその答えを求める。映画の力を再発見させる画期的思想史。

筑摩選書 0107

日本語の科学が世界を変える

松尾義之

日本の科学・技術が卓抜した成果を上げている背景には「日本語での科学的思考」が寄与している。科学史の側面と数多の科学者の証言を手がかりに、この命題に迫る。

筑摩選書 0109

法哲学講義

森村進

法哲学とは、法と法学の諸問題を根本的・原理的レベルから考察する学問である。多領域と交錯するこの学を、第一人者が法概念論を中心に解説。全法学徒必読の書。

筑摩選書 0114

孔子と魯迅
中国の偉大な「教育者」

片山智行

古代の混沌を生きた孔子は人間性の確立を、近代の矛盾に立ち向かった魯迅は国民性の改革をめざした。国家と社会の「教育」に生涯を賭けた彼らの思想と行動を描く。

筑摩選書 0115

マリリン・モンローと原節子

田村千穂

セクシーなモンロー、永遠の処女のような原節子……。一般イメージとは異なり、いかに二人が多面的な魅力に満ちていたかを重要作品に即して、生き生きと描く。

筑摩選書
0116

戦後日本の宗教史
天皇制・祖先崇拝・新宗教

島田裕巳

天皇制と祖先崇拝、そして新宗教という三つの柱を軸に、戦後日本の宗教の歴史をたどり、日本社会と日本人の精神がどのように変容したかを明らかにする。

筑摩選書
0117

戦後思想の「巨人」たち
「未来の他者」はどこにいるか

高澤秀次

「戦争と革命」という二〇世紀的な主題は「テロリズムとグローバリズムへの対抗運動」として再帰しつつある。「未来の他者」をキーワードに継続と変化を再考する。

筑摩選書
0118

〈日本的なもの〉とは何か
ジャポニスムからクール・ジャパンへ

柴崎信三

様々な作品を通して19世紀末のジャポニスムから近年のクール・ジャパンまでを辿りながら、古くて新しい問いである「日本的なもの」の生成と展開、変容を考える。

筑摩選書
0120

生きづらさからの脱却
アドラーに学ぶ

岸見一郎

われわれがこの社会で「生きづらい」と感じる時、何がそうさせているのか。いま注目を集めるアドラー心理学の知見から幸福への道を探る、待望の書き下ろし!

筑摩選書
0122

大乗経典の誕生
仏伝の再解釈でよみがえるブッダ

平岡 聡

ブッダ入滅の数百年後に生まれた大乗経典はどんな発想で作られ如何にして権威をもったのか。「仏伝」をキーワードに探り、仏教史上の一大転機を鮮やかに描く。

筑摩選書
0123

フロイト入門

中山 元

無意識という概念と精神分析という方法を発見して「わたし」を新たな問いに変えたフロイトは、巨大な思想的革命をもたらした。その生成と展開を解き明かす。